道路工程施工

主　编　范炳娟
副主编　米秋东　李书艳　王东博

北京理工大学出版社
BEIJING INSTITUTE OF TECHNOLOGY PRESS

内 容 提 要

本书以城市道路和公路的施工过程及具体的施工内容为依据,在编写上遵循大学生的认知特点,明确施工岗位核心能力,在内容上划分为七个项目,主要内容包括道路工程施工图识读、路基工程施工、路基附属工程施工、路面基(垫)层施工、沥青路面施工、混凝土面层施工、路面附属工程施工。

本书可作为高等院校道路桥梁与渡河工程、土木工程等相关专业的教学用书,同时也可作为道桥、市政工程技术人员的培训教材或自学用书。

版权专有　侵权必究

图书在版编目(CIP)数据

道路工程施工/范炳娟主编.—北京:北京理工大学出版社,2019.8
ISBN 978-7-5682-7462-3

Ⅰ.①道… Ⅱ.①范… Ⅲ.①道路施工 Ⅳ.①U415

中国版本图书馆CIP数据核字(2019)第181906号

出版发行 / 北京理工大学出版社有限责任公司	
社　　址 / 北京市海淀区中关村南大街5号	
邮　　编 / 100081	
电　　话 / (010)68914775(总编室)	
(010)82562903(教材售后服务热线)	
(010)68948351(其他图书服务热线)	
网　　址 / http://www.bitpress.com.cn	
经　　销 / 全国各地新华书店	
印　　刷 / 北京紫瑞利印刷有限公司	
开　　本 / 787毫米×1092毫米　1/16	责任编辑 / 李玉昌
印　　张 / 16	文案编辑 / 李玉昌
字　　数 / 427千字	责任校对 / 周瑞红
版　　次 / 2019年8月第1版　2019年8月第1次印刷	责任印制 / 边心超
定　　价 / 58.00元	

图书出现印装质量问题,请拨打售后服务热线,本社负责调换

前　言

　　道路施工及管理是施工企业一线施工人员应具备的岗位核心能力，企业希望学生能够"毕业就上岗、上岗就顶用"，尽快进入工作角色，独立承担工作任务。因此，要求教学内容与岗位工作内容相吻合，课程标准与企业标准对接，加强学生职业能力的培养。

　　本书按照高等院校道路桥梁与渡河工程、土木工程等相关专业培养目标的要求，遵循学生职业能力培养的基本规律，以道路工程具体的施工任务及施工过程为依据，整合、序化了教学内容，科学设计了七个项目以及工作任务。本书充分体现了"教、学、做"一体化的教学模式。在每个任务结束后设置了能力训练模块和习题，以巩固对理论知识的学习和能力的提升。

　　本书以施工过程为主线来组织安排内容，以任务驱动形式提出任务目标、能力目标、能力训练项目和习题，学生通过学习及完成能力训练任务，即可呈现出教学成果。本书共分为七个项目，项目一介绍了道路基本知识和道路工程图识读，项目二为路基施工方法及质量控制，项目三为路基附属工程排水设施和挡土墙的施工，项目四为路面基层和垫层的施工方法和质量控制，项目五为沥青路面施工方法及质量控制，项目六为水泥混凝土路面的施工方法及质量控制，项目七为路面附属工程施工。

　　本书主要具有以下特色：

　　1.本书内容丰富，结构清晰，涵盖了道路工程所有的施工过程，具有完整性。

　　2.本书依据国家最新道路工程施工标准、规范及规程进行编写，具有一定的先进性。

　　3.以真实的施工任务和案例为依托，整合以往教材章节式的授课内容，具有实践性。

　　4.结合市政教学资源库及精品资源共享课，将二维码嵌入教材，实现教材的信息化和立体化，具有一定的创新性。

　　本书由范炳娟担任主编，并负责组织、筹划工作，由米秋东、李书艳、王东博担任副主编。其中，范炳娟负责项目一、项目二、项目三、项目五的编写工作，米秋东负责项目四、项目六的编写工作，李书艳负责项目七的编写工作，王东博负责工程案例的编写工作。

　　由于编者水平有限，书中难免有差错、疏漏之处，敬请同行专家及广大读者批评指正。如读者在使用本书的过程中有其他意见或建议，恳请向编者（494054049@qq.com）提出宝贵意见。

编　者

目 录

项目一　道路工程施工图识读 …………… 1

　任务一　道路工程认知 ………………… 1

　　能力训练 ………………………………… 8

　　习题 …………………………………… 8

　任务二　道路平面图识读 ……………… 9

　　能力训练 ……………………………… 18

　任务三　道路纵断面图识读 …………… 18

　　能力训练 ……………………………… 24

　　习题 …………………………………… 24

　任务四　道路横断面图识读 …………… 25

　　能力训练 ……………………………… 36

　　习题 …………………………………… 36

　任务五　道路交叉口认知 ……………… 37

　　习题 …………………………………… 44

　任务六　道路附属设施 ………………… 45

　　习题 …………………………………… 50

　任务七　道路工程施工图审核与会审 … 50

　　能力训练 ……………………………… 54

　　习题 …………………………………… 55

项目二　路基工程施工 …………………… 56

　任务一　路基施工准备 ………………… 56

　　习题 …………………………………… 63

　任务二　路基土石方施工 ……………… 64

　　能力训练 ……………………………… 79

　　习题 …………………………………… 79

　任务三　软土路基处理施工 …………… 80

　　能力训练 ……………………………… 85

　　习题 …………………………………… 85

　任务四　路基工程施工质量控制与验收 … 86

　　能力训练 ……………………………… 90

　　习题 …………………………………… 90

项目三　路基附属工程施工 ……………… 92

　任务一　路基排水设施的施工 ………… 92

　　能力训练 ……………………………… 99

　　习题 …………………………………… 100

　任务二　路基防护工程的施工 ………… 100

　　能力训练 ……………………………… 106

　　习题 …………………………………… 106

　任务三　挡土墙的施工 ………………… 107

　　能力训练 ……………………………… 114

　　习题 …………………………………… 115

项目四　路面基（垫）层施工 …………… 116

　任务一　道路基（垫）层施工准备 …… 116

　　能力训练 ……………………………… 121

　　习题 …………………………………… 122

任务二 道路基（垫）层施工············123
能力训练·······························132
习题···································132

任务三 道路基（垫）层施工质量
控制与验收·····················133
能力训练·······························136
习题···································137

项目五 沥青路面施工············138

任务一 沥青面层施工准备············138
能力训练·······························143
习题···································143

任务二 沥青面层现场施工············144
能力训练·······························157
习题···································157

任务三 特殊沥青面层施工············158
能力训练·······························166
习题···································166

任务四 沥青面层施工质量控制与验收···167
能力训练·······························172
习题···································172

项目六 混凝土面层施工············174

任务一 水泥混凝土面层认知与构造···174
能力训练·······························183
习题···································183

任务二 水泥混凝土面层施工准备······184
能力训练·······························188
习题···································188

任务三 水泥混凝土路面小型机具法
施工······························188

能力训练·······························196
习题···································196

任务四 水泥混凝土路面滑模摊铺机
施工······························196
能力训练·······························201
习题···································201

任务五 其他水泥混凝土面层施工······201
能力训练·······························206
习题···································206

任务六 水泥混凝土面层施工质量
控制与验收·····················207
能力训练·······························210
习题···································211

项目七 路面附属工程施工············212

任务一 路缘石和人行道铺装施工······212
能力训练·······························220
习题···································220

任务二 路面附属工程质量控制与
验收·····························221
能力训练·······························226
习题···································226

附录 施工案例·····················227

案例一：土方路基填方施工技术方案···227
案例二：四川某快速路水泥稳定碎石
底基层施工方案···············234
案例三：沥青路面施工方案············240
案例四：××市×××工业园区水泥
混凝土路面施工方案············244

参考文献·······························248

项目一　道路工程施工图识读

能力目标
(1)能正确识读道路施工图。
(2)能正确识别道路的分类和分级。
(3)能依据技术标准，校核城市道路和公路施工图，能与设计方进行技术沟通。

项目导读
本项目从道路的运输功能入手，分别介绍了公路与城市道路的分类及分级，道路平面、纵断面、横断面、交叉口、附属设施等相关知识及相应施工图纸的识读。

项目任务
(1)根据某施工图，模拟图纸会审会议。
(2)根据图纸会审的会议流程组织会议。
(3)模拟与会各方单位代表，根据施工图客观地提出施工图中的问题。
(4)做好图纸会审现场记录。

任务一　道路工程认知

道路承载着交通运输的功能，现代的道路交通是由人、车辆和道路组成的交通运输系统。交通运输方式主要由道路、铁路、航空、水运、管道运输等组成。

我国道路经过几千年的发展，尤其是改革开放以来，更是取得了世界瞩目的成就。根据官方统计的数据，截至 2017 年年末全国公路总里程为 477.35 万千米，全国高速公路里程达到 13.65 万千米，公路建设的各个方面都取得了极大的进展。同样，由于城市规模的扩大和发展，我国城市道路及快速路也正在飞速发展。

一、道路的特点及功能

1. 道路的特点

近百年来，汽车运输之所以能得以迅速发展，是和道路以及其运输所具有的一系列特点密不可分的。

(1)道路的基本属性。道路建设与道路运输都是物质产品，因而，它们必然具有物质产品的基本属性，即生产资料、劳动手段和劳动力。作为物质产品而存在的道路，又有其本身特有的基本属性，即公益性、商品性、灵活性和储备性。

(2)道路的经济特征。道路作为一种特殊的物质产品，其具有以下经济特征：

①道路是固定在广阔地域上的线形建设工程物，道路建设的流动空间更大，工作地点不固

定，受社会和自然环境影响较大，具有更强的专业性。

②道路不仅生产周期和使用周期较长，在使用过程中还需要进行经常性的养护、维修和管理等工作。

③道路虽是物质产品，但不具有商品的形式，其投资费用通过道路收费（使用道路的收费和养护管理费）和运营运输收费形式来补偿。

④具有特殊的消费过程和消费方式。

⑤道路是作为一个完整的系统而发挥其作用，它是为社会和经济服务的。

2. 道路的功能

(1)公路具有的功能。

①主要承担中、短运输任务（短途运输为 50 km 以内，中途运输为 50~200 km）。

②补充和衔接其他运输方式，担任大运量运输（如火车、轮船运输）的集散运输任务。

③在特殊条件下，也可以独立担负长途运输任务，特别是随着高速公路的发展，中、长途运输的任务将逐步增大。

(2)城市道路具有的功能。

①联系城市各部分，为城市内部各种交通服务，并担负着城市对外交通的中转集散任务。

②构成城市结构布局的骨架，确定城市的格局。

③为防空、防火、防震及绿化提供场地。

④是城市铺设各种公用设施的主要通道。

⑤为城市提供通风、采光，改善城市生活环境。

⑥划分街道，组织沿街建设工程，展现城市建设风貌。

3. 道路红线

道路红线是指道路用地与其他用地的分界线。城市道路红线是指城市道路用地与城市建筑用地及其他用地的分界线。城市道路设计应在城市道路规划红线宽度范围内进行。

二、道路的组成

道路由线形组成和结构组成两大部分组成。

1. 线形组成

道路的中线是一条三维空间曲线，称为路线。线形是指道路中线在空间的几何形状和尺寸。为了便于确定道路中线的位置、形状和尺寸，在道路线形设计中是从路线平面、路线纵断面和空间线形三个方面来研究路线的。道路中线在水平面上的投影称为路线平面，反映路线在平面上的形状、位置及尺寸的图形，称为路线平面图；用一曲面沿道路中线竖直剖切展开的平面，称为路线纵断面，反映道路中线在纵断面上的形状、位置及尺寸的图形，称为路线纵断面图；沿道路中线上任一点所做的法向剖切面，称为横断面，反映道路在横断面上的结构、尺寸形状的图形，称为横断面图。

2. 结构组成

(1)路基。路基是道路结构体的基础，是由土、石材料按照一定尺寸、结构要求所构成的带状土工结构物。路基必须稳定坚实。道路路基的结构、尺寸用横断面表示。

(2)路面。路面是路基表面的行车部分，是用各种筑路材料分层铺筑的结构物，以供车辆在路面上以一定速度，安全、舒适地行驶。路面必须具有一定的强度、平整度和粗糙度。

(3)桥涵。道路在跨越河流、沟谷和其他障碍物时所使用的结构物称为桥涵。桥涵是道路的横向排水系统之一。

(4)排水系统。排水系统是为了确保路基稳定,免受自然水的侵蚀,道路还应修建排水设施。道路排水系统按其排水方向的不同,可分为纵向排水系统和横向排水系统;排水设施按排水位置又可分为地面排水设施和地下排水设施。

1)地面排水设施用以排除危害路基的雨水、积水及外来水;

2)地下排水设施主要用于降低地下水水位及排除地下水。

(5)隧道。隧道是为了道路从地层内部或水下通过而修筑的建设工程物。隧道能缩短道路里程,避免道路翻越山岭,保证道路行车的平顺性。

(6)防护工程。陡峻的山坡或沿河一侧的路基边坡受水流冲刷,会丧失稳定。为保证路基的稳定需要对路基进行加固,加固路基边坡所修建的人工构筑物称为防护工程。

(7)特殊构筑物。为保证道路连续,路基稳定,确保行车安全,应在山区地形、地质特别复杂路段修建一些特殊结构物,如悬出路台、半山桥、防石廊等。

(8)沿线设施。沿线设施是道路沿线交通安全、管理、服务以及环保设施的总称。其主要有以下几项:

①交通安全设施。交通安全设施包括路线桥、地下横道、信号灯、护栏、防护网、反光标志、照明等。

②交通管理设施。交通管理设施包括道路标志(如指示标志、警告标志、指路标志、禁令标志等)、路面标志、立面标志、紧急电话、道路情报板、道路监视设施、交通控制设施、交通监视设施,以及安全岛、交通岛、中心岛等。

③防护设施。防护设施包括抗滑坡构筑物、防雪走廊、防沙棚、挑水坝等。

④停车设施。停车设施是指在道路沿线及起点、终点设置的停车场、汽车停靠站、回车道等设施。

⑤路用房屋及其他沿线设施。路用房屋及其他沿线设施包括养护房屋、营运房屋、收费所、加油站、休息站等。

⑥绿化。绿化包括道路分隔带、路旁、立交枢纽、休息设施、人行道等处的绿化,以及道路防护林带和集中的绿化区等。

城市道路是修建在市区,作为行车构筑物,同样是由路基、路面、桥涵等部分组成的,道路两侧有连续建筑物,用地下沟管排除地面水,采用连续照明,横断面上布置有人行道的道路。

一般情况下,在城市道路两侧建筑红线之间,城市道路由以下不同功能部分组成:

(1)机动车道。机动车道是供各种车辆行驶的车行道,机动车包括汽车、电车、摩托车等。

(2)非机动车道。非机动车道是供自行车、三轮车、平板车、兽力车等行驶的车道。

(3)人行道。人行道是供行人步行交通的通行带。

(4)绿化带。绿化带是布置在道路中央或道路两侧,用于种植树木花草的地带,具有卫生、防护和美化的作用。

(5)排水系统。排水系统用以排除地面水的街沟、边沟、雨水口等。

(6)公共停车场和公共汽车停靠站。公共停车场和公共汽车停靠站是城市道路静态交通必不可少的场所。

(7)交叉口和广场。交叉口和广场是供车辆和行人集散以及改变交通方式或方向的场所。

(8)沿街地上设施。沿街地上设施如照明灯柱、架空电线杆、给水栓、邮筒、清洁箱、接线柱等。

(9)地下各种管线。地下各种管线如电缆、煤气管、暖气管、给水管、污水管等。

(10)交通管理设施。交通管理设施包括交通信号灯、各种交通标志标线以及安全岛、护栏、隔离墩等。

与公路相比，城市道路具有功能多样、组成复杂的特点，且车辆多、类型杂、车速差异大，行人交通量大，道路交叉点多，沿路两侧建筑密集、艺术要求高，城市道路规划、设计的影响因素多，政策性强。

三、道路的分类、分级与技术标准

道路按其使用特点可分为公路、城市道路、专用道路及乡村道路等。下面主要介绍公路与城市道路的分类、分级与技术标准。

1. 公路的分类与分级

(1)公路的分类。公路是连接城市与乡村的纽带，主要供汽车行驶的，并具备一定技术条件和设施的道路。公路按其行政区可划分为国家干线公路(简称国道)、省级干线公路(简称省道)、县级公路(简称县道)和乡级公路(简称乡道)。

①国道是在国家干线网中具有全国性的政治、经济和国防意义，并经确定为国家级干线的公路。

②省道是在省公路网中，具有全省性的政治、经济和国防意义，并经确定为省级干线的公路。

③县道是具有全县性的政治、经济意义，并经确定为县级的公路。

④乡道是修建在乡村、农场，主要供行人及各种农业运输工具通行的道路。

(2)公路等级。根据公路的使用任务、性质、交通量和地形等因素，可将我国公路分为高速公路、一级公路、二级公路、三级公路和四级公路五个等级，具体如图1-1和表1-1所示。

图1-1 各等级公路
(a)高速公路；(b)一级公路；(c)二级公路；(d)三级公路

图 1-1 各等级公路(续)

(e)四级公路；(f)乡村公路

表 1-1 公路的分级

公路等级	车道数	适应的交通量/辆	功能
高速公路	多车道	15 000 以上	专供汽车分向、分车道行驶，并控制全部出入的多车道公路
一级公路	多车道	15 000 以上	供汽车分向、分车道行驶，并可根据需要控制出入的多车道公路
二级公路	2	5 000～15 000	供汽车行驶的双车道公路
三级公路	2	2 000～6 000	供汽车、非汽车交通混合行驶的双车道公路
四级公路	1	<4 00	供汽车、非汽车交通混合行驶的双车道或单车道公路
	2	<2 000	

2. 城市道路的分类与分级

(1)城市道路的分类。城市道路按其在道路系统中的地位、交通功能及服务功能，可划分为快速路、主干路、次干路、支路四大类，如图 1-2 所示。

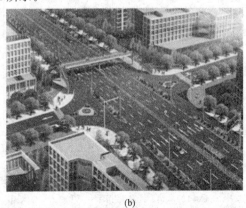

图 1-2 各等级城市道路

(a)快速路；(b)主干路

(c)   (d)

图 1-2 各等级城市道路(续)
(c)次干路；(d)支路

①快速路：也称城市快速交通干道，主要为城市中大量、长距离、快速交通服务，属于城市交通主干道。快速路是大城市交通运输的主动脉，也是城市与高速公路联系的通道。

②主干路：也称城市主干道，是城市中起骨架作用的道路，为连接城市各主要分区的干线道路，以交通功能为主。

③次干路：是城市道路网中的区域性干道，与主干路结合组成城市道路网，起集散交通的作用，兼有服务功能。

④支路：也称城市一般道路或地方性道路，为次干路与居民区、工业区、市中心区的连线，用于解决局部区域的交通，以服务功能为主。

除快速路外，其余各类道路按城市规模、设计交通量、地形情况等，可分为Ⅰ级、Ⅱ级、Ⅲ级三个级别。

(2)城市道路的主要技术标准。我国城市道路分类、分级及主要技术指标见表1-2。

表1-2 我国城市道路分类、分级及主要技术指标

类别	项目				
	设计车速/(km·h^{-1})	双向机动车道数/条	机动车道宽度/m	分隔带设置	横断面宜采用形式
快速路	100, 80, 60	≥4	3.75	必须设	双、四幅
主干路	60, 50	≥4	3.75	应设	三、四幅
	50, 40	3～4	3.75	应设	三、四幅
次干路	50, 40	2～4	3.75	可设	单、双幅
	40, 30	2～4	3.75、3.5	不设	单幅
支路	40, 30	2	3.5	不设	单幅
	30, 20	2	3.5	不设	单幅

注：1. 除快速路外，各类道路可根据所在城市的大小、政治经济的发展、人口密度、土地利用、设计交通量、车辆组成、地形、旧城市改建、扩建等情况分成Ⅰ级、Ⅱ级、Ⅲ级三个级别。大城市应采用Ⅰ级标准；中等城市应采用Ⅱ级标准；小城市应采用Ⅲ级标准。大城市指50万以上人口的城市；中等城市指20万～50万人口的城市；小城市指不足20万人口的城市。
    2. 改建道路根据地形、地物限制、房屋拆迁、占地困难等具体情况，选用表中适当的道路等级。
    3. 省会、自治区首府所在地的中、小城市，其道路等级可根据实际情况提高道路等级。
    4. 各城市文化街、商业街，根据具体情况参照表中次干路及支路的标准设计。

需要说明的是，具体运用各项指标时，应从实际出发，在不过分增加工程量的情况下，尽可能采取较高的技术指标，以改善行车条件、提高运输效益，有利于今后道路改建。

四、公路与城市道路的异同点

1. 公路与城市道路的相同点

道路的使用性质决定了城市道路与公路的共同点，即为人、车的交通提供安全、便捷、舒适的服务。因此，它们的共同点如下：

(1) 道路结构：道路结构物必须保证有足够的强度、稳定性。
(2) 道路净空：有足够的宽度和净空高度方面的尺寸要求。
(3) 道路排水：畅通、良好的排水系统。
(4) 安全设施：设置足够的安全防护设施，如防撞护栏、防护网、分隔带等。
(5) 交通管理设施：设置必要的交通标志、道路标线、标志等设施。

2. 公路与城市道路的不同点

由于公路与城市道路的功能和作用不同，所以存在以下不同点：

(1) 交通服务对象不同。公路是连接各城市、城市与乡村和厂矿之间的道路，主要为长距离运输的道路。公路主要考虑服务对象机动车辆的行驶安全、畅通。

城市道路位于城市规划区范围之内，主要承担城市本身交通服务功能。城市道路除服务大量的机动车安全行驶外，还承担大量非机动车交通量及行人交通量。当交通量较大时，考虑设置专用的非机动车道和人行道，将它们进行隔离、分流，减少相互间的干扰，以保障各自的安全便捷行驶。同时，城市道路还具有市政公用设施载体的功能，如给水、排水、燃气、热力、消防等管路，以及电力、电信等线路和其他配套的市政公用设施。所以，城市道路具有交通服务与市政设施载体两个方面的功能。

(2) 规划建设管理机构不同。城市道路建设应按照统一规划、配套建设、协调发展的方针和建设、养护、管理并重的原则。进行城市供水、排水、燃气、供热、供电、通信、消防等依附于城市道路的各种管线、杆线等设施的建设，应与该城市道路的发展建设计划相协调，坚持先地下、后地上的施工原则，与城市道路同步建设，城市道路的建设管理由当地建设局或建委负责。

公路的规划建设原则是根据国民经济和社会发展及国防建设的需要进行，与城市建设发展和其他交通运输的发展相协调。公路的建设管理工作统一由当地交通部门负责。

(3) 设计要求不同。公路设计主要考虑线形流畅，公路、桥涵设计相关技术标准、规范由国家交通运输部颁布。城市道路在设计时，道路周围建筑物、构造物成为道路线形的控制要素。因此，城市道路的竖向设计、市政管线设计与用地衔接要求更密切，其相关技术标准由住房和城乡建设部颁布。

由于公路的服务对象主要是机动车，其分级首先考虑交通量的大小，而技术指标选用主要考虑汽车荷载与动力特性，所以，公路的通行能力与服务水平应满足汽车安全行驶的要求。城市道路位于人口集中、密集地区，服务对象包括机动车、非机动车和行人，所以要综合考虑交通安全、畅通、舒适的要求，同时，城市道路必须与城市总体规划和城市给水排水、电力、电信、燃气、热力、消防等设施紧密结合，并服从于道路沿线土地开发，强调景观与行人便利。因此，在道路设计布局上有以下几点不同：

①路线设计。公路作为三维空间带状构造物，其路线长、经过的地形地貌较为复杂多变，因此强调线形与地形相适应，所以平、纵线形设计应合理。平面线形以曲线为主，公路设计首先应进行选线，以确定一条经济合理、线形美观、行车舒适与安全的线路。

城市道路位于市区内，道路红线已在城市规划时确定，立面设计又受道路建筑物、构造物标高的制约，路线选择的余地很小，所以，城市道路平面线形设计主要以直线为主，强调与周围建筑、景观相适应。

②道路横断面布置。公路的横断面一般包括中央分隔带、行车道、路肩、边坡和边沟等；城市道路横断面包括中央分隔带、机动车和非机动车道、人行道、绿带、路缘石等。公路的横断面主要为单幅和双幅两种，只设置了机动车道和路肩；城市道路的横断面形式有单幅、双幅、三幅和四幅等，且要进行机动车道、非机动车道和人行道的断面布置。

③管线设置。公路上一般不设置管线，只有高速公路中间带内设置通信线路。城市道路、市政管线包括给水、排水、电气、电信、燃气、热力等。

城市道路的通信、照明、燃气、热力管线等，一般均根据规划设计，确定管线在道路横断面中的位置，一般在中央分隔带内、侧分带内、共同沟内及人行道下方等处，作为预埋管道系统的位置。

④交叉口。公路交叉口是根据相交道路的等级、交通量等因素，分别采用互通式立体交叉、分离式立体交叉或平面交叉等。城市道路一般采用信号灯控制平面渠化交叉口，根据过街行人交通量需要设置人行横道线、安全岛、人行过街天桥等设施。

⑤绿化景观。在公路建设中，高等级公路中央分隔带较窄，绿化往往结合夜间行车防眩的要求，按照一定高度种植灌木或乔木，公路边坡绿化与边坡防护相结合，能够很好地诱导行车视线，改善路容，降低噪声。

城市道路分隔带较宽，行人多，绿化则注重景观要求，选择园林绿化方式，通过点、线、面、体形成有空间造型的立体结构，以美化环境。绿化不但可以降低机动车噪声、汽车尾气污染、吸附粉尘，同时，营造了大片城市绿地，对解决城市"热岛效应"发挥了巨大作用。

(4) 分级标准不同。城市道路按其在道路系统中的地位、交通功能及服务功能可分为快速路、主干路、次干路、支路四类，详见《城市道路工程设计技术措施》(2011年版)、《城市快速路设计规程》(CJJ 129—2009)、《城市道路工程设计规范(2016年版)》(CJJ 37—2012)。

根据公路在公路网中所处的地位，在政治、经济上所起的作用，公路可分为国道、省道、县道、乡道、村道五个级别。根据公路使用任务、使用性质和交通量，我国公路工程技术标准将公路分为高速公路、一级公路、二级公路、三级公路和四级公路五个等级，详见《公路工程技术标准》(JTG B01—2014)(以下简称《标准》)、《公路路线设计规范》(JTG D20—2017)。

能力训练

识读某道路施工图总说明。
(1) 目的：使学生进一步熟悉、掌握城市道路施工图总说明的内容。
(2) 能力要求：要求学生在认真识读道路施工图总说明后，能正确地描述道路施工图总说明反映的内容，了解工程概况、设计依据、技术要求等，并认识到识读施工图总说明时不能草率。

习 题

一、选择题

1. 城市中起骨架作用，为连接城市各主要分区的干线道路，以交通功能为主的道路称为( )。

A. 快速路　　　B. 主干路　　　C. 次干路　　　D. 支路
2. 我国城市道路可分为（　　　）。
A. 快速路　　B. 主干路　　C. 次干路　　D. 街坊路　　E. 支路
3. 为城市中大量、长距离、快速交通服务的城市道路称为（　　　）。
A. 快速路　　　B. 主干路　　　C. 次干路　　　D. 支路
4. 作为街坊线与次干路连接线的城市道路是（　　　）。
A. 快速路　　　B. 主干路　　　C. 次干路　　　D. 支路

二、简答题
1. 与公路相比较，城市道路的特点体现在哪些方面？
2. 公路与城市道路的异同点有哪些？

任务二　道路平面图识读

本任务是在读懂道路施工图总说明的基础上，了解道路平面设计的规定和要求，掌握平面线形要素的应用，掌握直线、圆曲线、缓和曲线设计的基本方法，以及平曲线的超高与加宽的知识，能运用知识分析具体的道路平面案例。

一、直线

道路是一个三维空间的实体，路线是道路中线的空间位置。路线在水平方向的投影称为路线平面；沿中线竖直剖切再进行展开则是路线的纵断面；中线上任意一点法向切面是道路在该点的横断面。设计一条道路，对于平、纵、横三个方面，既要综合考虑，又要分别处理。

平面和纵断面设计应符合城市路网规划、道路红线、道路功能等要求，并应综合考虑土地利用、文物保护、环境景观、征地拆迁等因素。

平面和纵断面应与地形地物、地质水文、地域气候、地下管线、排水等要求结合，并应符合各级道路的技术指标，应与周围环境相协调，线形应连续与均衡。

道路平面线形由直线、平曲线组成；平曲线由圆曲线、缓和曲线组成。为使道路线形适应汽车行驶轨迹要求，达到安全、舒适的目的，城市道路一般采用直线—圆曲线—直线（简单型）或者直线—缓和曲线—圆曲线—缓和曲线—直线（基本型）的组合方式，如图 1-3～图 1-8 所示。

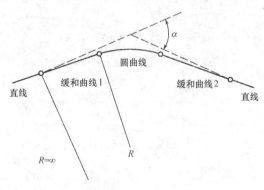

图 1-3　基本型
基本型：直线＋缓和曲线 1＋圆曲线＋缓和曲线 2＋直线

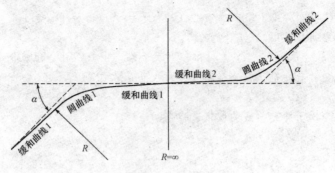

图 1-4 S 型

S 型：缓和曲线 1＋圆曲线 1＋缓和曲线 1＋（反向）缓和曲线 2＋曲圆曲线 2＋缓和曲线 2

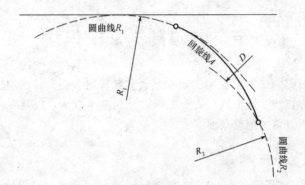

图 1-5 卵型

卵型：缓和曲线 1＋圆曲线 1＋缓和曲线（过渡）＋（同向）圆曲线 2＋缓和曲线 2

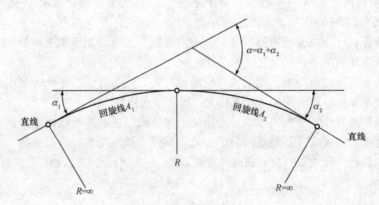

图 1-6 凸型

凸型：直线＋缓和曲线 1＋（同向）缓和曲线 2＋直线

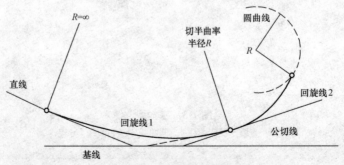

图 1-7 复合型

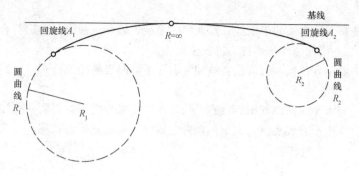

图 1-8 C 型
C 型：圆曲线 1＋缓和曲线 1＋(同向)缓和曲线 2＋圆曲线 2

直线是两点之间距离最短的线段。它具有线形直捷，布设方便，行车视距良好，行车平稳等优点。在城市道路、桥梁、交叉口、隧道等路段，采用直线线形显然是极为有利的，但直线不能适应地形变化，不便于避让障碍，直线过长容易使驾驶员产生麻痹而放松警惕，发生行车事故，夜间行车时，对向行车灯光炫目不利于安全。故路线设计中对长直线应限制使用，对直线的设置要与地形、地物、环境相适应。

作为平面线形要素之一的直线，在道路设计中使用最为广泛。在道路线形设计时，一般根据路线所处地带的地形、地物条件，驾驶员的视觉、心理条件，以及保证行车安全等因素，对直线的最大和最小长度应有所控制。

1. 直线的最大长度

从理论上来讲，合理的直线长度应根据驾驶员的心理反应和视觉效果来确定，如今这一问题尚在研究之中。根据各国的普遍经验，如日本和德国，一般规定最大的直线长度(以公里计)不超过 $20V$(V 为设计车速，以 km/h 计)。我国地域辽阔，地形千变万化，对于直线的长度很难做出统一规定，加之在混合交通的道路上，超车、会车、错车以及避让非机动车和行人的机会较多，驾驶员的感觉各不相同。根据在不同道路上的调查显示，直线的最大长度，在城镇及附近或其他景色有变化的地点大于 $20V$ 是可以接受的，在景色单调的地点最好控制在 $20V$ 以内。故在道路设计中，直线的最大长度最好控制在 $20V$ 以内。

2. 直线的最小长度

我国《城市道路路线设计规范》(CJJ 193—2012)规定，两圆曲线间以直线径向连接时，直线的长度宜符合下列规定：

(1)当设计速度大于或等于 60 km/h 时，同向圆曲线间最小直线长度不宜小于设计速度数值的 6 倍；反向圆曲线间最小直线长度不宜小于设计速度数值的 2 倍。

(2)当设计速度小于 60 km/h 时，可不受上述限制。

道路直线长度见表 1-3。

表 1-3 道路直线长度

设计车速/(km·h^{-1})	100	80	60
最大直线长度/m	2 000	1 600	1 200
同向曲线间最小直线长度/m	600	480	360
反向曲线间最小直线长度/m	200	160	120

3. 直线运用应注意的情况

(1)采用直线时应特别注意其与地形、地物的关系，在运用直线线形并决定其长度时，不宜采用长直线。

(2)长直线或长下坡尽头的平曲线,除曲线的半径、超高、视距等必须符合规定要求外,还必须采取设置标志、增加路面抗滑能力等安全措施。

(3)长直线上坡不宜过长,因为长直线加陡坡在下坡时容易超速行车,直线上的纵坡一般应小于3%。

(4)长直线应与大半径凹曲线配合为宜,这样可以使呆板的直线得到一些缓和或改善。

(5)直线的长度也不宜过短,特别是同向圆曲线间不得设置短直线。

二、圆曲线

圆曲线是道路平面走向改变方向时,所设置的连接两相邻直线段的圆弧形曲线。圆曲线线形布设方便,能很好地适应地形,避让障碍,与地形配合得当可获得圆滑、舒顺、美观的路线,又能降低工程造价。而且这种线形能使行车景观不断变化,并能让驾驶员保持适度的警惕,增加行车安全性,也可以起到诱导行车视线的作用。但圆曲线的选择切不可迁就地形,造成半径过小而影响行车安全。

1. 圆曲线半径

由于汽车受到离心力的作用,将可能产生横向滑移或横向倾覆,所以汽车在小半径曲线路段行驶时,容易发生横向失稳。因此,在平面曲线设计中,应首先研究如何选择圆曲线半径。

圆曲线半径指标可由车辆在曲线上行驶时的受力情况建立平衡方程。圆曲线半径的计算公式为

$$R=\frac{V^2}{127(\mu+i_b)}$$

式中 i_b——路面横坡度,无超高时为路拱横坡度,有超高时为超高横坡度;

μ——横向力系数。μ取0.1时,汽车行驶稳定性、乘客舒适性、运营经济性均能保证。

2. 城市道路圆曲线半径的标准

由上式可以看出,R是由设计行车速度V、横向力系数μ和路拱横坡度i_b所决定的。为了使R能达到所要求的道路等级,车速V应取规定的设计车速值,而i_b和μ的取值则视R值的不同使用要求而定。

综合分析,为了满足设计人员对平曲线半径不同的使用目的与要求,《城市道路工程设计规范(2016年版)》(CJJ 37—2012)中规定了几种圆曲线半径的最小值,见表1-4。

表1-4 圆曲线最小半径

设计速度/(km·h^{-1})		100	80	60	50	40	30	20
不设超高最小半径/m		1 600	1 000	600	400	300	150	70
设超高最小半径/m	一般值	650	400	300	200	150	85	40
	极限值	400	250	150	100	70	40	20

在道路平面设计时,应根据沿线地形、地物的特点,尽量选用较大的半径,以便安全、舒适地行驶。在选用半径时,既要满足技术的经济合理,又要注意经济适用;既不能盲目采用高标准而过分地增加工程量,也不能仅考虑眼前的通行要求而采用低标准(不利于今后道路改造)。在选用平曲线半径时,应遵循的原则是:在地形条件许可时,尽可能采用大于或等于不设超高最小半径;在一般情况下或地形条件受限制时,应尽量采用大于或等于一般最小半径,只有在地形特别困难时,方可采用极限最小半径。

三、缓和曲线

缓和曲线是设置在直线与圆曲线之间或大圆曲线与大圆曲线之间,由较大圆曲线向较小圆曲线

过渡的线形，是道路平面线形要素之一。其主要特征是曲率均匀变化。设置缓和曲线的作用如下：

(1)便于驾驶员操纵转向盘，使驾驶员有足够的时间和距离来操纵方向盘，让汽车按行车理论轨迹线顺畅地驶入或驶出圆曲线；

(2)满足乘客乘车的舒适与稳定的需要；

(3)满足超高、加宽缓和段的过渡，有利于平稳行车；

(4)与圆曲线配合得当，增加线形美观。

缓和曲线的形式有回旋线、双纽线、三次抛物线等。现在我国普遍使用的是回旋线。

回旋线的曲率由小到大，随弧长作直线变化，曲线和曲率都是连续的，它能提供一条连续的圆滑线，这就为曲率由 $\rho=0$ 变化到 $\rho=1/R$ 提供了几何条件。

1. 缓和曲线的最小长度

缓和曲线应有足够的长度，以使乘客感觉舒适，保证驾驶员操纵所需的时间，保证线形圆滑顺适等。所以，应规定缓和曲线的最小长度。《城市道路工程设计规范(2016年版)》(CJJ 37—2012)规定了城市道路的最小缓和曲线长度，见表1-5。

表1-5 城市道路缓和曲线最小长度

计算行车速度/(km·h^{-1})	100	80	60	50	40	30	20
缓和曲线最小长度/m	85	70	50	45	35	25	20

2. 缓和曲线的省略

在城市道路上，当圆曲线半径小于不设缓和曲线的最小半径时，如果设计车速 $V \geqslant 40$ km/h，则应设置缓和曲线；如果设计车速 $V<40$ km/h，则可设置直线缓和段。而当圆曲线半径大于不设缓和曲线的最小半径时，直线和圆曲线可以径向连接。

《城市道路工程设计规范(2016年版)》(CJJ 37—2012)所规定的不设缓和曲线的最小圆曲线半径，见表1-6。

表1-6 城市道路不设缓和曲线的最小圆曲线半径

计算行车速度/(km·h^{-1})	100	80	60	40	30
不设缓和曲线的最小圆曲线半径/m	3 000	2 000	1 000	700	500

四、平曲线半径的选择及其要素计算

1. 平曲线半径的选用原则

(1)平曲线半径的选择在平面设计中是一个值得重视的问题，一般来说，应结合当地的地形、经济等具体情况和要求来定。对各个等级的道路平曲线，原则上应尽可能采用较大的半径，以提高道路的使用质量。在城市道路中一般规定：凡规划区内道路的圆曲线，应采用大于或等于不设超高圆曲线最小半径值。当受地形条件限制时，也采用不设超高最小半径。公路上则规定：一般情况下，应采用大于或等于一般最小半径值，当受地形或其他条件限制时，方可采用极限最小半径值。若所采用的半径小于此极限值，则需采取限速等措施以保证安全。

(2)在长直线(特点是下坡的)尽头，为了行车安全，不得采用小半径的平曲线。因为这种直线段上行车极易超速，如对平曲线的出现缺乏思想准备或判断错误，往往会发生事故。

(3)在某些特殊地段，如大、中桥一般应为直线，用较大的半径。

(4)通过计算得到的平曲线半径值一般应采用整数。当半径在125 m以下时，应取5的整倍数；当半径为125～250 m时，应取100的整倍数；当半径为250～1 000 m时，应取50的整倍数；当半径在1 000 m以上时，应取10的整倍数，零碎之数除设置复曲线可用外，一般因不便于测设计算，都不采用。

2. 平曲线要素计算

当平曲线的半径尺寸和路线转折角度确定后，即可进行平曲线各要素的计算。如设有缓和曲线时，还需确定缓和曲线的长度 L_S 值，如图 1-9 和图 1-10 所示。按照几何关系可算平曲线各要素。

圆曲线要素计算（不设缓和曲线）：

$$T = R \times \tan\frac{\alpha}{2}$$

$$L = \frac{\pi}{180} R\alpha = 0.01745 R\alpha$$

$$E = R \times \left(\sec\frac{\alpha}{2} - 1\right)$$

$$J = 2T - L$$

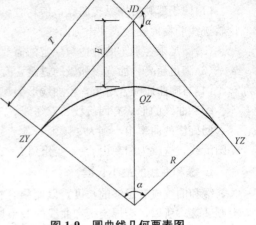

图 1-9 圆曲线几何要素图

式中 R——圆曲线设计半径；
T——切线长；
L——曲线长；
E——外矢距；
J——超距；
α——转角（度）。

曲线主点里程桩号计算：

以交点里程桩号为起点计算：

$$ZY = JD - T$$
$$QZ = ZY + L/2$$
$$YZ = ZY + L$$
$$JD = QZ + J/2$$

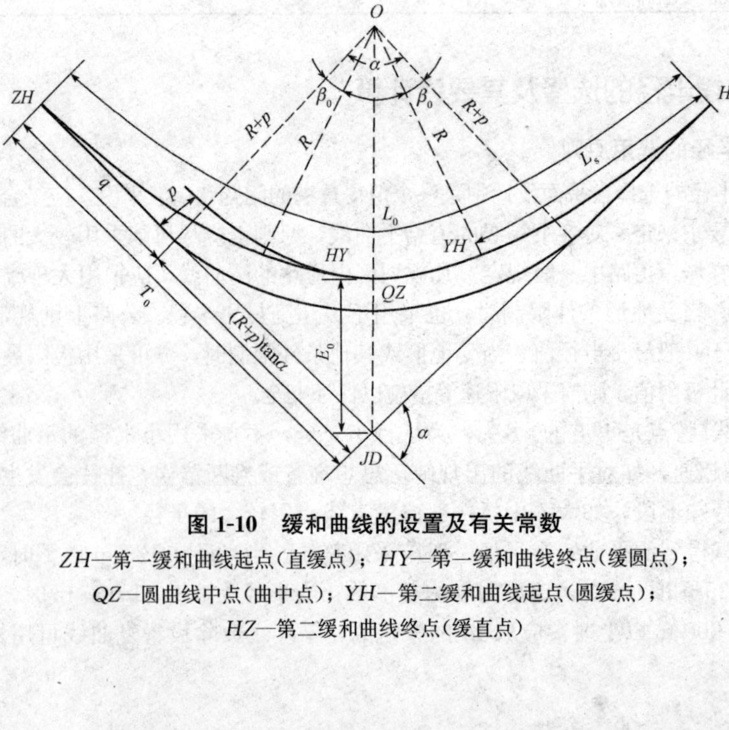

图 1-10 缓和曲线的设置及有关常数

ZH—第一缓和曲线起点（直缓点）；HY—第一缓和曲线终点（缓圆点）；
QZ—圆曲线中点（曲中点）；YH—第二缓和曲线起点（圆缓点）；
HZ—第二缓和曲线终点（缓直点）

【例1-1】 已知城市主干道有一弯道，偏角 α_y 为 $60°$，半径 $R=500$ m，$JD=K3+954.11$。求：(1)各曲线要素；(2)曲线上各主点桩号。

解：(1)曲线要素计算：

$$T = R \times \tan\frac{\alpha}{2} = 500 \times \tan 30° = 288.68(\text{m})$$

$$L = \frac{\pi}{180}R\alpha = 0.017\,45 R\alpha = 0.01\,745 \times 500 \times 60 = 523.5(\text{m})$$

$$E = R \times \left(\sec\frac{\alpha}{2} - 1\right) = 500 \times (\sec 30° - 1) = 77.35(\text{m})$$

$$J = 2T - L = 2 \times 288.68 - 523.5 = 53.86(\text{m})$$

(2)曲线上各主点桩号：

$$ZY = JD - T = K3 + 954.11 - 288.68 = K3 + 665.43$$
$$QZ = ZY + L/2 = K3 + 665.43 + 523.5/2 = K3 + 927.18$$
$$YZ = ZY + L = K3 + 665.43 + 523.5 = K4 + 188.93$$
$$JD = QZ + J/2 = K3 + 927.18 + 53.86/2 = K3 + 954.11$$

五、道路平面图识读要点

道路是建筑在大地表面的带状构造物，它的中心线（简称中线）是一条空间曲线。路线具有狭长、高差大和弯曲多等特点。因此，路线工程图的表示方法与一般工程图不完全相同，有自己的一些特殊画法与规定。它是用路线平面图作为平面图，路线纵断面图和路基横断面图分别代替立面图和侧面图，即路线工程图主要是由路线平面图、路线纵断面图和路基横断面图三个部分组成的。通过三个方面的图示来说明路线的平面位置、线形状况、沿线两侧一定范围内的地形和地物、纵断面的标高和坡度、路基宽度和边坡、土壤地质，以及沿线构造物的位置和其与路线的相互关系。

需要注意的是，路线平面图、路线纵断面图和路基横断面图都各自画在单独的图纸上，读图时可以相互对照。

1. 道路平面图的组成

道路平面图是上面绘有道路中线的地形图，通过它可以反映出路线的方位，平面线形（直线和左、右弯道），沿路线两侧一定范围内的地形、地物与路线的相互关系以及结构物的平面位置，其内容包括地形和路线。

(1)地形部分。路线平面图中的地形部分也就是原始地形图。在设计时，作为纸上定线移线之用。

①方位。为了表示地区的方位和路线的走向，地形图上需画出坐标网或指北针。坐标网表示法中 X 轴向为南北方向（上为北），Y 轴向为东西方向（右为东）。指北针的箭头所指的为正北方向。

②比例。为了清晰地表示图样，根据地形起伏情况的不同，可采用相应的比例来绘制地形图。城市道路相对于公路，长度较短而宽度较大，选用的绘图比例尺一般比公路大。在做技术设计时，可采用1∶500～1∶1 000的比例尺绘制。绘图的范围视道路等级而定，等级高的范围应大一些，等级低的可小一些。通常，在道路两侧红线以外各20～50 m，或中线两侧各50～100 m，特殊情况则在任务书中具体说明。

③地物。地物如河流、农田、房屋、桥梁、铁路等是用图例来表示的。

④地形。路线所在地带的地势起伏情况是用等高线来表示的。等高线的间距代表两点之间的水平距离。地势平坦的城市道路平面图上不绘制等高线，其地势可从道路横断面图中表示出来。

(2)路线部分。道路路线在平面上是由一系列的直线段和曲线段组成的，如图1-11所示。

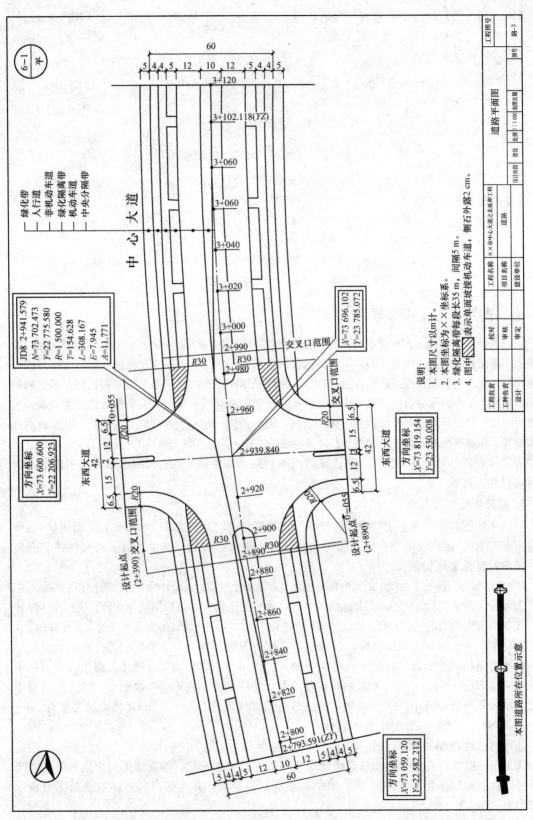

图1-11 城市道路平面设计图

①桩号。城市道路平面图中以点画线来表示道路的中线(设计线)。路线的长度用里程表示,里程桩号的标注应在道路中线上从路线起点到终点,按从小到大、从左往右的顺序排列。公里桩宜标注在路线前进方向的左侧,用"K×××"表示其公里数,用阿拉伯数字表示百米数。

②平曲线。路线的平面线形有直线型和曲线型,而曲线又包含圆曲线和缓和曲线。对于曲线型路线的道路转弯处,在平面图中用交点 JD 来表示,并沿前进方向按顺序将交点编号,如 JD_8 表示第8号交点。转角为路线转向的折角,它是沿路线前进方向向左或向右偏转的角度。另外,圆曲线设计半径 R、切线长 T、曲线长 L、外矢距 E,以及设有缓和曲线段路线的缓和线长都可在路线平面图中的曲线表里查得。路线平面图中对圆曲线还须标出曲线起点 ZY(直圆点)、中点 QZ(曲中点)、曲线终点 YZ(圆直点)的位置,对带有缓和曲线段的路线则需标出 ZH(直缓点)、HY(缓圆点)和 YH(圆缓点)、HZ(缓直点)的位置。

③结构物和控制点。在平面图中还须标示出道路沿线的工程构造物和控制点,如桥涵、三角点和水准点等工程图中的常用图例,结合表可从路线平面图上了解到道路沿线工程构造物的位置、类型和分布情况,以及控制点的坐标和高程。

④车道线。在城市道路的车道线路幅宽度内,有机动车道、非机动车道,在机动车道中还分快车道、慢车道等。在平面图中绘有各种车道线的位置、宽度,以及车道之间的分隔带、路缘带等。

⑤人行道、人行横道线、交通岛按设计位置绘制。

⑥地上、地下管线和排水设施。各处地上、地下管线的走向和位置(雨水进水口、窨井、排水沟等)都应在图中标出。必要时,需分别另外绘制排水管线平面图。

⑦交叉口。平面交叉口与立体交叉口虽然有专门的交叉口设计图,但是在平面设计图中也应该按平面图的比例尺画出,并详细注明交叉口的各路去向、交叉角度、曲线元素以及路缘石转弯半径。一张完整的平面设计图,除清楚而正确地表达上述设计内容外,还可以对某些细部设施或构件画出大样图。最后在图中的空白处做一些简要的工程说明,如工程范围、采用坐标系、引用的水准点位置等。

2. 识读顺序

(1)先看清楚路线平面图中的控制点、坐标网(或指北针方向)以及画图所采用的比例。

(2)查看地形图,了解路线所处区域的地形、地物分布情况。

(3)查看图纸右上角的角标,了解该平面图共有几张图纸,所看这一张是其中的哪一张。

(4)查看路线中线与规划红线,了解道路平面走向和城市道路总宽度。

(5)了解平曲线的设置情况及平曲线要素。

(6)查看车道线、人行道、绿化带、公交车站等的布置和尺寸。

(7)查看交叉口。

(8)注意路线与其他道路、铁路、河流交叉的位置。

(9)查看地上、地下管线和排水设施。要特别注意从图例中的构筑物地面符号,判断地下管线的位置、走向,结合实地调查(记录这些管线的长短、粗细、埋深等),并将这些资料作为施工设计阶段防止损坏原有地下设施的依据。

(10)与前后路线平面图拼接起来后,了解路线在平面图中的总体布置情况。

3. 识读内容

(1)道路位置的控制线及主体部分的界限:道路中心线、建筑红线、线位控制点坐标、路面边线、征地或拆迁边线。

(2)道路设计的平面布置情况:如机动车道、非机动车道、人行道、交叉道路、绿化带、广场、公交车停靠站、边沟、弯道加宽、平曲线范围及布置情况等。

(3)构筑物及附属工程的平面位置和布置情况,以及对现有各种设施的处理情况:如桥梁、涵洞、立交桥、挡土墙护岸、各种排水设施，以及现有地上杆线、树木、房屋、地下管线及地下地上各种构造物的拆除、改建、加固等措施。

(4)各种尺寸关系：如平面布置的尺寸、路线及路口平曲线要素等。
(5)文字注释：有关各项设计内容的名称、形式做法要求和设计数据。
(6)图标：表明设计单位、比例尺、出图时间等。

能力训练

识读某城市道路平面图。
(1)目的：使学生进一步熟悉、掌握城市道路平面图的内容和识图方法。
(2)能力要求：要求学生在识读道路平面图后能正确地描述道路平面图反映的内容，如路线的走向、平面线形、中线及地形、地物、植被、绿化和其他各种设施的位置。
(3)准备：准备一张城市道路平面图，复习道路平面图的内容和表示方法。
(4)步骤：
①查阅图纸的说明、比例，了解该图的尺寸单位、坐标系分别是什么？以及图纸采用的比例是多少？
②查看图纸右上角的角标，了解该平面图共有几张？所看的这一张是第几张图？
③看清平面图中的控制点、坐标网(或指北针方向)。
④看地形图，了解道路所处区域的地形、地物分布情况。
⑤查看路线中线与规划红线，了解道路平面走向和道路总宽度。
⑥查阅平曲线的设置情况及平曲线要素。
⑦查看车道线、人行道线，了解它们的宽度。
⑧查看交叉口的设置情况。

任务三 道路纵断面图识读

本任务是了解道路纵断面设计的规定和要求，掌握道路纵坡设计方法与标准及竖曲线设计计算，能运用所学知识分析具体的道路纵断面案例。

一、纵坡与坡长

通过道路中线的竖向剖面，也称为纵断面。其主要反映路线起伏、纵坡与原地面的切割情况。道路的纵断面是由不同的上坡段、下坡段(统称坡段)和连接相邻两坡段的竖曲线组成，即道路路线在纵断面上是一条有起伏的空间线，其基本线形由坡度线和竖曲线组成。相邻两坡度线的交点称为转坡点；转坡点前后两坡度线坡度之差称为转坡角。在转坡点处应设竖曲线，按坡度转折形式的不同，竖曲线可分为凹形竖曲线和凸形竖曲线，其大小用半径和水平长度表示。

道路纵断面设计是在纵断面图上决定坡度、坡长、竖曲线半径等数值以及做有关的计算工作等。其主要任务就是根据汽车的动力特性、道路等级、地形、地物、水文地质等因素，综合考虑路基稳定、排水以及工程经济性等要求，以达到行车安全迅速、运输经济合理及乘客感觉舒适的目的。

路线的纵向坡度简称纵坡，用符号 i 表示，其值可按下式计算：

$$i=\frac{H_1-H_2}{L}\times 100\%$$

式中 H_1，H_2——按路线前进方向为序的坡线两端点的标高(m)；

L——坡线两端点之间的水平距离，称为坡线长度，简称坡长(m)。

路线的纵坡按路线前进方向，上坡时 i 为"＋"，下坡时 i 为"－"。

1. 纵坡设计

(1)最大纵坡。最大纵坡是指在纵断面设计中，各级道路允许采用的最大坡度值。由于汽车牵引力有一定的限制，故纵坡不能采用太大值，必须对最大纵坡加以限制。

城市道路纵坡设计应结合其自身特点，确定最大纵坡。城市道路车行道线、人行道线与路中心线纵坡相同，如道路纵坡过大，将使临街建筑物地坪标高难与人行道纵坡协调而影响街景；道路纵坡过大不利于地下管线的敷设；考虑到自行车的爬坡能力，最大纵坡应不大于3%。因此，我国《城市道路工程设计规范(2016年版)》(CJJ 37—2012)规定的城市道路机动车道最大纵坡，见表1-7。

表1-7　最大纵坡

设计速度/(km·h^{-1})		100	80	60	50	40	30	20
最大纵坡/%	一般值	3	4	5	5.5	6	7	8
	极限值	4	5	6		7		8

(2)最小纵坡。城市道路最小纵坡是能保证排水和防止管道淤塞所必需的最小纵坡，其值为0.3%。如遇特殊困难，其纵坡度必须小于0.3%时，则应设置锯齿形边沟或采取其他排水设施。

2. 坡长设计

坡长是指变坡点之间的水平直线距离。坡长限制主要是指对较陡纵坡的最大长度和一般纵坡的最小长度加以限制。

(1)最小坡长。根据汽车的动力性能可知，道路纵坡的大小及其坡长对汽车的行驶影响很大，特别是长距离的陡坡对汽车行驶非常不利。当纵坡的坡段太长时，汽车因克服坡度阻力而采用低速挡行驶，会使发动机过热，水箱沸腾，行驶无力，发动机易受磨损甚至熄火停驶；而下坡时，则会因坡度过陡、坡段过长而频繁制动，多次制动易使制动器失灵甚至造成车祸。因此，对纵坡较大的坡段，其最大坡长必须加以限制。《城市道路工程设计规范(2016年版)》(CJJ 37—2012)规定的最小坡长，见表1-8。

表1-8　最小坡长

计算行车速度/(km·h^{-1})	100	80	60	50	40	30	20
最小坡长/m	250	200	150	130	110	85	60

(2)最大坡长。最大坡长的限制主要是从汽车行驶平顺性的要求考虑的。公路设计应尽量减少纵坡转折以满足行车平顺性，如果坡长过短，使变坡点增多，汽车行驶在连续起伏地段产生的增重与减重的变化频繁，会导致乘客感觉不舒适，因此，一般应保证汽车在坡道上行驶时间为9~15 s；同时，当坡度差较大时还容易造成视觉的阻断，从而影响行车安全性。从路容美观、相邻两竖曲线的设置和纵面视距等也要求坡长应有一定最短长度。《城市道路工程设计规范(2016年版)》(JJ 37-2012)规定的最大坡长，见表1-9。

表1-9　城市道路机动车道最大坡长

计算行车速度/(km·h^{-1})	100	80	60			50			40		
纵坡/%	4	5	6	6.5	7	6	6.5	7	6.5	7	8
最大坡长/m	700	600	400	350	300	350	300	250	300	250	200

(3)缓和坡段。在纵断面设计中,当陡坡的长度达到限制坡长时,应安排一段缓坡,用以恢复在陡坡上降低的速度,同时,也可以减轻上坡时汽车的机件磨损,将这一段称为缓和坡段。

从下坡安全考虑,缓坡可以降低下坡时制动器的过高温度,以保证行车安全。在缓坡上汽车加速行驶,理论上缓坡的长度应适应这个加速过程的需要。

《城市道路工程设计规范(2016年版)》(CJJ 37—2012)规定,道路连续上坡或下坡,应在不大于表1-10规定的纵坡长度之间设置纵坡缓和段。缓和段的纵坡不应大于3%。其长度应符合表1-8最小坡长的规定。

表1-10 机动车最大坡长

设计速度/(km·h⁻¹)	100	80	60			50			40		
纵坡/%	4	5	6	6.5	7	6	6.5	7	6.5	7	8
最大坡长/m	700	600	400	350	300	350	300	250	300	250	200

二、合成坡度

合成坡度是指在设有超高的平曲线上,路线纵坡与超高横坡或不设超高的路面横坡组成的坡度。其计算公式为

$$I=\sqrt{i^2+i_h^2}$$

式中 I——合成坡度;

i——路线纵坡度;

i_h——超高横坡或路面横坡度。

在有平曲线的坡道上,最大坡度在纵坡和超高坡度的合成方向上。若合成坡度过大,当车速较慢或汽车停在合成坡度上时,汽车可能沿合成坡度的方向产生侧滑或打滑;同时若遇到急弯陡坡,对行车来说,可能会在短时间内向合成坡度方向下滑,使汽车沿合成坡度冲出弯道外而产生事故。因此,将合成坡度控制在一定范围之内,其目的是尽可能地避免急弯和陡坡的不利组合,防止因合成坡度过大而引起的横向滑移和行车危险,保证车辆在弯道上安全而顺适地行驶。

《城市道路工程设计规范(2016年版)》(CJJ 37—2012)规定,在没有超高的平曲线上,超高横坡度与道路纵坡度的合成坡度小于或等于表1-11的规定。

表1-11 合成坡度

设计速度/(km·h⁻¹)	100、80	60、50	40、30	20
合成坡度/%	7.0	6.5	7.0	8.0

注:积雪或冰冻地区道路的合成坡度应小于或等于6.0%。

三、竖曲线

纵断面上两相邻纵坡线的交点为变坡点,为保证汽车安全、顺适及视距的需要而在变坡点处设置的纵向曲线为竖曲线,如图1-12所示。

转坡点前后两坡度线坡度之差称为转坡角,用符号ω表示,其值可按

图1-12 竖曲线示意

下式计算：

$$\omega = i_1 - i_2$$

式中　ω——转坡角的度数，以弧度计；

i_1，i_2——转坡点前后坡线的纵坡，以小数计，上坡取"＋"，下坡取"－"。

按上式计算结果，ω 为"＋"时曲线开口朝下，称为凸形竖曲线，纵断面图上用"⌐⌐"符号表示；ω 为"－"时曲线开口朝上，则为凹形竖曲线，用符号"⌊⌋"表示。

竖曲线的形式可采用抛物线或圆曲线，在使用范围上二者几乎没有差别。我国相关规范规定各级道路在变坡点处均应设置竖曲线，竖曲线的形式宜采用圆曲线。

由于在纵断面上只计水平距离和竖直高度，斜线不计角度而计坡度，因此，竖曲线的切线长与曲线长是其在水平面上的投影。

1. 竖曲线设计标准

(1)竖曲线的最小半径。纵面线形的优劣很大程度上取决于竖曲线半径的大小。为使行车舒适，在不过分增加土石方数量的情况下，应尽量采用较大半径。

凸形竖曲线半径的选定应能提供汽车所需要的视距，以保证汽车能安全迅速地行驶。凹形竖曲线主要为缓和行车时汽车的颠簸和振动而设置，汽车沿凹形竖曲线路段行驶时，在重力方向受到离心力作用而发生颠簸和引起弹簧负荷增加。凹形竖曲线最小半径的主要控制依据是使离心力不致过大。

(2)竖曲线的最小长度。当竖曲线两端直线坡段的坡度差很小时，即使半径较大，竖曲线的长度也有可能较小，此时汽车在竖曲线段倏忽而过，冲击增大，乘客会感到不适；从视觉上考虑也会感到线形突然转折。因此，汽车在竖曲线上行驶时的时间不能太短，以此来控制竖曲线长度。城市道路竖曲线最小半径与竖曲线最小长度应符合表 1-12 的规定。

表 1-12　竖曲线最小半径与竖曲线最小长度

设计速度/(km·h^{-1})		100	80	60	50	40	30	20
凸形竖曲线/m	一般值	10 000	4 500	1 800	1 350	600	400	150
	极限值	6 500	3 000	1 200	900	400	250	100
凹形竖曲线/m	一般值	4 500	2 700	1 500	1 050	700	400	150
	极限值	3 000	1 800	1 000	700	450	250	100
竖曲线长度/m	一般值	210	170	120	100	90	60	50
	极限值	85	70	50	40	35	25	20

2. 竖曲线几何要素计算

竖曲线要素主要包括竖曲线长度 L、切线长度 T 和外距 E，如图 1-13 所示。因纵坡很小，而高程变化值与水平距离之比相差很大，因而在实际计算时，均假定竖曲线长度 L、切线长度 T 等于其水平投影长度。竖曲线形式通常采用圆曲线，各要素的计算公式为

$$L = R\omega$$

$$T = \frac{L}{2} = \frac{R\omega}{2}$$

$$E = \frac{1}{4}T\omega = \frac{1}{8}R\omega^2$$

$$y = \frac{x^2}{2R}$$

式中　R——竖曲线的半径(m);

　　　L——竖曲线的曲线长(m);

　　　T——竖曲线的切线长(m);

　　　E——竖曲线的外距(m);

　　　ω——两相邻纵坡的代数差,以小数计,在竖曲线要素计算时取其绝对值;

　　　y——竖曲线上任意点到切线的纵距,即竖曲线上任意点与坡线的高差(m),也称改正值;

　　　x——竖曲线上任意点与竖曲线起点或终点的水平距离(m)。

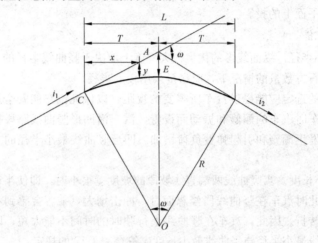

图 1-13　竖曲线要素

3. 竖曲线内任一里程桩号处设计标高计算

在纵断面上,有两条主要线条:一条是地面线,是通过公路中线原地面各点的连线,地面线上各点的标高称为地面标高;另一条是设计线,设计线上各点的标高称为设计标高。

首先计算竖曲线起点、终点的桩号:

$$竖曲线起点桩号 = 变坡点桩号 - T$$
$$竖曲线终点桩号 = 变坡点桩号 + T$$

其中,横距 x = 任一点桩号 − 竖曲线起点桩号,则纵距

$$y = \frac{x^2}{2R}$$

竖曲线各点设计高程为

　　对于凸形竖曲线:设计标高 = 未设竖曲线时纵坡线上的高程 − y

　　对于凹形竖曲线:设计标高 = 未设竖曲线时纵坡线上的高程 + y

【例 1-2】某城市道路,变坡点桩号为 K5+030,高程 $H_1 = 427.68$ m,$i_1 = 5\%$,$i_2 = -4\%$,竖曲线半径 $R = 2\,000$ m。试求:(1)竖曲线各要素;(2)K5+000 和 K5+100 处的设计高程。

解:(1)竖曲线要素计算:

$\omega = i_1 - i_2 = 5\% - (-4\%) = 0.09 > 0$,为凸形曲线

$L = R\omega = 0.09 \times 2\,000 = 180$(m)

切线长 $T = L/2 = 90$(m)

外距 $E = T^2/(2R) = 90^2/(2 \times 2\,000) = 2.03$(m)

(2)设计高程计算：

已知变坡点桩号为K5+030，高程 $H_1=427.68$。

竖曲线起点桩号 $QD=BPD-T=(K5+030)-90=K4+940$

竖曲线起点高程 $H_{QD}=427.68-90\times0.05=423.18(m)$

K5+000与起点横距 $x_1=K5+000-K4+940=60(m)$

竖距 $y_1=x_1^2/(2R)=60^2/(2\times2\,000)=0.9(m)$

切线高程$=423.18+60\times0.05=426.18(m)$

设计高程 $426.18-0.9=425.28(m)$

K5+100与起点横距 $x_2=K5+100-K4+940=160(m)$

竖距 $y_2=x_2^2/2R=160^2/2\times2\,000=6.4(m)$

切线高程$=423.18+160\times0.05=431.18(m)$

设计高程 $431.18-6.4=424.78(m)$

四、道路纵断面图识读要点

路线纵断面图是反映路线所经过的中心地面起伏情况与设计标高之间的关系，将它与平面图结合起来就能反映道路路线在空间中的位置。

道路纵断面图主要反映道路沿纵向（即道路中心线前进方向）的设计高程变化、道路设计坡长和坡度、原地面标高、地质情况、填挖方情况、平曲线要素、竖曲线等。在纵断面图中水平方向表示道路长度，垂直方向表示高程，一般垂直方向的比例按水平方向比例放大10倍，如水平方向为1∶1 000，则垂直方向为1∶100。图中粗实线表示路面设计高程线，反映道路中心高程；不规则细折线表示沿道路中心线的原地面线，根据中心桩号的地面高程连接而成，与设计路面线结合反映道路大致的填挖情况。在设计线纵坡变化处（变坡点），均应按规定设置竖曲线，以利于汽车行驶。竖曲线可分为凸形和凹形两种，分别用"⌒""⌣"符号表示，并在其上标注竖曲线的半径R、切线长T和外矢距E等要素。符号中的水平直线的起止点，表示竖曲线的始点和终点，直线段的中点为竖曲线中点，过中点画一铅垂线，铅垂线两侧的数字分别为竖曲线中点的高程和里程桩号。

当路线上设有桥涵、通道和立体交叉等人工构造物时，采用图例绘制并注明结构物的名称、种类、大小和中心里程桩号。

纵断面图主要有以下内容：

(1)坡度及距离：是指设计高程线的纵向坡度和其水平距离。表中对角线表示坡度方向，由下至上表示上坡，由上至下表示下坡，坡度表示在对角线上方，距离表示在对角线下方，使用的单位为m。

(2)路面标高：注明各里程桩号的路面中心设计高程，单位为m。

(3)路基标高：为路面设计标高减去路面结构层厚度，单位为m。

(4)原地面标高：根据测量结果填写各里程桩号处路面中心的原地面高程，单位为m。

(5)填挖情况：反映设计路面标高与原地面标高的高差，单位为m。

(6)里程桩号：按比例标注里程桩号、构筑物位置桩号及路线控制点桩号等。

直线与曲线：表示该路段的平面线形，通常画出道路中心线示意图，如"—"表示直线段，平曲线的起止点用直角折线表示，以"⌒"和"⌣"表示设置缓和曲线的情况，以"⌐⌐"和"⌐⌐"表示设置圆曲线的情况。图样的凹凸表示曲线的转向，上凸表示右转曲线，下凹表示左转曲线。这样，结合纵断面情况，可想象出该路线的空间情况。

能力训练

识读某城市道路纵断面图。
(1)目的:使学生进一步熟悉、掌握城市道路纵断面图的内容和识图方法。
(2)能力要求:要求学生能准确描述道路纵断面图反映的内容。
(3)准备:准备一张城市道路纵断面图,复习道路纵断面图的内容和表示方法。
(4)步骤:
①看清楚水平、垂直向采用的比例与水准点位置;
②看地面线,了解沿路线纵向的地势起伏情况及土质分布;
③看设计线,了解线沿纵向的分布情况(包括坡度和坡长);
④比较设计线与地面线,了解路线填、挖情况;
⑤看清楚设置竖曲线的位置及竖曲线要素;
⑥了解沿路线纵向其他工程构造物的分布情况及其主要内容;
⑦了解竖曲线与平曲线的配合关系。
(5)注意事项:注意在读图过程中,应紧密结合测设数据表与图样部分,把纵断面图中体现出来的内容一一读懂、读透。

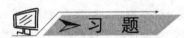

习题

一、选择题

1. 竖曲线线形采用的是( )。
   A. 回旋线   B. 抛物线   C. 圆曲线   D. 螺旋线
2. 对于平原城市,机动车道路的最大纵坡宜控制在( )以下。
   A. 2.5%   B. 5%   C. 0.5%   D. 7.5%
3. 道路纵断面图上最主要反映的两条线是指( )。
   A. 地面线和设计线   B. 地面线和水平线
   C. 设计线和水平线   D. 地面线和等高线
4. 通过道路中线的竖向剖面称为道路的( )。
   A. 纵断面   B. 横断面   C. 水平面   D. 铅垂面
5. 纵断面图上表示原地面高程起伏变化的标高线称为( )。
   A. 纵断面   B. 横断面   C. 水平面   D. 铅垂面
6. 工程设计中对中心线各点要求达到的高程称为( )。
   A. 设计高程   B. 填挖高度   C. 原地面标高   D. 原始高程
7. 道路路线在纵断面上是一条有起伏的空间线,其基本线形由( )组成。
   A. 平曲线和圆曲线   B. 竖曲线和折线
   C. 直线和回旋线   D. 坡度线和竖曲线

二、计算题

1. 某市 1 级主干道,其纵坡分别为 $i_1=-2.5\%$,$i_2=1.5\%$,变坡点桩号为 K1+520,设计高程为 429.00 m。由于受地下管线和地形的限制,曲线中点处的高程要求不低于429.30 m、不高于429.40 m，试确定竖曲线的半径，并计算K1+500、K1+520、K1+515点的设计高程。

2. 某市次干道设计车速$V=45$ km/h，其纵坡分别为$i_1=-1.0\%$，$i_2=-2.5\%$，转折点号为K0+620，设计高程为9.0 m，竖曲线半径$R=4\,000$ m，试计算竖曲线要素及K0+600、K0+630处的高程。

任务四 道路横断面图识读

本任务是了解道路横断面设计的规定和要求、道路横断面的组成及位置和尺寸，掌握道路横断面设计方法、路基土石方数量的计算与调配方法，能运用本节所学知识识读道路横断面图。

一、公路横断面的组成

公路横断面的组成包括：行车道、中间带、路肩、边沟、边坡、截水沟、排水沟、支挡防护结构等；城市道路横断面的组成包括：机动车道、非机动车道、人行道、绿化带、分隔带、地下管线等。

路基横断面两端路肩边缘之间的距离称为路基宽度。若包含边沟、边坡宽度在内，则为用地范围，称为地界宽度。横断面宽度，通常称为路幅宽度，远期规划道路用地总宽度则称为红线宽度。红线是指城市中的道路用地和其他用地的分界线。公路横断面组成如图1-14所示。

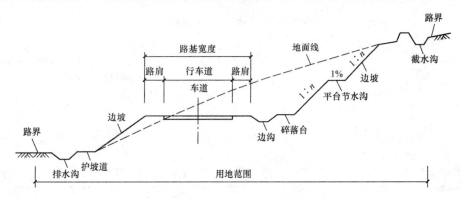

图1-14 公路横断面组成

1. 公路路基标准横断面

公路路基标准横断面是交通部根据设计交通量、交通组成、设计车速、通行能力在满足交通安全的要求，按公路等级、断面的类型、路线所处地形规定的路基横断面各组成部分横向尺寸的行业标准。

2. 路基横断面组成及宽度

(1)公路横断面分类。高速公路和一级公路的路基横断面可分为整体式和分离式两类，如图1-15和图1-16所示。上、下行公路的横断面由一个路基形成称为整体式；由两个路基分别独立形成称为分离式。整体式横断面包括行车道、中间带、路肩、紧急停车带、爬坡车道、变速车道等；分离式的断面没有中间带，其他部分和整体式断面相同。

高速公路、一级公路路基标准横断面图，如图1-17(a)所示；二、三、四级公路采用整体式断面，不设中间带，其组成包括行车道、路肩、错车道等，如图1-17(b)所示。

图1-15 整体式路基横断面图

图1-16 分离式路基横断面图

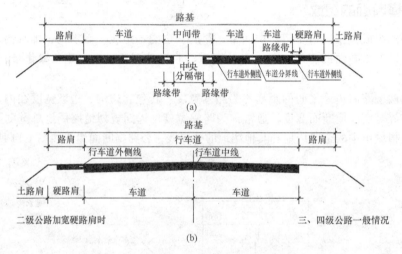

图1-17 公路标准横断面图
(a)高速公路、一级公路路基标准横断面；(b)二、三、四级公路路基标准横断面

(2)路基宽度。路基宽度是指在一个横断面上两路肩外缘之间的宽度，一般是指行车道与路肩宽度之和，当没有中间带、紧急停车带、爬坡车道、变速车道、错车道时，应包括在路基宽度内。

(3)行车道。

①行车道的功能。行车道为车辆行驶提供通行条件，行车道的宽度和路面状况影响车辆行驶的安全性、舒适性和公路的通行能力，行车道过窄会使不同车道之间的横向间距不足，车辆的横向干扰增加，平均速度和通行能力下降。

②车道数。公路的车道数主要根据该公路的预测交通量来确定，行车道的基本数目应在一个较大的路线长度内保持不变，而且当车道数目需要增加或减少时，一次应不多于一条车道，各级公路的基本车道数见表1-13。

表1-13 各级公路和基本车道数

公路技术等级	高速公路、一级公路	二级公路	三级公路	四级公路
车道数(条)	≥4	2	2	2(1)

高速公路和一级公路各路段车道数应根据设计交通量、设计通行能力确定,应不小于四车道。当车道数增加时,应按双数、两侧对称增加;二级公路、三级公路应为双车道;四级公路一般路段应采用双车道;交通量小或工程特别艰巨的路段可采用单车道。

③行车道宽度。一条车道的宽度必须能满足设计车辆在有一定横向偏移的情况下运行,并能为相邻车道上的车流提供余宽,所以,汽车所需车道的宽度受车速、交通量、驾驶员的驾驶能力、会车等影响,各级公路一条机动车道宽度的确定方法见表1-14。

表1-14 各级公路一条机动车道宽度

设计速度/(km·h^{-1})	120	100	80	60	40	30	20
车道宽度/m	3.75	3.75	3.75	3.50	3.50	3.25	3.00

(4)变速车道。当车辆需要加速合流或减速分流时,应根据公路的等级、使用性质等增加一段使车辆速度过渡的车道,使变速车辆不致因速度的变化而影响其他车辆的正常行驶。在高速公路和一级公路的互通式立体交叉、服务区等与主线连接处,应设置变速车道,其宽度一般为3.5 m,长度与速度变化范围、车辆特性等因素有关,可经计算确定。

(5)错车道。错车道是为了解决双向行车的错车而设置的。四级公路路基宽度采用单车道时,应在不大于300 m的距离内选择有力地点设置错车道,并使驾驶者能看到相邻两错车道之间的车辆。设置错车道路段的路基宽度应不小于6.5 m,有效长度应不小于20 m,如图1-18所示。错车道的间距应根据错车时间、视距、交通量等确定,在不大于300 m的距离内选择有利地点设置错车道。

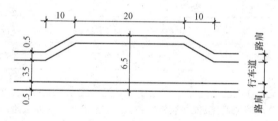

图1-18 错车道(尺寸单位:m)

(6)中间带。中间带由路线双向的两条左侧路缘带和中央分隔带组成。中央分隔带是分隔高速公路或一级公路上对向行车道的地带。左侧路缘带是相对于汽车行驶方向的位置而定。高速公路、一级公路整体式路基断面必须设置中间带。

中间带的功能如下:

①分离不同方向的交通流,减少车辆的对向干扰,以防止无序的交叉运行和转弯运行。

②在不妨碍公路限界的前提下,作为设置公路标牌的场地。

③在交叉路口为左转车辆提供避让区域。

④提供绿化带,以遮挡对向车灯的眩光。

⑤引导驾驶员的视线,同时为失控车辆提供救险区域。

⑥埋设管线等设施。中间带的宽度规定如下:

a. 中间带的作用明显,但投资大,占地多。一般均采用窄分隔带高出行车道表面的中央分隔带,称为凸形;也有宽度大于4.5 m的凹形,表面采用植草、栽灌木或铺面。

b. 中间带可不等宽,也不一定等高,应与地形、景观等配合。不等宽的中间带应逐步过渡,避免突变。中央分隔带每隔2 km设置一处开口,供紧急特殊情况使用。公路中间带宽度见

表 1-15，正常情况下采用一般值，当遇特殊情况时可以采用低限值。

表 1-15　公路中间带宽度

设计速度/(km·h⁻¹)		120	100	80	60
中央分隔带宽度/m	一般值	3.00	2.00	2.00	2.00
	最小值	1.00	1.00	1.00	1.00
左侧路缘带宽度/m	一般值	0.75	0.75	0.50	0.50
	最小值	0.75	0.50	0.50	0.50
中间带宽度/m	一般值	4.50	3.50	3.00	3.00
	最小值	2.50	2.00	2.00	2.00

(7) 路肩。路肩位于行车道外缘至路基边缘之间，是具有一定宽度的带状结构物，高速公路和一级公路的路肩包括硬路肩和土路肩两部分；二、三、四级公路的路肩一般只设土路肩。路肩的主要作用是保护行车道，供行人、自行车通行和临时停放车辆。《公路路线设计规范》(JTG D20—2017)规定的各级公路右侧路肩宽度见表 1-16。一般城市道路的外侧在不设人行道及分隔带的情况下，应设置路肩。

表 1-16　右侧路肩宽度

公路技术等级(功能)		高速公路			一级公路(干线功能)	
设计速度/(km·h⁻¹)		120	100	80	100	80
右侧硬路肩宽度/m	一般值	3.00(2.50)	3.00(2.50)	3.00(2.50)	3.00(2.50)	3.00(2.50)
	最小值	1.50	1.50	1.50	1.50	1.50
公路技术等级(功能)		一级公路(集散功能)和二级公路			三级公路、四级公路	
设计速度/(km·h⁻¹)		80	60	40	30	20
右侧硬路肩宽度/m	一般值	1.50	0.75	—	—	—
	最小值	0.75	0.25	—	—	—
土路肩宽度/m	一般值	0.75	0.75	0.75	0.50	0.25(双车道) 0.50(单车道)
	最小值	0.50	0.50			

注：1. 正常情况下，应采用"一般值"；在设爬坡车道、变速车道及超车道路段，受地形、地物等条件限制路段及多车道公路特大桥，可论证采用"最小值"。
　　2. 高速公路和作为干线的一级公路以通行小客车为主时，右侧硬路肩宽度可采用括号内数值。
　　3. 高速公路局部设计速度采用 60 km/h 的路段，右侧硬路肩宽度不应小于 1.5 m。

(8) 路缘带。路缘带既可以是硬路肩的一部分，也可以是中间带的一部分，主要取决于它的位置。在中间带范围内的路缘带(左侧路缘带)是中间带的组成部分；在路肩范围内的路缘带(右侧路缘带)属路肩的组成部分，它的主要功能是诱导驾驶员视线和提供部分侧向余宽。当汽车越出行车道时，能加强行车安全。

(9)紧急停车带。紧急停车带是车辆发生故障时紧急停车的区域。当硬路肩宽度足以停车时，无须设置紧急停车带；当高速公路和一级公路右侧硬路肩宽度小于2.5 m，不足以停车时，为使发生故障的车辆尽快离开行车道，就要设置紧急停车带。其他等级的公路是否设置应急停车带，根据实际情况决定。

停车带的间距主要考虑发生故障车辆可能滑行的距离和工程量、交通量等因素，使其既能发挥应急停车的作用，又不造成工程量的大幅增加，所以，《公路路线设计规范》(JTG D20—2017)规定，紧急停车带的间距不宜大于500 m。

紧急停车带的宽度包括硬路肩在内为3.5 m，有效长度不应小于40 m，间距不宜大于500 m，并应在其前后设置不短于70 m的过渡段。

二、城市道路横断面的组成

城市道路横断面由车行道、路侧带、分隔带、路缘带等部分组成(图1-19)。近期横断面宽度，通常称为路幅宽度；远期规划道路用地总宽度则称为红线宽度。红线是指城市中的道路用地和其他用地的分界线。道路两侧建筑房屋的台阶、门厅、风雨棚、阳台等均属红线之外范围。

1. 机动车道

在城市道路上供各种车辆行驶的路面部分，统称为车行道。供汽车、无轨电车、摩托车等机动车行驶的部分称为机动车道；供自行车、三轮车、板车等非机动车行驶的部分称为非机动车道。

在车行道上供单一纵列车辆安全行驶的地带，称为一条车道。一条机动车车道的宽度，取决于设计车辆外廓宽度、横向安全距离，以及不同车速行驶时的车辆摆动宽度等。不同车种和不同行驶车速要求有不同车道宽度与之适应。《城市道路工程设计规范(2016年版)》(CJJ 37—2012)规定，一条机动车道最小宽度应符合表1-17的规定。

表1-17 一条机动车道最小宽度

车型及车道类型	设计速度/(km·h^{-1})	
	>60	≤60
大型车或混行车道/m	3.75	3.50
小客车专用车道/m	3.50	3.25

2. 非机动车道

非机动车道是专供自行车、三轮车、平板车及兽力车等行驶的车道。各种车辆具有不同的横向宽度和相应的平均车速。《城市道路工程设计规范(2016年版)》(CJJ 37—2012)规定，一条非机动车道宽度应符合表1-18的规定。

表1-18 一条非机动车道宽度

车辆种类	自行车	三轮车
非机动车道宽度/m	1.0	2.0

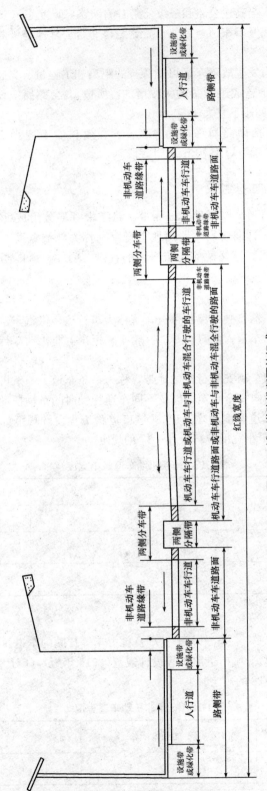

图 1-19 城市道路横断面的组成

非机动车车道如以自行车为主(三轮车不超过5%),其双车道宽度为2.5 m、三车道宽度为3.5 m、四车道宽度为4.5 m,依次类推。若非机动车某一车种的数量达到一条车道的设计通行能力的50%以上,即需要设一条车道;若小于50%,则宜组织混合车道。其组合排列时,要考虑不同车辆之间所要求的横向安全距离:自行车与三轮车为0.8 m;自行车与兽力车为0.5 m。

自行车车道数通常根据预估自行车交通量除以一条车道的设计通行能力计算得出。缺少数据资料时,可根据定性分析确定非机动车道的总宽度:如机、非分流的公路或立交孔中,非机动车车道宜采用3.5~4.5 m;大中城市的机、非分流的非机动车车道采用4.5~6.5 m;当机、非混行的道路断面上借划线分流时,非机动车车道宽度不得小于2.5 m;若机动车交通量很小,自行车与机动车高峰量小有所错开得以借道时,对非主干道可在机动车车道宽度基础上每侧另加1.5 m。

3. 路侧带

路侧带的主要功能是满足步行交通的需要,同时,也应满足绿化布置、地上杆柱、地下管线、交通标志、信号设施、护栏等公用附属设施安置的需要。路侧带的宽度,应包括人行道、设施带、绿化带等的宽度。

(1)人行道宽度。我国由于人口众多,用地紧张,居住密度较大,客运交通还不发达等原因,步行交通所占比重较大。因此,在规划或设计人行道时,应充分考虑人行道的足够宽度,如宽度不足,势必导致行人侵占车行道而影响汽车与行人的交通安全和顺畅。

人行道宽度必须满足行人安全、顺畅通过的要求,并应设置无障碍设施。《城市道路工程设计规范(2016年版)》(CJJ 37—2012)规定,人行道最小宽度应符合表1-19的规定。

表1-19 人行道最小宽度

项目	人行道最小宽度/m	
	一般值	最小值
各级道路	3.0	2.0
商业或公共场所集中路段	5.0	4.0
火车站、码头附近路段	5.0	4.0
长途汽车站	4.0	3.0

(2)人行道的布置。人行道通常对称布置在道路两侧,受地形、地物限制时,可不等宽或不在一个平面上。

另外,路侧带宽度还需要考虑设施带和绿化带的宽度。设施带是指道路两侧的行人护栏、照明杆柱等。护栏一般采用钢管,不设基座的宽度为0.25 m,设基座的宽度为0.5 m。杆柱含基座宽度为1~1.5 m。人行道用地困难处的绿化带可与设施带合并,但应避免各种设施与树木间纵向的干扰。绿化带净宽度灌木丛为0.8~1.5 m,单行乔木为1.5~2.0 m。方形树池每边净宽为1.5 m;矩形树池的净宽与净长为1.2 m×1.8 m。

4. 分车带

分车带按其在横断面中的不同位置与功能,可分为中间分车带(简称中间带)及两侧分车带(简称两侧带);分车带应由分隔带及两侧路缘带组成。城市道路分车带最小宽度见表1-20。当分隔带较宽时,分隔带上的绿化可采用高大直立乔木,但树冠底部至地面应高于3.5 m,以保证机动车通行净宽；若分隔带较狭窄时，可用灌木、草皮，或围以绿篱，或金属、预制混凝土图案护栏，切忌种植高度大于 0.7 m 的灌木丛，以免妨碍行车视线。

表 1-20　分车带最小宽度

类别		中间分车带		两侧分车带	
设计速度/(km·h^{-1})		≥60	<60	≥60	<60
路缘带宽度/m	机动车道	0.50	0.25	0.50	0.25
	非机动车	—	—	0.25	0.25
安全带宽度 W_{sc}/m	机动车道	0.50	0.25	0.50	0.25
	非机动车	—	—	0.25	0.25
侧向净宽 W_t/m	机动车道	0.75	0.50	1.00	0.50
	非机动车	—	—	0.50	0.50
分隔带最小宽度/m		2.00	1.50	1.50	1.50
分车带最小宽度/m		2.50	2.00	2.50(2.00)	2.00

注：1. 侧向净宽为路缘带宽度与安全带宽度之和；
2. 两侧带分隔带宽度中，括号外为两侧均为机动车道时取值；括号内数值为一侧为机动车道，另一侧为非机动车道时的取值；
3. 分隔带最小宽度值是按设施带宽度为 1 m 考虑的，具体应用时，应根据设施带实际宽度确定；
4. 当分隔带内设置雨水调蓄设施时，宽度还应满足所设置设施的宽度要求。

固定式分隔带一般用缘石围砌，高出路面 10～20 cm，在人行横道及公共汽车停靠处分隔带应予铺装。

另外，在旧城或市中心用地紧张的道路上，常用活动式分隔带作为组织车辆分向、分流的交通设施。活动式分隔带是用混凝土柱、铁柱或石柱做成，柱与柱之间缀以铁链或钢管。这种隔离墩的高度为 0.7 m，占路面宽度为 0.3～0.5 m。在繁忙的商业大街上，限于路幅宽度不足，为分隔车流还可用占路面宽度仅 0.1～0.15 m 的高护栏(1.2～1.3 m 高)。活动式分隔带的优点是根据交通组织的变动，可作灵活调整，但不及固定式分隔带美观。新建道路分隔带宜采用由侧石围砌的绵长绿化带，其宽度应适应绿化布置、树木生长的基本要求以及地上杆线、交通标志布设的需要。分隔带的连绵长度，以分隔机动车和非机动车，保证交通安全、提高通行能力为目的，取 80～150 m 长为宜，特殊情况下，也不得小于停车视距。另外，在道路上重要的公共建筑、街坊出入口处与交叉路口处，以及过长路段需增设人行横道处均应中断分隔带。近交叉口的分隔带端部，当交叉口转弯半径较小时，应自人行横道线外缘起缩进不小于 15 m 的距离，以利于渠化分流。

5. 路缘石

路缘石是设在路面边缘与横断面其他组成部分分界处的标石，如人行道边部的缘石，分隔带、交通岛、安全岛等四周的缘石，以及路面与路肩分界处的缘石。缘石的形式有立式、斜式与平式。立式(侧石)适用于城市道路车行道路面的两侧，顶面高出路面边缘 10～20 cm，通常为 15 cm，为保证隧道、桥梁、线形弯曲或陡峻路段的行车安全，可加高至 25～40 cm，主要起到保障行人、车辆交通安全的作用。斜式或平式适用于出入口、人行道两端及人行横道两端，便于推行儿童车、轮椅及残疾人车通行。平式(平石)铺砌在路面与侧石之间，顶面与路面半齐，有标定路面范围、整齐路容的作用，特别是沥青类路面，有方便路面碾压施工及保护路面边缘的作用。当道路纵坡小于 0.3%时，利用平石纵向做成锯齿形街沟，以利于路面排水。

路幅的宽度除满足交通功能外，还应结合地形、沿街建筑物高度等综合分析确定，创造亲切的横断面空间环境，使横断面尺寸与两侧的建筑体量、高度相协调。

三、城市道路横断面的基本形式

城市道路横断面根据交通组织特点的不同，可分为下列四种形式。

1. 一块板（单幅路）

所有的车辆在同一个车行道上混合行驶，车行道完全不设分隔，以路面划线标志组织或不做划线标志，车行道布置在道路中央通行，如图1-20(a)所示。

2. 两块板（双幅路）

由中间一条分隔带（或分隔墩）将一块板形式的车行道分为单向行驶的两个车行道，在交通组织上起分流渠化作用，分向行驶。但机动车和非机动车仍然混合行驶。在两行驶的车行道上，可划分快车、慢车分道线，分流行驶；也可不划分道线，快车、慢车混合行驶，如图1-21(b)所示。

3. 三块板（三幅路）

由两条分隔带（或分隔墩）将车行道分成三部分，中间为双向行驶的机动车车道，两侧均为单向行驶（行驶方向相反）的非机动车车道，如图1-20(c)所示。

4. 四块板（四幅路）

由两条分隔带（或分隔墩）将车行道分成四部分，中间两条为单向行驶的机动车车道，机动车车道两侧为单向行驶的非机动车车道，如图1-20(d)所示。

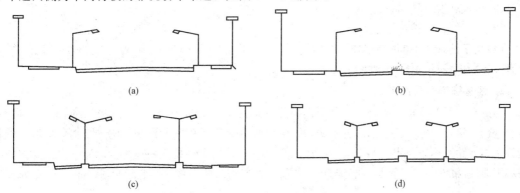

图1-20　道路横断面的形式
(a)单幅路；(b)双幅路；(c)三幅路；(d)四幅路

根据我国各地的具体情况，对于四种基本形式的使用效果各有不同，现将横断面的四种基本形式从以下几个方面进行分析比较：

(1)交通安全：三块板和四块板有利于解决机动车与非机动车相互干扰（易产生交通事故），同时，在人过街时起着安全岛的作用。但三块板和四块板在公共交通停靠站处，乘客上、下车须穿越非机动车车道，给乘客带来不便。

(2)行车速度：由于一块板和两块板是机、非混合行驶，互相干扰，车速不易提高，但对于机动车和非机动车分道行驶的三块板和四块板的形式，由于互不干扰，各行其道，车速一般较高。

(3)照明：板块越多，照明越易布置。三块板和四块板的形式均能较好处理绿化种植与照明杆线之间的矛盾，能使照度均匀，可提供良好的夜间行车环境，因而能减少因照明不良引起的交通事故，提高夜间行车速度。

(4)绿化遮阴：三块板和四块板可布置多排绿化，遮阴面大，绿化系数高，尤其是在夏季，为行人和各种车辆行驶创造较舒适的环境，同时也利于保护路面，防止黑色路面软化或泛油，以及水泥混凝土路面的胀缩开裂和翘曲等。

(5)环境保护：三块板的机动车车道在道路中间，由于绿化带的隔离作用，对行人和沿街居民的噪声影响较小，同时，也为道路的空间构成创造条件。

(6)造价：在交通量相同的情况下，一块板占地少、投资省；三块板和四块板用地最大、工程费用也较高，但这有利于地下管线的敷设，并且机动车车道和非机动车车道可以采用不同厚度的路面。

通过以上分析可知，四种横断面形式都各有其优点、缺点。因此，必须结合具体情况，对主要技术经济指标进行比较，因地制宜地选用。

四、道路横断面图识读

道路横断面设计成果主要包括道路标准横断面图、路基施工横断面图和道路土方量表。

1. 道路标准横断面图识读

城市道路横断面设计图一般采用1∶100或1∶200的比例尺，一般用细点画线表示道路中心线，车行道、人行道用粗实线表示，注明构造分层情况，并标明横坡度。绿地、河流、树木、灯杆等用相应的图例示出。在图上绘出红线宽度、车行道、人行道、绿化带、照明、新建或改建的地下管线等各组成部分的位置和宽度，并注以文字及必要的说明。

道路标准横断面图识读要注意把握以下几点：
(1)机动车车道、非机动车车道、人行道、分车带、绿化带宽度尺寸等；
(2)横坡坡度和坡向；
(3)照明灯杆及植树绿化位置；
(4)文字注释：不同标准横断面图，标有所在路段和起止桩号，对各组成部分必要的说明，或有关各断面设计的统一说明文字。

2. 路基施工横断面图识读

为了满足行车要求，路基有些部分高出原地面时，需要进行开挖，有些部分低于原地面时，需要进行填筑，因此，路基断面各不相同。典型的路基断面有填方路基、挖方路基和半填半挖路基等。填方路基称为路堤。路堤典型断面图，如图1-21所示。挖方路基称为路堑，由于挖方路堑破坏了原地层的平衡，所以，路基与边坡的稳定性更为重要。路堑典型断面图，如图1-22所示。

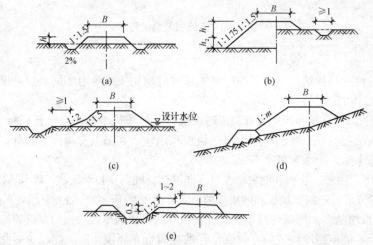

图1-21 路堤典型断面图(尺寸单位：m)
(a)矮路堤；(b)一般路堤；(c)沿河路堤；(d)护脚路堤；(e)挖渠填筑路堤

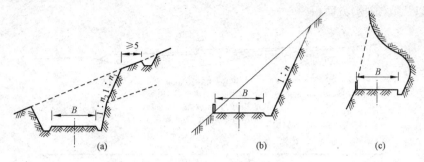

图 1-22 路堑典型断面图(尺寸单位：m)
(a)挖方路基；(b)台口式路基；(c)半山路基

半填半挖路基的几种典型断面如图 1-23 所示。它是路堤和路堑的综合形式，若处理得当，路基稳定可靠，是一种比较经济的断面形式。

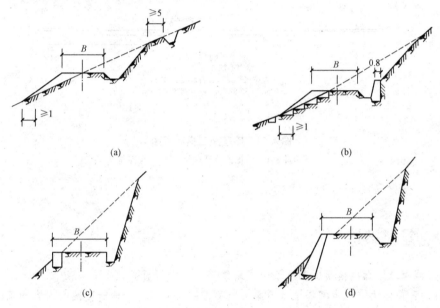

图 1-23 填挖结合路基典型横断面图(尺寸单位：m)
(a)一般填挖结合路基；(b)矮挡墙路基；(c)护肩路基；(d)砌石路基

路基施工横断面图是按照路基设计表中的每一桩号和参数绘制出的路基横断面图。图中除表示该横断面的形状外，还标明了该横断面的里程桩号、中桩处的填挖值、填挖面积、以中线为界的左右路基宽度等数据。

(1)路基横断面图的形式。

①填方路基，即路堤。如图 1-24(a)所示，在图下注有该断面的里程桩号、中心线处的填方高度 $h_T(m^2)$ 以及该断面的填方面积 $A_T(m^2)$。

②挖方路基，即路堑。如图 1-24(b)所示，在图下方注有该断面的里程桩号、中心线处挖方高度 $h_W(m)$ 以及该断面的挖方面积 $A_W(m^2)$。

③半填半挖路基。这种路基是前两种路基的综合，如图 1-24(c)所示，在图下仍注有该断面的里程桩号、中心线处的填(或挖)方高度 h_T(或 A_W)，以及该断面的填方面积 A_T 和挖方面积 A_W。

(2)识读要点顺桩号由下往上、从左往右，了解每一桩号处的路基标高、路基边坡、填(或挖)方高度以及填(或挖)方面积。

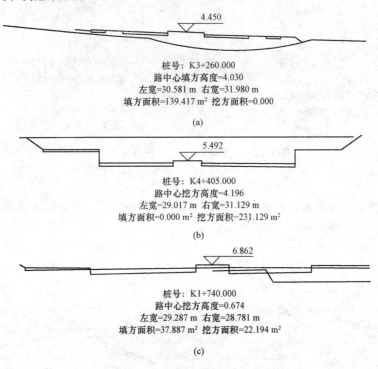

图 1-24 路基施工横断面图
(a)填方路基；(b)挖方路基；(c)半填半挖路基

能力训练

识读某城市道路标准横断面图及城市道路路基施工横断面图。
(1)目的：使学生进一步掌握城市道路横断面图的组成、道路横断面图的内容和识图方法。
(2)能力要求：要求学生能准确描述道路横断面图反映的内容。
(3)准备：准备城市道路标准横断面图，复习道路横断面图组成和表示方法；准备城市道路施工横断面图，复习道路施工横断面图的布置和内容。
(4)步骤：
①查阅图名、图纸说明、比例。
②查阅横断面图上红线宽度、车行道、人行道、绿化带、照明等各组成部分的位置和宽度。
③查看道路横坡、路拱形式和路拱曲线大样。
④查阅施工横断面图的填挖和拆迁界线。
(5)注意事项：要注意近、远期横断面图的关系。

习 题

1. 一条车行道的宽度由(　　)因素确定。

A. 车身宽度　　B. 行车速度　　　C. 道路等级　　D. 分隔带宽度
2. 城市道路横断面布置形式选择时，城市快速路适宜选择(　)断面形式。
　　A. 一块板　　B. 两块板　　　　C. 三块板　　　D. 四块板
3. 城市道路横断面设计一般用的地形图的比例尺是(　)。
　　A. 1∶1 000　B. 1∶500　　　　C. 1∶100　　　D. 1∶50
4. 设计一条城市自行车道的宽度应为(　)m。
　　A. 1.5　　　B. 1.0　　　　　　C. 0.8　　　　D. 0.6
5. 下列选项中不是城市断面的常见形式的是(　)。
　　A. 单幅路　　B. 双幅路　　　　C. 四幅路　　　D. 五幅板
6. 路侧带不包括(　)。
　　A. 人行道　　B. 车行道　　　　C. 绿化带　　　D. 公用设施带
7. 路缘石的形状不包括(　)。
　　A. 立式　　　B. 平式　　　　　C. 斜式　　　　D. 组合式

任务五　道路交叉口认知

　　道路系统是由各种不同方向的道路所组成的，由于道路纵、横交错，不可避免会出现交叉，即两条或两条以上道路的交会。交叉口是道路交通的咽喉，也是交通管理的重点。道路交叉一般可分为平面交叉和立体交叉两种类型。平面交叉是指道路在同一平面上交叉，交叉处又称为交叉口；立体交叉是指相交的道路分别在不同平面上的交叉。

一、道路平面交叉

1. 平面交叉的形式和适用范围

　　平面交叉按几何形状可分为十字形、T形及其演变而来的X形、Y形、错位、环路交叉等形式，如图 1-25 所示；按布置形式可分为加铺转角式、分道转弯式、加宽路口式和环形交叉四类。

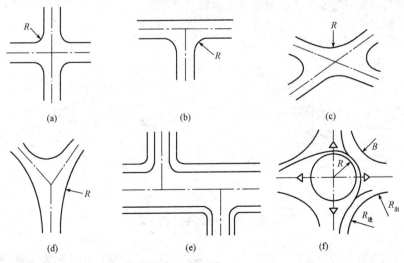

图 1-25　道路平面交叉的形式
(a)十字形；(b)T形；(c)X形；(d)Y形；(e)错位；(f)环路交叉

(1)加铺转角式。加铺转角式即以圆曲线构成加宽来连接交叉道路的形式,可按交叉线路的情况和需要选用如图 1-25(a)~(d)所示的布设形式。此类交叉口形式简单、占地少、造价低、设计方便,但行车速度低,通行能力小。其适用于交通量小、车速低、转弯车辆少的三、四级公路或地方道路。若斜交不大时,也可用于转弯交通量较小的主干道路和次干道路交叉。

(2)分道转弯式。利用在路面上画线、设分隔器、分隔带或交通岛等限制行车路线,使不同类型、车速和行驶方向的车辆顺着指定方向通过交叉口,这种形式称为分道转弯式交叉,如图 1-26 所示。分道转弯式交叉口对转弯车辆,尤其是右转弯车辆行驶速度和通行能力都较高,适用于车速较高,转弯车辆较多的道路,或斜交、畸形交叉口。

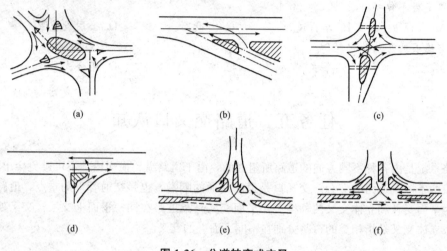

图 1-26 分道转弯式交叉

若设置交通岛,则面积不宜过小,一般三角形分隔岛任何一边不小于 2.5 m;长条形分隔岛的宽和长分别不小于 1.2 m 及 4~6 m。交通岛上可以绿化,但不宜影响驾驶员的视线。

(3)加宽路口式。由于交通量大,为避免转弯车辆阻塞直行车辆和其他交叉道路的车辆,可以采用加宽路口增设转弯车道或变速车道或附加车道等措施,这种交叉可以单增右转或左转弯车道,也可以同时增设左、右转弯车道,如图 1-27 所示。

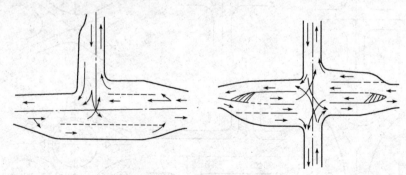

图 1-27 加宽路口式交叉

加宽路口后为左右转弯及直行车辆各准备一条车道,这样可以减少转弯交通对直行交通的干扰,并具有车速较高、事故率低、通行能力大等优点。但由于占地多、投资较大,主要适用于交通量较大、转弯车辆较多的二级公路和城市主干路。

(4)环形交叉。环形交叉(俗称转盘)是在交叉口的中心设置一个中心岛,使各类车辆按逆时针方向环岛做单方向行驶,直至从所要去的路口驶出,如图1-25(f)所示。环形交叉的优点是能消除冲突点,不需设专人指挥交通;缺点是占地较多,直行车、左转弯车绕行的距离较长。因此,这种环形交叉适用于多条道路相交,转向车辆较多,地形开阔且较为平坦的情况。

中心岛的形状一般多用圆形,有时也用圆角方形和菱形;主次道路相交时宜采用椭圆形;交角不等畸形交叉可采用复合曲线形。

环岛的大小应根据交织段需要的长度而定。所谓交织,就是两条车流汇合交换位置的又分离的过程。环道上相邻路口之间有足够的距离,使进环和出环的车辆在环道上均可在合适的机会相互交织连续行驶,该段距离称为交织段长度。中心岛半径必须满足两个路口之间最小交织段长度的要求。

一般环道上设计3~4条车道,每条车道宽为3.50~3.75 m。靠近中心岛的一条车道作绕行之用,最靠外侧的一条车道供右转弯之用,中间的1~2条车道为交织之用。

2. 平面交叉口交错点

进出交叉口的车辆,由于行驶方向的不同,车辆与车辆之间的交错方式也不尽相同,可能产生的交错点(存在碰撞可能的点)的性质也不同。同一行驶方向的车辆向不同方向分离行驶的地点称为分流点;来自不同行驶方向的车辆以较小的角度,向同一方向汇合行驶的地点称为合流点;来自不同行驶方向的车辆以较大的角度相互交叉的地点称为冲突点。这三类交错点都存在相互挤撞或碰撞的可能,并且是影响交叉口行驶速度、通行能力和发生交通事故的主要原因。如图1-28所示,图中箭头表示车流,圆圈表示冲突点。

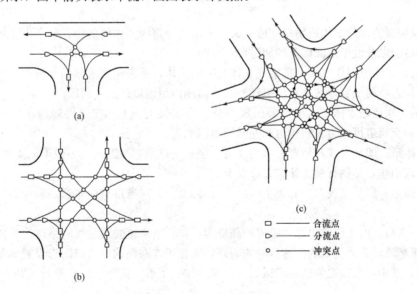

图1-28 平面交叉口交错点
(a)三路交叉口;(b)四路交叉口;(c)五路交叉口

减少或消灭冲突点的措施如下:

(1)实行交通管制。在交叉口设置交通信号灯或交通警指挥,使发生冲突的车流从通行时间上错开。

(2)采用渠化交通。在交叉口内合理布置交通岛、交通标志和标线或增设车道等,引导各方向车流沿一定路线行驶,减少车辆之间的相互干扰,如环形平面交叉。

(3)修建立体交叉。将相互冲突的车流从空间上分开,各行其道使其互不干扰。这是解决交叉口交通问题最彻底的办法。

二、道路立体交叉

立体交叉是利用跨线构造物使道路与道路(或铁路)在不同标高条件下相互交叉的连接方式,是高等级道路相交必不可少的组成部分。采用立体交叉可使各方向车流在不同标高的平面上行驶,消除或减少了冲突点,同时车流可连续运行,从而提高道路的通行能力,节约运行时间和燃料消耗,控制相交道路车辆的出入,减少对高等级道路的干扰。

1. 立体交叉的组成

立体交叉主要包括以下几个组成部分,如图1-29所示。

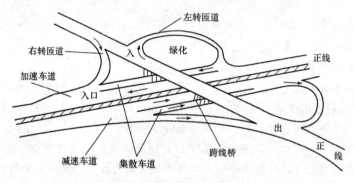

图1-29 道路立体交叉的组成

(1)跨线构造物。跨线构造物是立体交叉实现车流分离的主体构造物,包括设于地面以上的跨线桥(上跨式)以及设于地面以下的地道(下穿式)。

(2)正线。正线也叫作主线,是组成立体交叉的主体,是指相交道路的直行车行道,主要包括连接跨线构造物两端到地坪高程的引道和交叉范围内引道以外的直路段。

(3)匝道。匝道是立体交叉的重要组成部分,是指供上、下相交道路转弯车辆行驶的连接线。互通式立交匝道可分为右转匝道和左转匝道两大类。

①右转匝道:即从主线右转弯驶出的匝道,至相交道路右侧进入,一般不需要跨线构造物。其特点是形式简单,车辆行驶方便,行车安全。

②左转匝道:即从主线右侧驶离主线后,需转90°~270°越过对向车道,至少设置一座跨线构造物。

(4)出、入口。由主线驶出进入匝道的路口为出口;由匝道驶入主线的路口为入口。

(5)变速车道。为适应车辆变速行驶的需要,而在正线右侧的出入口附近设置的附加车道称为变速车道。其中,出口端为减速车道;入口端为加速车道。典型形式有平行式和直接式两种,如图1-30所示。

①平行式:平行式是在正线外侧平行增设的一条附加车道。其特点是车道划分明确,行车容易辨认。与直接式相比,平行式强调减速车道的起点,三角段部分虽然与车辆的行驶轨迹相符合,但在通过整个减速车道时,必须走S形路线。根据调查,一般情况下,大多数驾驶员驶出主线时愿意采用直接式的流出,而不愿意走S形路线。平行式与实际行驶状态是不相符的,若因加速车道较长,平行式更容易布置。

②直接式:直接式不设平行路段,由正线斜向渐变加宽,形成一条与匝道连接的附加车道。其特点是线形平顺与行车轨迹吻合,对行车有利,但起点不易辨识。减速车道一般采用直接式。

另外，较短的加速车道或双车道的变速车道应采用直接式。

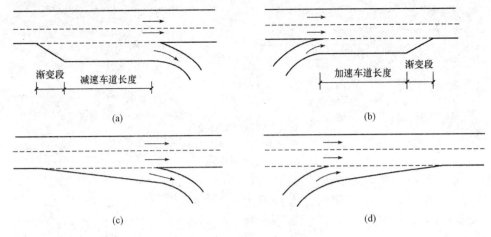

图 1-30 变速车道的形式
(a)平行式减速车道；(b)平行式加速车道；
(c)直接式减速车道；(d)直接式加速车道

(6)斜带及三角形地带。变速车道与主线衔接的三角形渐变段称为斜带；匝道与主线间或匝道与匝道之间所围成的地区统称为三角形地带。三角形地带是交叉口绿化、美化环境、照明等的用地。

2. 立体交叉的类型

立体交叉按交通功能，可划分为分离式立体交叉和互通式立体交叉两类。

(1)分离式立体交叉。分离式立体交叉是指采用上跨或下穿方式相交的立体交叉，如图1-31所示。车辆只能直接通过交叉口，不能互相转道。

①上跨式：上跨式是采用跨线桥从相交道路上方跨过的交叉形式。这种立体交叉结构简单、占地少、造价低，但相交道路的车辆不能转弯行驶。其适用于高等级道路与铁路或次要道路之间的交叉。

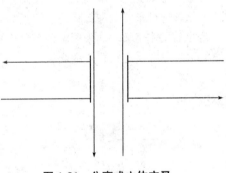

图 1-31 分离式立体交叉

②下穿式：下穿式是指采用地道(或隧道)从相交道路下方穿过的交叉形式。这种立交占地较少、立面易处理，对视线和市容影响小，但施工期较长，造价较高，排水困难，多用于市区。

(2)互通式立体交叉。互通式立体交叉不仅设跨线构造物使相交道路空间分离，而且上、下道路有匝道连接，可供转弯车辆行驶。这种立体交叉形式可使车辆转弯行驶，全部或部分消灭了冲突点，各方向行车干扰小，但结构复杂、占地多、造价高。

互通式立体交叉的类型较多，基本类型有以下几种：

①喇叭形。喇叭形立体交叉是三路立体交叉的代表形式，可分为A式和B式，如图1-32所示。其特点是结构简单，只需一座构造物，投资较省；所有匝道均自右侧接入干道的行车道，无冲突点和交织，通行能力大，行车安全；造型美观，行车方向容易辨别。喇叭形一般适用于主要干线公路与次要公路相交。

②Y形立体交叉。Y形立体交叉如图1-33所示。其特点是正线与立交匝道作为一体设

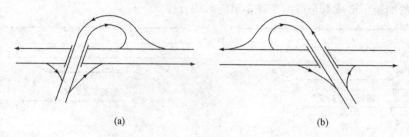

图 1-32 喇叭形立体交叉
(a)A式；(b)B式

计，行驶方向最易识别；无交织，无冲突点，行车安全；方向明确，路径便捷，通行能力强；正线外侧占地宽度较小，但需要构造物多，造价较高。

③部分苜蓿叶形立体交叉。当主要道路与次要道路相交或用地受到限制时，可减少匝道数而采用部分苜蓿叶形立体交叉，如图 1-34 所示。部分苜蓿叶形立体交叉仅需一跨线桥，用地和工程费用较少；远期可扩建为全苜蓿叶式立体交叉；但次线上存在平面交叉，有停车等待和错路运行

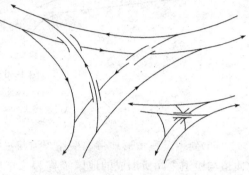

图 1-33 Y形立体交叉

的可能；在匝道上发生交织车流或对向车流，左转的车辆须环绕匝道从左驶入主要车流，这些情况都影响行车安全和行车速度。所以，部分苜蓿叶形立体交叉只有交通量小，可分期改建为苜蓿叶形立体交叉时才采用。但部分苜蓿叶形立体交叉可保证主要道路直行交通畅通，适用于主要道路与次要道路相交的交叉口。

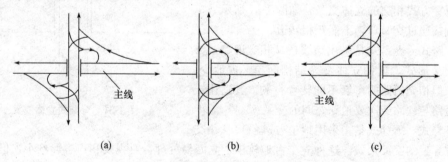

图 1-34 部分苜蓿叶形立体交叉

④完全苜蓿叶形立体交叉。两条主要道路相交可采用苜蓿叶形立体交叉，如图 1-35 所示。其是在中央部分修建跨线桥，用 8 条单交通的匝道来连接 2 条相交道路，直行、左右转弯的车流各有其独立的车道，可连续行驶，各向车流互不干扰，因此行车安全；但这种立体交叉占地面积大，左转绕行距离较长，环形匝道适用于车速较低，且桥上、桥下存在交织的情形；多用于高速道路之间的立体交叉，而在城市内因受用地限制很难采用。因其形式美观，城市外围的环路上可以采用，并适当进行绿化。布设时为消除主线上的交织、避免双重出口、使标志简化，以及提高立体交叉的通行能力和行车安全，可加设集散车道。

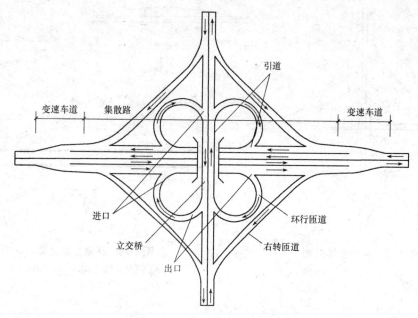

图 1-35 完全苜蓿叶形立体交叉

⑤菱形立体交叉。干线公路与次要公路相交时可用菱形立体交叉，如图 1-36 所示。同其他形式相比，其能够保证主线直行车辆快速通畅，转弯车辆绕行距离较短，用地少、造价低，干线公路行驶方向只有一个出口，易被驾驶员识别，匝道近似直线，平面线形好。但匝道与次要公路连接处是平面交叉，导致干扰大，限制了匝道与次要道路的通过能力，布设时应将平面交叉设在次线上。

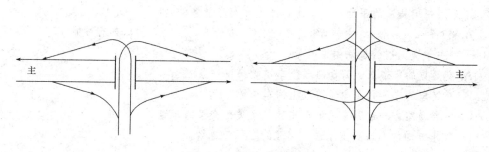

图 1-36 菱形立体交叉

⑥X 形立体交叉。X 形立体交叉的特点是匝道数与转弯方向数相等，如图 1-37 所示。各方向运行都有专用匝道，自由流畅，转向明确，无冲突点、无交织，通行能力大，适应车速高。但其占地面积大、层多桥长、造价高，在城市内很难实现。定向式立交适用于高速公路与高速公路相交，且左转车流特别大的交叉口。

⑦环形立体交叉。环形立体交叉是由环形平面交叉加主干道的上跨或下穿构造物构成的，如图 1-38 所示。环形立体交叉能保证干道上的车流连续行驶，转向车流沿着环岛逆时针交织行驶，环道上的通行能力与行车速度受交织断面的限制。这类立交占地面积小，可分期修建，当交通量增大后，可将另一条干道的直行车辆通过上跨或下穿分离出去。

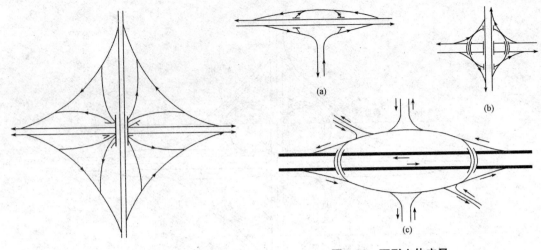

图 1-37　X形立体交叉

图 1-38　环形立体交叉
(a)三路；(b)四路；(c)五路

➤ 习　题

一、选择题

1. 匝道是用来连接(　　)的通道。
   A. 十字平面交叉　　　　　　B. 分离式立体交叉上、下道路
   C. 互通式立体交叉上、下道路　D. 以上都对

2. 不采用任何措施的平面交叉口上，产生冲突点最多的是(　　)车辆。
   A. 直行　　　　B. 左转弯　　　　C. 右转弯　　　　D. 都有可能

3. 下列关于交叉口的说法错误的是(　　)。
   A. 交叉口的车道数最好比路段上车道数多设一条
   B. 交叉口的车道数不少于路段上的车道数
   C. 主要道路方向进入交叉的车道数等于驶出交叉的车道数
   D. 驶出方向的车道数少于进入交叉的直行车道数

4. 互通式立体交叉分类中不包括(　　)。
   A. 部分互通式立交　　　　　B. 完全互通式立交
   C. 环形立交　　　　　　　　D. 定向立交

5. 立体交叉是利用跨线构造物，是道路与道路在不同(　　)相互交叉的连接方式。
   A. 高度　　　　B. 标高　　　　C. 空间　　　　D. 距离

6. 减少车流的分流、合流角度，一般该角度应控制在(　　)的范围内。
   A. 20°～25°　　B. 15°～20°　　C. 10°～15°　　D. 25°～30°

7. 交叉口转角处的缘石宜做成(　　)。
   A. 圆曲线　　　B. 直角　　　C. 圆曲线或复曲线　D. 直线或复曲线

二、简答题

1. 何谓环形交叉的交织与交织段长度？
2. 减少或消灭交叉口冲突的措施有哪些？

任务六　道路附属设施

本任务介绍道路交通标志、标线,以及缘石坡道、盲道等的相关知识,要求学会识读城市道路交通设施图和城市道路无障碍设施图。

一、交通管理设施

城市道路交通管理设施是按照交通组织设计对道路实施交通管理而设置的交通标志、交通标线、交通信号设备、交通隔离物等。

1. 交通标志

道路交通标志是用图案、符号和文字传递特定信息,用以管理交通的安全设施,一般设置在路侧或道路上方。交通标志应使交通参与者在很短的时间内就能看到、认识并完全明白其含义,从而采取正确的措施。所以,交通标志必须具有良好的视认性、易读性和公认性。交通标志有颜色、形状、符号三要素。我国现代的道路交通标志可分为主标志和辅助标志两大类,共100种。

(1)主标志。主标志按其含义可分为警告标志、禁令标志、指示标志和指路标志四种。

①警告标志。警告标志共23种,是警告车辆、行人注意危险地点的标志。其形状为顶角朝上的等边三角形,其颜色为黄底、黑边、黑图案,如图1-39所示。

图1-39　警告标志

②禁令标志。禁令标志共35种,是禁止或限制车辆、行人交通行为的标志。其形状可分为圆形和顶角向下的等边三角形,其颜色除个别标志外,多为白底、红圈、红杠、黑图案、图案压杠,如图1-40所示。

图1-40　禁令标志

③指示标志。指示标志共17种,是指示车辆、行人行进的标志。其形状可分为圆形、长方形和正方形,其颜色为蓝底、白图案,如图1-41所示。

图 1-41 指示标志

④指路标志。指路标志共 20 种,是传递道路方向、地点、距离信息的标志。其形状,除地点识别标志外,多为长方形和正方形;其颜色,除里程碑、百米桩和公路界碑外,一般道路为蓝底、白图案,高速公路为绿底、白图案。

(2)辅助标志。辅助标志共 5 种,是附设在主标志下,起辅助说明作用的标志,这种标志不能单独设立和使用。辅助标志按其用途,又分为表示时间、表示车辆种类、表示区域距离、表示警告和禁令理由的辅助标志以及组合辅助标志等几种。其形状为长方形,其颜色为白底、黑字、黑边框。另外,还有一种可变交通的信息标志,它根据道路检测到的情况(如占道施工、阻塞、流量、流向的变化等),把某种信息及时显示出来,传达给车辆驾驶人员和行人,如图 1-42 所示。

图 1-42 指路标志

2. 交通标线

道路交通标线是由各种路面标线、箭头、文字、立面标记、凸起路标和路边线轮廓标等组成的交通安全设施。其作用是管制和引导交通,可以与标志配合使用,也可以单独使用。道路交通标线按其功能,可分为纵向标线、横向标线和其他交通安全设施线,共 7 类 21 种。其中,标线有 17 种,其他交通安全设施有 4 种,如路栏和锥形交通路标、导向标、道口标注。路面标线应根据道路断面形式、路宽及交通管理的需要画定,路面标线形式有车行道中心线、车行道边缘线、车行道分界线、停止线、人行横道线、减速让行线、导流标线、车行道宽度渐变段标线、停车位标线、停靠站标线、出入口标线、导向箭头以及路面文字或图形标记等,如图 1-43 所示。

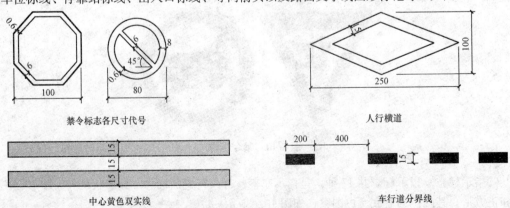

图 1-43 道路路面标线尺寸图(尺寸单位:cm)

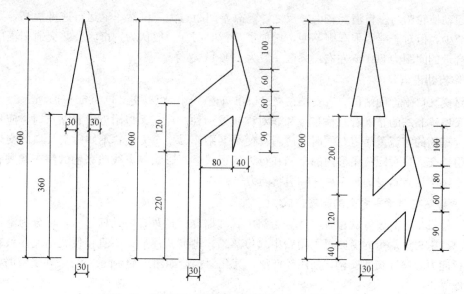

图 1-43　道路路面标线尺寸图(续)(尺寸单位：cm)

3. 交通信号控制

城市道路主、次干道交叉口一般都设置交通信号设备，指挥交叉口交通的通行。交叉口交通信号设备有指挥信号灯、人行横道信号灯和黄色警告灯。

(1)指挥信号灯是指挥交叉口各路口车辆通行的信号灯，常设在交叉口中央、进入交叉口的路口停止线前，或交叉口出口一侧。

(2)人行横道信号灯主要设置在交通繁杂的交叉路口或路段，用以保证行人安全、有次序地横过车行道。

(3)黄色警告灯是夜间停止使用指挥信号灯指挥交通后，提醒车辆、行人注意前方是交叉口而设置的。黄色警告灯可以悬吊在交叉路口中央上空，也可以利用指挥信号灯的黄色灯来代替。

二、城市道路公共交通停靠站的布置

1. 公共交通停靠站的布置

公共交通站点的布置，包括首末站、中途停靠站，特别是中途停靠站的布置，将直接影响居民乘车的方便、车辆运行速度和道路的通行能力。停靠站布置得合理并能相对固定，可使客运能力与客运负荷协调，保证交通安全。同时，应采取有力措施加固停靠站的路面，以防其过早损坏。

为了减少车辆行程和工时浪费，公共交通车辆一般分别停放在交通路线的首末站，即始发站或到达站。公共交通首末站也是车辆调头、待发的场地，应设置回车场及司售人员休息室。回车场应设在客流集散的主流方向同侧，其出入口不得直接与快速路、主干路相接。环形回车时，车行道的最小转弯半径，应不小于公共交通车辆最小转弯半径的两倍，公共汽车一般为25～35 m，无轨电车为30～40 m。

公共交通停靠站主要布置在客流集散点，如火车站、商场、干道交叉口、工矿企业等，有时还要考虑地形、特殊的治安要求等。

2. 停靠站的间距

停靠站间距过小，就要在道路上增设站点，增加乘客乘车的时间，车辆速度不高且频繁的制动、起动使轮胎与燃料消耗较大；反之，停靠站间距过大，虽然车辆运行速度提高，乘客乘车时间减少，但对于乘客乘车则不便，增加了步行时间。一般认为，市区公共交通车辆中途停靠比较合理的间距为500 m左右，郊区一般为1 000 m左右。

3. 停靠站设点

道路交叉口附近的站位，宜安排在交叉口出口道一侧，距离交叉口为50～100 m。

交叉口停靠站的布置有对称布置和非对称布置两种。在交叉口附近设置站点时，应根据直行与转弯车辆的客流量而定；同时，应考虑使乘客乘车、换车方便；不妨碍交叉口的交通和安全，不阻挡交叉口视距三角形内的车辆和行人的视线；不影响停车线前车辆的停车候驶和通行能力；不影响站点本身的行车秩序和通行能力等。

4. 停靠站在道路平面上的布置方式

公交停靠站按其设置的位置，可分为路中式和路侧式两种；按几何形状，可分为港湾式和直线式。有中央分隔带的道路可采用路中式停靠站。港湾式停靠站不直接侵扰道路主线机动车辆的通行能力，保证交通安全，使用较广泛，其几何构造如图1-44所示。当条件受限时，可用直线式停靠站。

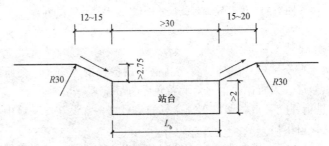

图1-44 港湾式停靠站几何构造图(尺寸单位：m)

注：$L_b=n(l_b+2.5)$，式中 L_b 为公共汽车停靠站站台长度(m)；n 为同时在站台停靠的公交车辆数；l_b 为公交车辆长度，一般为15～20 m。

三、城市道路停车场地的布置

1. 停车场地布置的基本要求

为使车辆有固定停放地点，避免妨碍交通和影响市容，应在城市适当地点划定面积，以供车辆停放。停车场的具体地点，除设置在交通枢纽点、城市出入口、工业仓库区、商业、文化体育中心、集贸市场、公园及风景区等地外，还应结合道路系统在城市环路与放射干路交会处附近，留出合理停车场地，以避免过境车辆不必要地穿越市区，加重市区道路负担。停车场的位置不得靠近城市干路的交叉口。当不得已时，其出入口应远离交叉口，最好距离停车线100 m以上。需要注意的是，停车场出入口不宜设在主干路上，不得设在人行横道、公共交通停靠站以及桥隧的引道上。

2. 停车场地在道路上的布置形式

(1)沿缘石线停车。沿缘石线停车场地通常设置在与主要干道相交的次要道路上。

(2)港湾式路边停车。港湾式路边停车是指在道路一侧或两侧有足够宽度的绿化带内做成港湾式的停车道。

(3)利用分隔带停车。当机动车道与非机动车道之间有较宽的分隔带时，可利用其地盘布置停车道。

(4)道路外的港湾式停车场。沿缘石线停车比较普遍，但占用了车行道的面积；在绿化带中设置停车道的两种方式，用地紧凑，但出入停车场地时对交通有一定的干扰。沿道路停车是在没有停车场地情况下的一种勉强措施。在这些方式中，以在路外设置港湾式的停车场最安全，停放车辆也多，适用于车型复杂并有大量车流、人流集散的地方。选择停车场时，主要应考虑有便利的出、入口，且在倒车、转向时，不妨碍主要的车流和人流。

四、城市道路无障碍设施

建设无障碍设施，是为残疾人、老年人和其他社会成员提供方便的重要措施，是现代城市建设的一项必不可少的内容，是社会进步的重要标志。城市道路无障碍设施主要是指道路、桥梁、人行道路、人行天桥、人行地道、公交站点、公共绿地等的相应设施。其主要包括以下几种。

1. 缘石坡道

缘石坡道是位于人行道口或人行横道两端，使乘轮椅者避免了人行道路缘石带来的通行障碍，方便乘轮椅者进入人行道行驶的一种坡道。图1-45所示为交叉口二面坡缘石坡道。

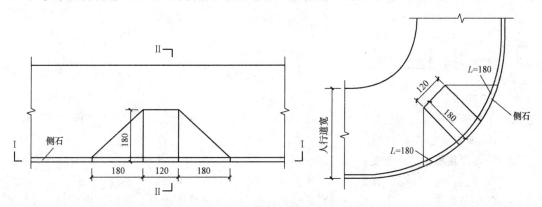

图1-45　交叉口二面坡缘石坡道(尺寸单位：cm)

2. 盲道

盲道是在人行道上铺设一种固定形态的地面砖，使视残者产生不同的脚感，引导视残者向前行走和辨别方向，以及到达目的地的通道。盲道可分为行进盲道和提示盲道两种。图1-46所示为行进盲道平面图；图1-47所示为提示盲道平面图。

3. 轮椅坡道

轮椅坡道是在坡度和宽度上，以及地面、扶手、高度等方面符合乘轮椅者的坡道。

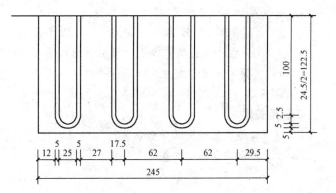

图1-46　行进盲道平面图(尺寸单位：cm)

4. 盲文站牌

盲文站牌是采用盲文标识，告知视残者公交候车站的站名、公交车线路和终点站名等的车站站牌。

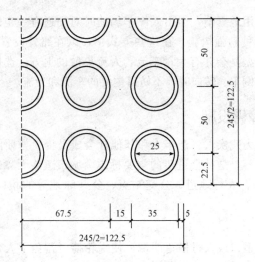

图 1-47 提示盲道平面图(尺寸单位：cm)

一、选择题

1. 不属于交通标志的主标志是( )。
   A. 警告标志   B. 辅助标志   C. 禁令标志   D. 指示标志
2. 不是交通标志的要素是( )。
   A. 颜色   B. 长度   C. 形状   D. 符号
3. ( )是在人行道上铺设一种固定形态的地面砖，使视残者产生不同的脚感，诱导视残者向前行走和辨别方向以及到达目的地的通道。
   A. 盲道   B. 缘石坡道   C. 轮椅坡道   D. 盲文站牌
4. 盲道可分为行进盲道和( )两种。
   A. 上下盲道   B. 提示盲道   C. 斜坡盲道   D. 警告盲道
5. ( )是位于人行道口或人行横道两端，使乘轮椅者避免了人行道路缘石带来的通行障碍，方便乘轮椅者进入人行道行驶的一种坡道。
   A. 盲道   B. 缘石坡道   C. 轮椅坡道   D. 盲文站牌

二、简答题

1. 城市道路有哪些交通管理设施？
2. 公交港湾式停靠站的优点有哪些？

任务七　道路工程施工图审核与会审

对于施工技术人员，不仅要看懂施工图，还要求能审核图纸，能发现问题、提出问题并向设计部门提出建议，确保按图施工的质量，降低工程造价。

本任务的重点是在学会识读市政道路施工图的基础上，提高识图水平，在理解设计者意图的同时审核图纸，并掌握图纸会审的作用、过程和内容，以及会审资料的填写。

一、施工图审核

从工程施工角度出发,阅读和校核施工图,以了解设计意图,熟悉设计图内容,提出有关设计图中的疑问和建议,对平、纵、横设计图纸可能存在不相符之处进行校核。

1. 通读工程的全套施工图

了解工程全貌、工程规模、主要工程项目和内容、主要工程数量、工程概(预)算等。

2. 中线里程的校核

由于里程桩号的连续性,若整个路线中有一处桩号存在问题,则在其后的各里程桩号必然出现断链,从而影响全局。因此,必须重视这项校核工作。

当各交点均有已知坐标,可用坐标反算方法,核算各交点的间距与转折角是否有误;当各交点没有坐标值,则应由路线起点起,先校核各交点处的曲线要素(L、T、R、E、A 及校正值 J)与各主点桩号均无误后,再用下式校核各交点间距与路线终点桩号是否正确。

(1)交点间距 D_{ij} 的计算与校核。

$JD_7 \sim JD_8$ 间距离 $D_{78} = JD_8$ 桩号 $- JD_7$ 桩号 $+ J_7$

计算校核:

$D_{78} = JD_8$ 桩号 $- YZ_7 + T_7$

(2)线路总长度的计算校核。当线路起点桩号为 K0+000 时,则

线路总长度的计算校核 $= \sum D$(各交点间距的总和)$- \sum J$(各交点处校正值总和)

3. 平面图线形设计

平面图线形设计包括街道(路基)宽度,道路两侧建筑物、建筑设施的情况,路口设计、沿线桥涵和附属构筑物的设计情况,地上房屋、树木、杆线、田地等的拆迁情况,地下管缆设置和原有管缆情况等。

4. 纵断面图的纵断线形设计

纵断线形设计包括最大纵坡度及其坡长,竖曲线最小半径,最大竖曲线长度。沿线土质、水文情况,桥涵过街管缆等附属构筑物位置、高程,原有建筑、设施基底高程。在平面与纵断面图上的路口,包括广场、停车场、支线的高程衔接是否一致。

5. 横断面图的横断线形设计

横断线形设计包括路面结构、标准横断面、规划横断面、原路横断面相互关系等。

当路有几种不同的设计标准横断面时,可以从路线桩号的起点至终点,按顺序用相应的标准横断面对平面图进行校核。在同一种横断面布置的路段中,校核各组成部分的宽度施工中线、规划中线、原路中线、路拱横坡、路面结构、地下管线位置、高程,该标准横断面的起止桩号与平面图是否相符,同一种路面结构的使用范围与平面图中所示路段是否一致。

在横断面与平面图对照中,同时检查相应路段的纵断面图、平面曲线与纵坡段的关系,最小平曲线半径与最大纵坡度重合时对施工测量和施工的要求,坡向、坡度在平面图中出入口的处理方式。

横断面图与纵断面图对照,校核填挖方中心高度、路边建(构)筑物和设施的基底高程与横断面高程的关系。

二、施工图会审

施工图会审又称图纸会审,是指以会议的形式集中解决施工图中存在的使用功能和技术经济等疑难问题。其目的有两个方面:一是使施工单位和各参建单位熟悉设计图纸,了解工程特

点和设计意图，找出需要解决的技术难题，并制订解决方案；二是解决图纸中存在的一般性问题，如图纸设计深度能否满足施工需要，材料说明及必要的尺寸标注是否具体，构件之间尺寸或标高是否出现矛盾，构造是否合理，技术上是否可行并便于施工等，减少图纸差错，完善图纸的设计质量，提高建造速度和管理水平，达到功能实用、技术先进、经济合理的要求。

施工图是工程施工和竣工验收的主要资料。施工图设计质量是业主与建设单位十分关心和关注的，是参与建设各方的共同责任。图纸会审通常是由承担施工阶段监理的监理单位组织施工单位、建设单位及材料、设备供货等相关单位共同参与，在收到审查合格的施工图设计文件后，进行的全面、细致地审查和熟悉施工图纸的活动。

施工图会审是施工准备阶段的重要内容之一，未经图纸会审的工程项目不得开工。

1. 图纸会审的内容

(1)图纸是否无证设计或越级设计；图纸是否经设计单位正式签署。

(2)地质勘探资料是否齐全。

(3)设计图纸与说明是否符合当地要求。

(4)专业图纸之间、平纵横图之间有无矛盾，尺寸标注有无遗漏。

(5)平面图与纵断面图之间、纵断面图与横断面图之间、图与表之间的材料规格、强度等级、材质、数量、坐标、标高数据是否一致，是否有错、漏和缺。

(6)图纸上的前后表述是否一致，如路幅划分与说明不符、结构断面厚度不一致等。

(7)路面高程和排水管道的高程与已有道路的标高衔接处理是否合理。

(8)设计是否造成施工困难，如新型材料的选用是否造成实施困难、管道的位置施工工序是否满足不了工期的要求、桥梁空洞中的模板是否难以拆除等。

(9)施工图中所列各种标准图册施工单位是否具备。

(10)材料来源有无保证，能否代换；图纸中所要求的条件能否满足；新材料、新技术的应用是否有问题。

(11)地基处理方法是否合理，是否存在不能施工、不便于施工的核心技术问题，或容易导致质量、安全、工程费用增加等方面的问题。

(12)工艺管道、电气线路、设备装置与建筑物之间或相互之间有无矛盾，布置是否合理。

2. 图纸会审的程序

(1)图纸会审应在开工前进行。如施工图纸在开工前未全部到齐，可先进行分部工程图纸会审。

(2)图纸会审的一般程序：业主或监理方主持人发言→设计方图纸交底→施工方、监理方代表提问题→逐条研究→形成会审记录文件→签字、盖章后生效。

(3)图纸会审前必须组织预审。阅图中发现的问题应归纳汇总，会上派一代表为主发言，其他人可视情况进行适当解释、补充。

(4)施工方及设计方应有专人对提出和解答的问题做好记录，以便查核。

(5)整理成为图纸会审记录，由各方代表签字盖章认可。

3. 施工图会审要求

必须参加施工图会审的人员有：建设方的现场负责人及其他技术人员；设计院总工程师、项目负责人及各专业设计负责人；监理单位项目总监、副总监及各个专业监理工程师；施工单位项目经理、项目副经理、项目总工程师及各个专业技术负责人；其他相关单位的技术负责人。

施工图会审应在单位工程开工前完成，以确保工程质量和工程进度，避免返工和浪费；当施工图由于客观原因不能满足工程进度时，可分阶段组织会审；施工图会审由主持单位做好详细记录，较重要的或有原则性的问题应经监理公司、建设单位会签后，由设计代表签署解决意见,并不再另办设计变更;委托外单位加工、订货用的图纸,应由委托单位的工程管理部门进行审核后交出;加工单位提出的设计问题由委托单位提交设计单位处理解决。

设计交底与图纸会审的通常做法是,设计文件完成后,设计单位将设计图纸移交建设单位,经有关部门批准后,建设单位发给承担施工监理的监理单位和施工单位。由施工监理单位组织参建各方进行施工图会审,并整理成会审问题清单,在设计交底前一周交给设计单位。承担设计阶段监理的监理单位组织设计单位做交底准备,并对会审问题清单拟定解答。

设计交底一般以会议形式进行,先进行设计交底,后转入图纸会审问题解答,通过设计、监理、施工三方或参建多方研究协商,确定存在的图纸问题和各种技术问题的解决方案。

设计交底应由设计单位整理会议纪要,图纸会审应由监理单位整理会议纪要,与会各方会签。设计交底与图纸会审中涉及设计变更的,还应按监理程序办理设计变更手续。设计交底会议纪要、图纸会审会议纪要经各方签认,即成为施工和监理的依据,作为监理文件由建设单位和监理单位长期保存。

设计交底记录(表1-21)和图纸会审记录(表1-22)作为施工文件应由建设单位、施工单位、设计单位长期保管,监理单位短期保管,城建档案馆保存。

表1-21 设计交底记录

工程名称		建设单位	
设计单位			
施工单位		监理单位	
交底内容:			
建设单位签章 年 月 日		建设单位签章 年 月 日	
施工单位签章 年 月 日		监理单位签章 年 月 日	

表1-22 图纸会审记录

工程名称			
建设单位		设计单位	
施工单位		监理单位	
图纸名称及图号	主要内容		结论意见
建设单位签章 项目负责人: 年 月 日		设计单位签章 项目负责人: 年 月 日	
施工单位签章 技术负责人: 年 月 日		监理单位签章 总监理工程师: 年 月 日	

图纸会审记录是施工文件的重要组成部分,与施工图纸具有同等效力,所以,图纸会审记录的管理办法和发放范围同施工图管理、发放,并认真实施。图纸会审记录要填写一式五份。图纸会审记录也可用于施工单位的技术负责人组织单位内部的施工技术人员对施工图设计文件进行全面学习和审核。图纸会审记录由主持单位保留并发放,施工单位保留一份各专业图纸会审记录,以备后期施工时查阅。

在施工图设计文件交予建设单位投入使用前或使用后,均会出现由于建设单位要求,或现场施工条件的变化,或国家政策法规的改变原因而引起的设计变更。设计变更必须征得建设单位同意并且办理书面变更手续,凡涉及施工图审查内容的设计变更还必须报请原审查机构审查后再批准实施。设计变更通知单,见表1-23。其由建设单位永久保存,施工单位、设计单位长期保存,城建档案馆保存。

表1-23 设计变更通知单

工程名称		变更单编号	
建设单位		施工单位	
设计单位		相关图号	
变更内容及简图: 设计人: 年 月 日			
设计单位意见: 签字(公章) 年 月 日		建设单位签章 签字(公章) 年 月 日	
施工图审核批准机构意见: 签字(公章) 年 月 日			

能力训练

1. 审核某城市道路施工图

(1)目的:使学生进一步掌握城市道路施工图的审核方法。

(2)能力要求:要求学生能审核道路施工图。

(3)准备:一套城市道路施工图;复习道路施工图的组成和识读方法。

(4)审核要点:

①审核道路图纸是否完整、齐全。

②审核道路标准是否符合城市规划和交通需求,计算行车速度是否符合规定。

③审核道路平面图与纵断面图之间、纵断面图与横断面图之间、图与表之间的材料规格、

强度等级、材质、数量、坐标、标高数据是否一致,是否有错、漏、缺。

④审核图纸中的尺寸与说明是否齐全、一致。

2. 模拟城市道路施工图会审会议

(1)目的:使学生进一步掌握城市道路施工图的会审方法。

(2)能力要求:要求学生能进行道路施工图会审。

(3)准备:准备一套城市道路施工图;复习道路施工图的识读和审核方法。

(4)会审目标:

①能编制施工图会审程序及组织施工图会审现场。

②能做好会审现场记录。

③能客观提出施工图中的一般问题及施工中有待解决的问题。

④能编制市政道路施工图会审纪要文件。

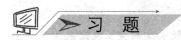

习 题

一、选择题

1. 图纸会审包括( )。

 A. 初审 B. 内部会审 C. 综合会审 D. 以上都有

2. 图纸会审记录是( )的重要组成部分,和施工图纸具有同等效力,所以,图纸会审记录的管理办法和发放范围同施工图管理、发放,并认真实施。

 A. 施工文件 B. 设计文件 C. 招投标文件 D. 监理文件

3. 设计变更必须征得( )单位同意并且办理书面变更手续。

 A. 监理 B. 施工 C. 代建 D. 建设

4. 设计变更中凡涉及施工图审查内容的设计变更,还必须报请( )审查后再批准实施。

 A. 原审查机构 B. 施工单位 C. 代建单位 D. 建设单位

二、简答题

1. 对中心大道工程的线路总长度进行计算校核。

2. 施工图会审的目的是什么?

3. 图纸会审的一般程序有哪些?

4. 哪些人员必须参加施工图会审?

项目二 路基工程施工

能力目标

(1)能读懂路基施工图。
(2)会查阅施工技术规范,能进行道路路基施工技术方案的编制。
(3)会使用常规检测仪器,通过查阅验收规范等资料,对路基质量进行控制与验收。

项目导读

本项目从路基施工准备工作开始分别介绍路基土石方施工、软土路基施工及路基工程的施工质量控制与验收等内容,并以实际道路工程路基施工为例,借助多媒体设备、实训室、实训场、信息化仿真实训管理平台等,进一步强化实践性,遵循"做中学、学中做",实现理、实一体化教学。

项目任务

(1)根据道路施工图纸,进行道路路基施工准备工作,重点包括技术准备、现场准备、物质准备等。
(2)根据工程特点和工程现场实际条件,结合路基的构造特点采用合理的施工方法,选择合适的施工机械,组织好施工工艺流程,提出保证施工质量和安全的施工技术措施以及施工注意事项。
(3)根据规范要求,提出该路基工程的施工质量控制和检查验收项目及实施。
(4)项目成果为路基施工技术方案。

任务一 路基施工准备

路基施工准备是路基施工的基础,路基施工前应熟悉路基施工图所包括的内容,明确施工前的准备工作与内容,掌握路基施工的测量放样工作。

一、路基基本要求

道路的路面、路肩都靠路基支撑,有了坚实、牢固的路基,才能保证路面、路肩的稳固,才不至于在车辆行驶荷载作用和自然因素影响下发生松软、变形、沉陷、坍塌,所以路基也是整个道路的基础。一条道路的使用品质,不仅与道路的线形、路面的质量有关,而且与路基的质量有着重要的关系。

路基敷设在地面上,它的稳定受地形、地质、水文和气候及其他市政配套工程质量影响极大,如果设计和施工不当,均会产生各种病害,导致路基路面的破坏,严重影响交通和行车安全,修复时要耗费更大的人力和物力,故路基应满足以下三个方面的基本要求。

1. 强度

路基强度是指路基在外荷载及自重作用下，路基抵抗破坏与变形的承载能力，这种能力与路基质量有很大关系。路基的力学强度指标取决于所采用的地基模型。目前，在路面力学计算中采用的模型主要是弹性半空间体地基模型和文克勒地基模型两种。前者采用反映土基应力应变特征的弹性模量 E 和泊松比 μ 作为路基土的刚度指标；后者用地基反应模量 K 表征土基受力后的变形性质。另外，还有用于表征路基土承载力的参数指标和进行路面结构设计的指标，如加州承载比（CBR）、抗剪强度等。

(1) 回弹模量。参考动画以回弹模量表征路基土的荷载变形特征，可以反映路基土在瞬时荷载作用下的可恢复变形性质。《城市道路工程设计规范（2016 年版）》(CJJ 37—2012)规定，沥青路面和水泥混凝土路面都以回弹模量作为路基土的强度和刚度指标。为了模拟车轮的作用，常以压入圆形承载板试验的方法测定回弹模量。

承载板测定土基回弹模量试验

用于测定土基回弹模量的方法有柔性承载板与刚性承载板两种。常用刚性承载板法测定土基回弹模量。在土基表面，采用承载板逐级加载、卸载的方法，测出每级荷载相应的回弹变形值，通过计算可求得土基回弹模量值。现行《城市道路路基设计规范》(CJJ 194—2013)规定，快速路和主干路路基顶面设计回弹模量值不应小于 30 MPa；次干路和支路不应小于 25 MPa。《市政工程施工图案例图集》中的道路路基工程回弹模量 E 值规定为不小于 25 MPa，当现场不满足要求时，应采取措施提高回弹模量。

回弹模量计算公式为

$$E_0 = \frac{\pi D}{4}(1-\mu_0^2)\frac{\sum P_i}{\sum l_i}$$

式中 E_0——土基回弹模量（MPa）；
μ_0——泊松比；
D——承载板直径（mm）；
P_i——各级荷载的单位压力（N）；
l_i——各级荷载的单位压力下对应的回弹弯沉值（mm）。

(2) 加州承载比（CBR）。加州承载比是早年由美国加利福尼亚（California）提出的一种评定土基及路面材料承载能力的指标。承载能力以材料抵抗局部

路基现场 CBR 测定

荷载压入变形的能力表征，并采用高质量标准碎石为标准，以它们的相对比值表示 CBR 值。

试验时，用一个端部面积为 19.35 cm² 的标准压头，以 0.127 cm/min 的速度压入土中，记录每贯入 0.254 cm 时的单位压力，直至压入深度达到 1.27 cm 时为止。标准压力值用高质量标准碎石通过试验求得。其值见表 2-1。

表 2-1　标准压力值 P_s

贯入度/cm	0.254	0.508	0.762	0.016	1.270
标准压力/kPa	7 030	10 550	13 360	16 170	18 230

CBR 值按下式计算：

$$\mathrm{CBR} = \frac{p}{P_s} \times 100$$

式中 p——对应于某一贯入度的土基单位压力（kPa）；
P_s——相应贯入度的标准压力（kPa）。

(3)抗剪强度。在路基边坡内,其强度不足以抵抗剪应力的作用时,则相邻两部分土体便将沿某一剪切面(滑动面)产生相对移动,于是边坡破坏、稳定性丧失,这种沿剪切面使土体破坏的现象称为剪切破坏。土体所具有的抵抗剪切破坏的能力称为抗剪强度,土的抗剪强度由如下关系表示:

$$\tau = \sigma \tan\varphi + c$$

式中　τ——土的抗剪强度(kPa);

　　　σ——作用于剪切面上法向应力(kPa);

　　　c——土的黏聚力(kPa);

　　　φ——土的内摩擦角(°)。

由上式可知,土体的抗剪强度是由土体的黏聚力及内摩擦角组成的。土的颗粒越细,黏聚力越大;砂土的黏聚力很小,基本为零。由于内摩擦力的影响大于黏聚力,因此,土的颗粒越粗,抗剪强度也就越高。

影响黏聚力和内摩擦力的因素主要有土颗粒大小、形状,组成土的矿物成分,土的密实度和含水量等。也就是说,土基抗剪强度取决于土的性质与状态。因此,对于土的两个抗剪强度指标,在选用时要符合工程实际,应取原状土测定,因为它们是路基稳定性验算和挡土墙设计时必不可少的数据。

2. 整体稳定性

对于填挖不大的道路路基,一般不存在整体稳定问题,但当路基填挖较大时,因改变了原地面的天然平衡状态,在地质不良地段甚至加剧了原来的不稳定状态。如修筑在天然斜坡上的路堤,可能因自重作用下滑。又如在路堑地段,由于两侧边坡失去了原土层的支撑,可能引起塌方,类似这些情况都必须采取措施,以保证整个路基的稳定性。

3. 水温稳定性

路基在大气、地面水和地下水的侵蚀作用下,其强度会发生很大的变动。如在路基中积聚一定水分后,会使路基土质松软,导致密实度降低。在季节性冰冻地区,还会发生周期性冻融,造成路基填土松软和翻浆。因此,路基不仅应具有足够的强度,而且还必须保证在最不利的水和温度作用下,强度不会发生显著下降,为此,要求路基应具有一定的水温稳定性。

二、路基施工前准备

施工单位接受施工任务后,即可着手进行施工准备工作。施工单位的施工准备工作繁杂,涉及面广,必须有计划、按步骤、分阶段进行,才能在较短的时间内为工程的开工创造必要的条件。准备工作的基本任务是了解施工的客观条件,根据工程的特点、进度要求,合理安排施工力量,从人力、物资、技术和施工组织等方面为工程施工创造一切必要条件。

1. 组织准备

组织准备包括建立健全施工组织机构和组建施工队伍。

(1)建立施工组织机构。我国与国际施工惯例接轨,工程建设已全部按照FIDIC合同条件进行施工与监理,因此,对一个施工单位来讲,主要是实行项目经理负责制,即项目经理全面负责的目标责任制。

(2)组建施工队伍。根据所承担的工程量的大小和工期要求,安排出总进度计划网络图,并进一步估算出全部工程用工工日数,平均日出工人数,施工高峰期出工人数,以及技术工种、机械操作工种、普通工种等用工比例,选择能够适应其工程质量、工期进度要求的作业队伍,并与施工劳动作业单位签订劳务合同,实行合同管理。

考虑到所担负工程的具体情况,结合施工队伍施工特点、技术装备情况、技术熟练程度和施工能力,施工队伍应进行适当的培训,以满足工程施工的要求。

2. 技术准备

技术准备工作包括施工前的踏勘和调查，全面熟悉设计文件，根据核实的工程数量、工地特点、工期要求及设备准备情况等，编制实施性施工组织设计文件。

(1)踏勘和调查。开工前，应根据设计图样和资料进行沿线踏勘和调查，将发现的问题和意见逐一标明，会同设计单位和建设单位协调解决并做出会议纪要。踏勘和调查的主要内容如下：

①核实工程范围。明确对工程有影响和需要征购的土地、拆迁的各种建筑物或构筑物的确切位置、结构和数量，以及相关公用设施的杆线、管道和附属设施的情况，并了解上述设施与场地有无可能供施工临时使用。

②确定沿线填土、挖土、借土的地价和数量，以及平衡调度土方。

③摸清沿线附近可利用的排水沟渠、河道，以及该地区下水道的管径、流向和以往暴雨后的集水情况等，以便考虑施工期间的排水设施。

④认真核实施工范围内的地下管线及地面设施并取得可靠资料，在地面标出明显标志，以正确估计在路基施工碾压时，对地下管线的影响程度。

⑤改建工程必须核实两侧原有建筑物进出口的标高及原有道路和人行道的结构类型。

⑥需开挖的部分应开挖样洞，并核实原工程结构。

(2)全面熟悉设计文件。熟悉、审核施工图样是领会设计意图，明确工程内容，掌握工程特点的重要环节。其主要内容如下：

①进行施工前的现场调查，核对设计计算是否符合实际情况，工程质量能否保证，施工是否有足够的可靠性，对保证安全施工有无影响。

②核对设计是否符合施工条件，有无特殊的材料要求，图纸说明与土建工程设备安装有无矛盾，规定是否明确、齐全，施工中如何交叉衔接，构造物的主要尺寸、位置、标高有无错误。

③通过熟悉设计图样和文件，确定与施工有关的各方面的准备工作，明确在施工中场外所需材料和构件等制备工程项目的安排。

(3)编制实施性施工组织设计文件。实施性施工组织设计，必须具体、详细，以达到直接指导施工的目的，但应避免过于复杂、烦琐。

3. 物质准备

(1)物质准备的主要内容。物质准备工作可保证施工组织计划的顺利实施。物资准备工作的内容包括材料的准备、配件和制品的加工准备、安装机具的准备、生产工艺设备的准备等。以土方挖掘和运输中的机械准备为例，应合理选用，最大限度地发挥机械施工的功率和功能。常用的土方机械有推土机、铲运机、平地机、松土机、挖土机等。这些机械常用的作业方式和适用范围见表2-2。

表 2-2 常用土方机械的作业方式和适用范围

机械名称	适用的作业项目			设备图片
	施工准备工作	基本土方作业	施工辅助作业	
推土机	1. 修筑临时道路 2. 推倒树木，铲除草皮 3. 清除积雪、清理建筑碎屑 4. 推缓陡坡地形	1. 高度3 m以内的路堤和路堑土方工程 2. 运距10～100 m以内的土方挖运与铺填及压实 3. 傍山坡的半填半挖路基土方	1. 路基缺口土方的回填、基面粗平 2. 取土坑及弃土堆平整工作 3. 配合铲运机作业 4. 斜坡上推挖台阶	

续表

机械名称	适用的作业项目			设备图片
	施工准备工作	基本土方作业	施工辅助作业	
铲运机		运距60～700 m以内土方挖运、铺填及碾压作业	1. 路基面及场地粗平 2. 取土坑及弃土堆整理工作	
平地机	1. 铲除草皮 2. 清除积雪 3. 疏松土壤	1. 修筑0.75 m以下的路堤及0.6 m以下的路堑土方 2. 傍山坡半填半挖路基土方	1. 开挖排水沟及山坡截水沟 2. 平整场地及路基 3. 修刮边坡	
拖式松土机	1. 翻松旧路的路面 2. 清除树根小树墩及灌木丛		1. 在含砾石及坚硬的Ⅲ～Ⅳ类土中做疏松工作 2. 破碎及揭开6.5 m以内的冻土层	
正铲拖斗挖土机		1. 半径为7 m以内的土壤挖掘 2. 配合自卸车运土	1. 开挖沟槽及基坑 2. 水下捞土	

(2)物资准备的注意事项。

①无出厂合格证明或没有按规定进行复验的原材料、不合格的配件一律不得进场和使用。严格执行施工物资的进场检查验收制度，杜绝假冒伪劣产品进入施工现场。

②施工过程中要注意查验各种材料、构配件的质量和使用情况，对不符合质量要求、与原试验检测品种不符或有怀疑的，应提出复验的要求。

③进场的机械设备必须进行开箱检查验收，产品的规格、型号、生产厂家和地点、出厂日期等，必须与设计要求完全一致。

4. 施工现场准备

施工现场是参加施工的全体人员为优质、安全、低成本和高速度完成施工任务而进行工作的活动空间；现场准备工作是为拟建工程施工创造有利的施工条件和物质保证的基础。其主要内容包括以下几项：

(1)拆除障碍物，做到三通一平；

(2)做好施工场地的控制网测量与放线；

(3)搭建临时供电、供水、交通道路、通信线路和施工用房等各种临时设施；

(4)安装调试施工机具，做好建筑材料、构配件等的存放工作；

(5)做好冬期、雨期施工安排；

(6)设置消防、保安设施和机构。

5. 试验路段准备

高等级道路以及在特殊地区或采用新技术、新工艺、新材料进行路基施工时，应采用不同的施工方案做试验路段，从中选出路基施工的最佳方案指导全线施工。

试验路段的位置应选在地质条件、断面形式均具有代表性的地段，长度大于100 m。通过试验确定：不同机具压实不同填料的最佳含水量、适宜的松铺厚度和相应的碾压遍数、最佳的机械配套和施工组织。

在整个试验段施工时，应加强对有关指标的检测，完工后及时写出试验报告，上报监理工程师审批。

6. 建立自检质量保证体系

为了保证道路工程的施工质量，施工单位必须具有高度的质量意识，使所建工程经得起监理的抽检和政府质监部门的检查。因此，必须建立自检质量保证体系。它主要由施工单位的主要负责人、有关的技术质量检查人员、施工设备及检测仪器等组成。

7. 开工报告

以上各项工作准备就绪后，可向监理工程师提出工程开工的申请报告。当监理工程师同意、签发开工令后，施工单位即可正式开工。

三、路基测量放样

路基施工测量包括中线测量、高程测量和横断面测量。随着路基的开挖与填筑，施工测量要反复进行多次。一般情况下，每填挖1 m左右，便要重新进行路基施工测量放样。施工测量的精度必须达到有关规定、规程的基本要求。

1. 中线测量

中线测量就是根据道路控制桩或在道路两旁布设的导线控制点将道路中线恢复，故又称为恢复中线。从道路的踏勘到开始施工这段时间里，常有一部分桩点变位或丢失，为了保证道路中线位置准确，在道路施工测量中的首要任务就是恢复道路中线，即复核原有中桩，把丢失损坏的中桩复原。恢复中线的测量方法与中线测量相同，都是用交点坐标和曲线元素来标定的。

经校正恢复的中桩，在施工中很难保全。因此，应在施工前根据施工现场的条件，选择不受施工干扰、便于使用、易于保存桩位的地方，测设施工控制桩。其测设方法有平行线法、延长线法和交会法等。

(1)平行线法。平行线法是在路边线1 m以外，以中线桩为准测设两排平行于中线的施工控制桩。此法适用于地势平坦、直线段较长的路段。控制桩的间距一般取10~20 m，桩上应标注被移桩的桩号和移设的距离，用以控制中桩位置和高程。

(2)延长线法。延长线法是在中线延长线上测设方向控制桩。当转角很小时，可在中线的垂直方向测设控制桩。此法适用于地势起伏大、直线段较短的路段。

(3)交会法。交会法是在中线的一侧或两侧选择适当位置设置控制桩或选择永久地物，如电杆、房屋的墙角等作为控制点。此法适用于地势较开阔、便于距离交会的路段。

上述三种方法均应根据实际情况互相配合使用。无论使用何种方法测设控制桩，都要绘出示意图、注明有关数据并做好记录，以便查用。

2. 高程测量

高程测量采用的基本方法是水准测量，依据是勘测设计单位在沿线布设的水准点，这些水准点在使用前需要复核。为便于施工和控制精度，在人工结构物附近、高填深挖地段、工程量集中及地形复杂地段需要增加一些水准点；随着路基的不断填筑和开挖，还需要调整水准点的位置，以便于施工放样。增设或调整水准点必须采用附合水准或闭合水准(或角高程)路线测量，才能满足精度要求。

3. 横断面测量

横断面放样测量有边桩放样和边坡放样。

(1)边桩放样。边桩放样首先要确定横断面的方向(在直线段为与路中线垂直的方向，曲线段为垂直于所测点的切线方向)，然后确定填方断面的坡脚点、挖方断面的坡顶点、半挖半填的坡脚点和坡顶点。路基边桩放样就是在地面上将每一个横断面的路基边坡线与地面的交点，用木桩标定出来，边桩的位置由两侧边桩至中桩的距离来确定。

①边桩放样的测设方法。边桩放样的测设方法大致有图解法、计算法和渐近法三种。

a. 图解法。图解法就是直接在横断面图上量取中桩至边桩的距离，然后在实地用皮尺沿横断面方向将边桩丈量并标定出来。这种放样方法一般适用于较低等级的、填挖方不大时的道路路基横断面边桩放样。

如横坡较大时，需分段丈量，在量得的点处钉上坡脚桩(或坡顶桩)。每个横断面都放出边桩后，再分别将中线两侧的路基坡脚或路堑的坡顶用灰线连接起来，即路基填挖边界。应用此法时应掌握的要点是：方向要准确，应使量测时的横断面垂直于中线方向；丈量距离时，尺子必须拉平。

b. 计算法。计算法就是根据路基填挖高度、边坡率、路基宽度和横断面地形情况，先计算出路基中心桩至边桩的距离；然后，在实地沿横断面方向按距离将边桩放出来。如果施工现场没有横断面设计图，只有施工填挖高度时，可用计算法放样路基横断面边桩。这种方法比图解法精度高，主要适用于道路地形平坦或地面横坡较均匀且一致地段的路基横断面边桩放样。

c. 渐近法。渐近法的原理是在分段丈量水平距离的同时，用水准仪、全站仪(高等级道路使用)、经纬仪或其他方法(如抬杆法、钓鱼法)测出该段地面的高程差，最后累计得出边桩点与中桩点的高程差，用公式验证其水平距离是否正确；如有不符，就逐渐移动边桩，直到正确位置为止。这种放样方法的精度高，既可用于高等级道路，又可用于中、低等级道路。

②边桩放样的注意事项。

a. 在计算测设边桩距离时，要注意路基设计的尺寸和要求。如路基是否有加宽等；对挖方地段，要注意边沟的设计尺寸及是否有护坡平台，以免边桩放样时漏掉，造成返工事件。

b. 在地形复杂路段，最好用仪器进行边桩放样；在曲线段，更应注意使横断面方向与路中线的切线方向垂直。

c. 放完一段边桩后，要进行复核。地面平坦或地面横坡一致时，边桩连线应为一直线或圆缓的曲线；如有个别边桩凸出或凹进，则说明存在问题。

d. 施工过程中应及时加固保护边桩，并做好明显的标记。

(2)边坡放样。测设出边桩后，为了保证路基填挖边坡能按设计要求进行施工，应把设计边坡在实地标定出来，以指导施工。边坡放样常用方法有麻绳竹竿挂线法和坡度样板法。

①麻绳竹竿挂线法。如图2-1所示，O为中桩，A、B为边桩，$CD=b$为路基宽度。放样时在C、D处竖立竹竿，在高度等于中桩加上高度H之处的C'、D'用绳索连接。同时，由C'、D'用绳索连接到边桩A、B上，则设计边坡就展现于实地了。

当路堤填土高度不大时，可按图2-1(a)所示的方法一次性把线挂好。当路堤高度较高时，可采用分层填土、逐层挂线的方法，如图2-1(b)所示。

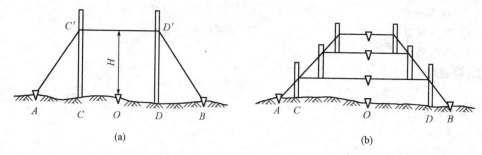

图2-1 麻绳竹竿挂线法

②坡度样板法。施工前，首先按照边坡坡度做好边坡样板，施工时可比照边坡样板进行放样。样板的形式有活动边坡样板(坡度尺)(图2-2)和固定边坡样板(图2-3)。当水准器气泡居中时，边坡尺的斜边所示的坡度正好为设计边坡坡度，可指示与检核路堤的填筑。同理，边坡尺也可指示与检核路堑的开挖。开挖路堑时，在坡顶外侧立固定样板施工时可瞄准样板进行开挖。施工时，可用3m直尺靠线随时指导开挖及修整边坡、检验坡度。

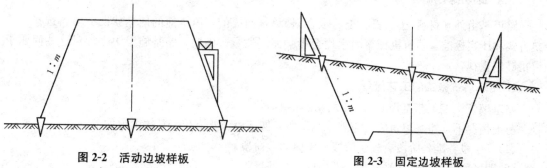

图2-2 活动边坡样板　　　　图2-3 固定边坡样板

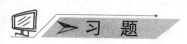

一、选择题

1. 路基按结构特点可分为(　　)。
   A. 填方路基、挖方路基
   B. 填方路基、挖方路基、半填半挖路基
   C. 填方路基、半填半挖路基
   D. 挖方路基、半填半挖路基
2. 新建道路路基干湿类型判断的依据是(　　)。

A. 填方及挖方高度   B. 地表水及地下水水位
C. 路基临界高度   D. 含水量

3. 对原有道路扩建和改建时路基的干湿类型判断的依据是(　　)。
   A. 填方及挖方高度   B. 地表水及地下水水位
   C. 路基临界高度   D. 平均稠度
4. 路基回弹模量的测定方法是(　　)。
   A. 重型击实法   B. 灌砂法
   C. 刚性承载板法   D. 环刀法
5. 用于表征土基承载力的参数指标有(　　)等。
   A. 抗剪强度   B. 抗折强度
   C. 回弹模量   D. 地基反应模量
   E. 抗压强度

二、简答题

1. 什么是一般路基?
2. 路基施工的准备工作有哪些?

任务二　路基土石方施工

本任务是在读懂路基施工图、做好路基施工准备的前提下，路基施工的主要内容之一。掌握路堤填筑的基底处理、填料选择、路基压实、压实的方法等关键施工环节；掌握路堑开挖的方法和注意事项；掌握施工规范对路基土石方施工的相关规定和要求。

一、路堤填筑

路堤是由外来材料(土、石、土石混合料)填筑而成的，填筑前的地基状况、填料选择、填筑方式和压实标准、填筑机械等因素均会影响路堤质量。因此，路基施工中必须对这些问题予以足够的重视。

1. 路基填筑施工的工艺流程

路基填筑施工工艺流程如图2-4所示。
一般情况下，路基填筑施工应划分三阶段、四区段、八流程。具体内容如下：
(1)三阶段：准备阶段、施工阶段、整修验收阶段。
(2)四区段：填筑区、平整区、碾压区、检测区。
①填筑区是专供自卸汽车或铲运机卸载路基填料的作业区域；
②平整区是专供推土机和平地机进行摊铺平整的施工区域；
③碾压区是专供压路机进行碾压施工的作业区域；
④检验区是专供试验、检测人员进行路基填土压实密度等各项指标检测的作业区域。
(3)八流程：施工准备→基底处理→分层填筑→摊铺平整(洒水、晾晒、拌和改良)→机械碾压→检验签证→路面整形→边坡整修。

各区段或流程只允许进行该段和该流程的作业，不允许几种作业交叉进行。每个区段的作业长度应根据机械的能力和数量来确定。为保证机械有足够的作业场地，每个区段长度均不得少于40 m。

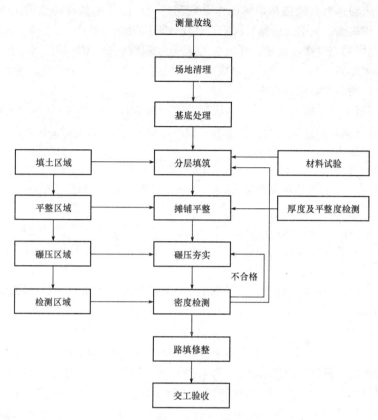

图 2-4　路基填筑施工工艺流程图

2. 路基施工方法

(1) 人工和简易机械化施工。此方法主要是使用手工工具和简易机械化施工，其工效低、劳动强度大、进度慢、工程质量难以保证。其适用于机械无法进场的路段，或某些工程目前无法开展机械化作业以及某些辅助性工作。

(2) 水力机械化施工。此方法是机械化施工方法之一，是运用水力机械（水泵、水枪等），射强力水流，冲挖土层并流运至指定地点沉积。其适用于电源和水源比较充足，挖掘比较松散的土质集中的土方工程或用于地下钻孔工程，还可用于密实的以砂砾填筑的路堤或基坑（称为水夯法或水沉积法）。水力机械化施工是以人工为主，配以机械或简易机械的一种施工方法，可以减轻劳动强度，提高工作效率，加快施工进度。在我国目前条件下，仍作为一种常用的施工方法。

(3) 爆破施工。爆破施工是石质路基开挖的基本方法，它采用钻岩机钻孔与机械清钻，也是岩石路基机械化施工的必备条件。除岩石路堑开挖外，爆破施工还可用于冻土、泥沼等特殊路基施工，以及清除地面、开石取料等。

(4) 综合机械化施工。使用配套机械，能极大地提高劳动效率，减轻劳动强度，显著地加快施工进度，提高工程质量，降低工程造价，保证施工安全。综合机械化施工是加速道路工程建设，实现道路施工现代化的根本途径。

上述施工方法的选择，应根据工程地质性质、工程量、施工期限，以及现有人力和机械设备等因素而定，应因地制宜、协调配合与各种方法综合使用。

3. 基底处理

基底处理是保证路堤稳定、坚固极为重要的措施。在路堤填筑前对基底进行处理，能使填土与原来的表土密切结合;能使初期填土作业顺利进行;能使地基保持稳定,增加承载能力;能防止因草皮、树根腐烂而引起的路堤沉陷。基底处理应做好以下几个方面的工作:

(1)做好原地面的临时排水设施,并与永久排水设施相结合。排走的雨水不得流入农田、耕地,也不得引起水沟淤积和路基冲刷,市区施工应将雨水排入下水管道内。当地下水水位较高时,应采取疏导、堵截、隔离等措施。

(2)路堤修筑范围内,原地面的树穴、坑洞等应用原地的土回填,并按规定进行压实。

(3)路堤基底原状土的强度不符合要求时,应进行换填。换填深度应不小于30 cm,并分层压实到符合规定的压实度。

(4)原地面横向坡度在1:10~1:5时,应先翻松表土再进行填土;原地面横向坡度陡于1:5时应做成台阶形,每级台阶宽度不得小于1 m,台阶顶面应做成向内的倾斜坡;在沙土地段可不做台阶,但应翻松表层土。

(5)路堤基底为耕土或松土时,应先清除有机土、种植土,平整后按规定要求压实。经过水田、池塘或洼地时,应根据具体情况采取排水疏干、挖除淤泥,打砂桩,抛填片石、砂砾石或石灰(水泥)处理等措施,以保证基底的稳固。

(6)遇有软土地层或土质不良、边坡易被雨水冲刷的地段,当设计未做处理规定时,应办理变更设计并制订专项施工方案。

4. 路基土填料选择

(1)路基土的工程分类。世界各国道路用土的分类方法虽然不尽相同,但是分类的依据则大致相近,一般都根据土颗粒的粒径组成、土颗粒的矿物成分或其余物质的含量、土的塑性指标进行区划。我国道路用土依据土的颗粒组成特征、土的塑性指标和土中有机质存在情况进行分类。首先,按有机质含量的多少划分为有机土和无机土两大类;其次,将无机土按粒组含量由粗到细划分为巨粒土、粗粒土和细粒土三类;最后,若为巨粒土和粗粒土,则按其细粒土含量和级配情况进一步细分,若为细粒土,则按其塑性指数(IP)和液限(WL)在塑性图上的位置进一步细分。

土可以分为巨粒土、粗粒土、细粒土和特殊土四类,细分为11种,如图2-5所示。粒组划分表见表2-3。

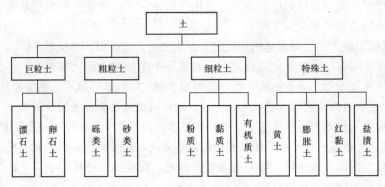

图2-5 土分类总体系

表2-3 粒组划分表 mm

200		60	20	5	2	0.5	0.25	0.074	0.02
巨粒土		粗粒土						细粒土	
漂石	卵石	砾类			砂类			粉粒	黏粒
块石	小块石	粗	中	细	粗	中	细		

(2)路基土的工程性质。

①巨粒土。巨粒土是指粒径大于60 mm，颗粒质量占50%以上的土组。它有很高的强度及稳定性，是填筑路基的良好材料。其中，漂石土还可用于砌筑边坡。

②粗粒土。粗粒土是指粒径为0.074～60 mm，颗粒质量占50%以上的土组。根据粒径大小，又可分为砾类土和砂类土。

a. 砾类土由于粒径较大，内摩擦力也大，因而强度和稳定性均能满足要求，是良好的路基填筑材料。级配良好或经人工处理后的砾类土，可用于高级路面的基垫层。

b. 砂类土又可分为砂、含细粒土砂(或称砂土)和细粒土质砂(或称砂性土)三种。

砂和含细粒土砂无塑性，透水性强，毛细水上升高度很小，具有较大的摩擦系数，强度和水稳定性均较好。但由于其黏性小，易于松散，压实困难，需用振动法或灌水法才能压实。为克服这一缺点，可添加一些黏质土，以改善其使用质量。

细粒土质砂既含有一定数量的粗颗粒，使路基具有足够的强度和水稳定性，又含有一定数量的细颗粒，使其具有一定的黏性，不致过分松散。细粒土质砂一般遇水干得快，不膨胀，干时有足够的黏结性，扬尘少，容易被压实。因此，细粒土质砂是修筑路基的良好材料。

③细粒土。细粒土是指粒径小于0.074 mm，颗粒质量占50%以上的土组。根据粒径大小和土体含有的不利成分，可分为粉质土、黏质土和有机质土。粉质土为最差的筑路材料，它含有较多的粉土粒，干时稍有黏性，但易被压碎，扬尘多，浸水时很快被湿透，易成稀泥。

a. 粉质土的毛细作用强烈，上升速度快，毛细水上升高度一般可达0.9～1.5 m，在季节性冰冻地区，水分积聚现象严重，造成严重的冬季冻胀，春融期间出现翻浆，故又称翻浆土。如果遇到粉质土，特别是在水文条件不良时，应采取一定的措施，改善其工程性质。

b. 黏质土透水性很差，黏聚力大，因而干时坚硬，不易挖掘。它具有较强的可塑性、黏结性和膨胀性，毛细管现象也很显著，用来填筑路基比粉质土好，但不如细粒土质砂。浸水后黏质土能较长时间保持水分，因而承载能力小。对于黏质土，如果在适当的含水量时加以充分压实和有良好的排水设施，筑成的路基也能获得稳定。

c. 有机质土(如泥炭、腐殖土等)不宜做路基填料，如果遇到有机质土均应在设计和施工上采取适当措施。

④特殊土。黄土属大孔和多孔结构，具有湿陷性；膨胀土受水浸湿发生膨胀，失水则收缩；红黏土失水后体积收缩量较大；盐渍土潮湿时承载力很低；冻土冻结时土体积膨胀，融化时水分增加，土层软化，强度大大降低。因此，特殊土也不宜做路基填料。

总之，土作为路基建筑材料，砂性土最优，黏性土次之，粉性土属不良材料，最容易引起病害，还有一些特殊土(如黄土、有机质土等)用以填筑路基时，必须采取相应的技术措施，才能保证路基的稳定性。

(3)路堤填料的要求。

①不得使用淤泥、沼泽土、泥炭土、冻土、有机土以及含生活垃圾的土做路基填料。

②对液限大于50、塑性指数大于26、可溶盐含量大于5%、700 ℃有机质烧失量大于8%的土，未经技术处理不得作路基填料。

③填方材料的强度(CBR)值应符合设计要求，其最小强度应符合表2-4的规定。

④填方中使用房渣土、工业废渣等需经过试验，确认可靠并经建设单位、设计单位同意后方可使用。

⑤用透水性不良的土填筑路堤时，应控制其含水量在最佳含水量±2%之内。

表 2-4 路基填料的最小强度

填方类型	路床顶面以下深度 /cm	最小强度(CBR)/%	
		城市快速路、主干路	其他等级道路
路床	0～30	8.0	6.0
路基	30～80	5.0	4.0
路基	80～150	4.0	3.0
路基	>150	3.0	2.0

5. 路堤填筑的基本方法

路堤填筑必须考虑不同的土质，从原地面逐层填起并分层压实，每层厚度随压实方法和压实机具而定，填筑方法一般有以下几种：

(1) 分层填筑法。分层填筑法是按照路堤设计横断面，自上而下逐层填筑的施工方法。它可以将不同性质的土有规则地分层填筑和压实，获得必要的压实度和稳定性。分层填筑法又可以分为水平分层填筑和纵坡分层填筑。

① 水平分层填筑。参考动画填筑时按照横断面全宽分成水平层次，逐层向上填筑。如原地面不平，应由最低处分层填起，每填一层，经压实合格后再填上一层，如图 2-6(a) 所示。分层的最大虚铺厚度不应超过 30 cm。夯实虚铺厚度应小于 20 cm，填筑至路床顶面最后一层的最小压实厚度，不应小于 8 cm。路基填土宽度每侧应比设计规定宽 50 cm，压实宽度不得小于设计宽度，最后削坡。此法施工操作方便、安全，压实质量容易保证。

填方路基施工工艺

② 纵向分层填筑。宜于用推土机从路堑取土填筑距离较短的路堤，依纵向分层，逐层向上填筑，原地面纵坡小于 20°地段可用该法施工，如图 2-6(b) 所示。

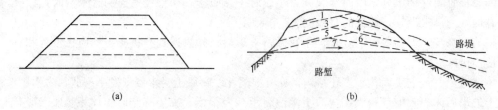

图 2-6 分层填筑法

正确的分层填筑方案[图 2-7(a)]应满足以下要求：

a. 不同性质的土应分类、分层填筑，不得混填，填土中大于 10 cm 的土块应打碎或剔除；

b. 路基填筑中应做成双向 2%～4% 的横坡；

c. 为保证水分蒸发和排除，路堤不宜被透水性差的土层封闭；

d. 根据强度与稳定性要求，合理地安排不同土质的层位；

e. 为防止相邻两段用不同土质填筑的路堤在交接处发生不均匀变形，交接处应做成斜面并将透水性差的土填在斜面下部，如图 2-7(a) 所示。

不正确的填筑方案如图 2-7(b) 所示，其基本特点是强度不均匀、排水不利与不稳定。

桥涵、挡土墙等结构物的回填土，为防止不均匀沉陷，应严格按设计要求及有关操作规程回填和夯实。

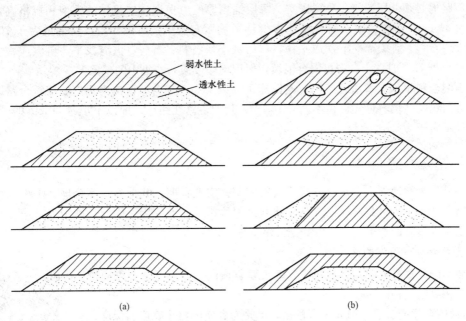

图 2-7 路堤填筑方法
(a)正确方法；(b)错误方法

(2)竖向填筑法。竖向填筑法是指沿路中心线方向逐步向前深填的施工方法，如图 2-8 所示。路线跨越深谷或池塘时，地面高差大，填土面积小，难以水平分层卸土，以及陡坡地段上半填半挖路基、横坡较陡或难以分层填筑的局部路段，可采用竖向填筑方案。竖向填筑因填土过厚不易压实，应尽可能避免采用。若确需采用，施工时需采取下列措施：

①采用沉陷量较小的砂性土或附近开挖路堑的废石方，并一次填足路堤全宽度。

②在底部进行强夯。

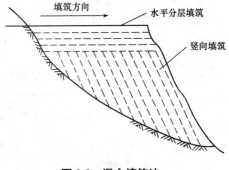

图 2-8 混合填筑法

(3)混合填筑法。如因地形限制或堤身较高，不能按前两种方法自始至终进行填筑时，可采用混合填筑法(图 2-8)。即路堤下层用竖向填筑，而上层(路基工作区范围)采用水平分层填筑，使上部填土经分层压实获得需要的压实度。

除采用土做路堤填料外，也可以采用填石路堤或土石路堤形式。

(1)填石路堤的填筑。其基底处理同填土路堤。石料的强度应不小于 15 MPa(用于护坡的不小于 20 MPa)。石料的最大粒径不宜超过层厚的 2/3。每层的松铺厚度，高等级道路不大于 0.5 m；其他道路不宜大于 1.0 m。

高等级道路填石路堤路床顶面以下 50 cm 范围内应填筑符合路床要求的土并分层压实，填料最大粒径不得大于 10 cm，其他道路填石路堤路床顶面以下 30 cm 范围内宜填筑符合路床要求的土并压实，填料最大粒径不应大于 15 cm。

(2)土石路堤的填筑。其基底处理同填土路堤。土石混合料中石料强度大于 20 MPa 时，石块最大尺寸不得超过压实层厚的 2/3，否则应剔除；当石料强度小于 15 MPa 时，石块最大尺寸不得超过压实层厚，超过的应打碎。

土石路堤必须分层填筑,分层压实。每层铺填厚度应根据压实机械的类型和规格确定,但不宜超过 40 cm。混合料中石料含量的多少将影响压实效果,所以,当石料含量大于 70% 时,应先铺大块石料,且大面向下摆放平稳,然后铺小块石料、石屑等嵌缝找平,再碾压密实。当石料含量小于 70% 时,土、石可混合铺填,但应消除硬质石块集中的现象。

土石混合料填筑高等级道路时,其路床顶面以下 30～50 cm 范围内仍应填筑符合路床要求的土并分层压实,填料最大粒径不大于 10 cm,其他道路在路床顶面以下填筑 30 cm 的砂类土,最大粒径不大于 15 cm。

二、路堑开挖

路堑是在天然地面上以开挖方式建成的路基。实践证明,开挖方式不合理、防护工程设计不当和施工质量不合格是造成挖方路段路基出现病害的主要原因。因此,施工人员应了解现场地质、水文等多方面情况,切实做好挖方路基施工。

1. 土质路堑的开挖方法

按照不同的掘进方向,路堑开挖方案主要有横向全宽挖掘法、纵向挖掘法和混合挖掘法三种。

(1)横向全宽挖掘法。横向全宽挖掘,就是对路堑的整个宽度和深度,从路堑的一端或两端进行挖掘,如图 2-9(a)所示。一次挖掘的深度视施工操作的方便和安全而定,一般为 2 m。若路堑很深,为了增加工作面可分成几个台阶,同时在几个不同标高的台阶上进行开挖,如图 2-9(b)所示。每一台阶有单独的运土路线和临时排水沟渠,以免相互干扰、影响工效、造成事故。

挖方路基
施工工艺

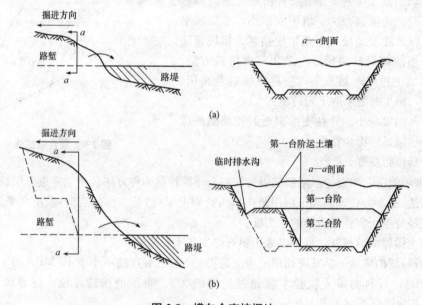

图 2-9 横向全宽挖掘法
(a)一层横向全宽挖掘法;(b)多层横向全宽挖掘法

(2)纵向挖掘法。纵向挖掘法又可分为分层纵挖法、通道纵挖法和分段纵挖法三种。

①分层纵挖法是沿路堑全宽,以深度不大的纵向分层进行挖掘,如图 2-10(a)所示。挖掘的地表应保持倾斜,以利于排水。此方案适用于铲运机和推土机施工。

②通道纵挖法是先沿路堑纵向挖出一条通道,然后再把通道向两侧拓宽[图 2-10(b)],以扩

大工作面，并利用该通道作为运土路线及场内排水的出路。

③分段纵挖法是在路堑纵方向选择一个或几个适宜的位置，先从一侧挖成一个或几个出口，把路堑分为两段或几段[图 2-10(c)]，再分别于各段沿纵向开挖。

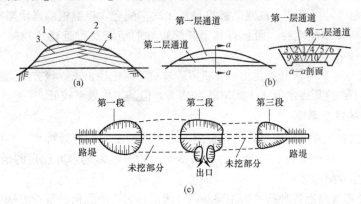

图 2-10　纵向挖掘法

(a)分层纵挖法(图中数字为挖掘顺序)；(b)通道纵挖法(图中数字为拓宽顺序)；(c)分段纵挖法

(3)混合挖掘法。当土方量很大时，为扩大工作面可将横向全宽挖掘法与通道纵挖法混合使用。先沿路堑纵向挖出一条通道，然后沿横向坡面挖掘，以增加开挖坡面[图 2-11(a)]，或再沿横向挖出横向通道[图 2-11(b)]。每一开挖坡面的大小，应能容纳一个施工班组或一台机械正常工作。

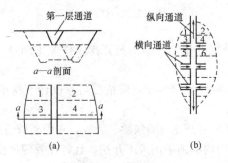

图 2-11　混合挖掘法

注：箭头表示运土与排水方向；数字表示工作面号数。

选择挖掘方案，除考虑当地的地形条件、采用的机具等因素外，还需要考虑土层的分布及利用。如利用挖方填筑路堤，则应按不同的土层分层挖掘，以满足路堤填筑的要求。

2. 石质路堑开挖

按开挖难易程度，比较坚硬的路基土(Ⅲ级土)俗称岩石。岩石开挖方法有爆破法、松土法和破碎法。开挖前应根据工程地质勘探资料，按照路基土的类别、风化程度、节理发育程度等来确定开挖方式及开挖工具。对软石和强风化岩石，能用机械直接开挖的应采用机械开挖；石方量小，工期允许时，也可采用人工开挖。凡不能使用机械或人工直接开挖的岩石，均采用爆破法开挖。

石方路基施工爆破方法

(1)爆破法开挖。爆破法开挖是用炸药在瞬间产生的爆炸力来破碎和抛掷岩石。凡采用爆破法开挖的路段，应根据施工范围内外的架空缆线的位置、高度，地下管线的位置、埋深，以及建筑物的结构类型、距离，在确保安全的前提下制订爆破开挖方案,并应根据现行国家标准《爆破安全规程》(GB 6722—2014)的规定编制爆破材料的购买、运输、储存、保管、工作面划分与布置起爆、除危、清渣等规章制度。

(2)松土法开挖。松土法开挖是充分利用岩体自身存在的各种裂面和结构面,用推土机牵引的松土器将岩体翻碎,再用推土机或装载机与自卸汽车配合,将翻松的岩块搬运出去。松土法避免了爆破法所具有的危险性,而且有利于开挖边坡的稳定及附近建筑物的安全,作业效率也高。

(3)破碎法开挖。破碎法开挖是用破碎机凿碎岩块,再挖运出去。该方法适用于岩体裂缝较多、岩块体积较小、抗压强度低于 100 MPa 的岩石,但其工作效率较低。

3. 路堑开挖的注意事项

挖掘中特别需要注意的问题是,应保证施工过程或竣工后的有效排水。一般应先开挖排水沟槽,并要求与永久性构造物相结合,并设法排除一切可能影响边坡稳定的地面水和地下水。为此,路堑开挖作业时应注意以下几点:

(1)由于水是造成路堑各种病害的主要原因,所以,无论采取何种开挖方法,均应保证开挖过程中及竣工后的有效排水(图 2-12),确保施工作业面无积水。开挖路堑时,要在路堑的线路方向保持一定的纵坡度,以利于排水和提高运输效率。

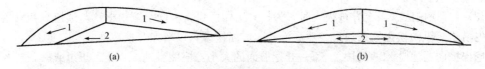

图 2-12 施工时排水
(a)纵坡路堑;(b)平坡路堑

(2)挖土时应自上向下分层开挖,严禁掏洞开挖。作业中断或作业后,开挖面应做成稳定边坡。

(3)路堑边坡坡度应符合设计规定,如地质情况与原设计不符或地层中夹有易塌方土壤时,应及时办理设计变更。

(4)机械开挖作业时,必须避开建(构)筑物、管线,在距离管道边 1 m 范围内应采用人工开挖;在距离直埋缆线 2 m 范围内必须采用人工开挖,且宜在管理单位监护下进行。

(5)严禁挖掘机等机械在电力架空线路下作业。需在其一侧作业时,垂直及水平安全距离应符合表 2-5 的规定。

表 2-5 挖掘机、起重机(含吊物、载物)等机械与电力架空线路的最小距离

电力架空线路电压/kV		<1	1~15	20~40	60~110	220
最小距离/m	垂直方向	1.5	3.0	4.0	5.0	6.0
	水平方向	1.0	1.5	2.0	4.0	6.0

(6)土方分层开挖的每层深度,人工开挖宜为 1.5~2 m;机械开挖宜为 3~4 m。

(7)弃土、暂存土均不得妨碍各类地下管线等构筑物的正常使用与维护,且避开建筑物、用墙、架空线等。严禁占压、损坏、掩埋各种检查井、消火栓等设施。

三、路基压实

1. 土基压实的作用和意义

填土经过挖掘、搬运,原状结构已被破坏,土颗粒之间产生了许多新孔隙。在荷载作用下，可能出现不均匀或过大的沉陷或坍落甚至失稳滑动。在路堑挖方路段，由于天然土体埋藏状态的不同，土体虽未经扰动，但其密实程度不一定符合路基的要求，所以路基土必须进行压实。

理论分析及实践证明，经过压实的土基，其物理力学性质得到很大的改善，可以提高土体的密实度和强度，调节路基水温状况，降低透水性，减少毛细水上升高度，阻止水分积聚，减轻冻胀，避免翻浆；防止不均匀变形，增强对地表水侵蚀的抵抗力，保证路基在不利季节有足够的稳定性。因而，土基压实是路基施工中极其重要的环节，是改善土工程性质的一种经济、合理的措施。

2. 路基压实原理

路基土是由土粒、水分和空气组成的二相体系。两者具有各自的特性，并相互制约共存于一个统一体中，构成土的各种物理特性，若三者的组成情况发生改变，则土的物理性质也随之不同。压实路基，就是利用人力与机械的方法来改变土的结构，以达到提高土的强度和稳定性的目的。路基土受压时，土中的空气大部分被排除土外，土粒则不断靠拢，重新排列成密实的新结构。土粒在外力作用下不断靠拢，使土的内摩阻力和黏结力也不断增加，从而提高了土的强度。土的强度与密度的这种关系可由试验加以验证，如图 2-13 所示。同时，由于土粒不断靠拢，使水分进入土体的通道减少，阻力增加，降低了土的渗透性。土的压实过程和结果受到多种因素的影响，包括土的含水量和物理力学性质及压实功能和压实工具及方法等。弄清楚这些影响，对深入理解土的压实原理和指导压实工作，具有重要的意义。

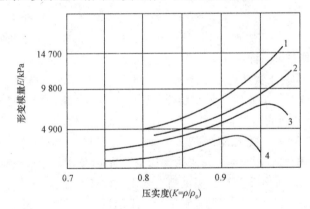

图 2-13　强度与压实度的关系

曲线 1、2、3、4 的含水量分别为：$0.98w_0$、$1.0w_0$、$1.02w_0$、$1.12w_0$

3. 影响路基压实的因素

(1) 含水量。土中含水量对压实效果的影响显著。当含水量较小时，土中孔隙大都互相贯通，水少而气多，在一定外部压实功能的作用下，虽然土孔隙中气体易被排出，密度可以增大，但由于水膜润滑作用不明显，所做的压实功能不足以克服土粒之间的引力，土粒相对移动困难，因而压实效果比较差；含水量逐渐增大时，水膜变厚，引力变小，水膜起着润滑作用，外部压实功能比较容易使土粒移动，压实效果渐佳；当含水量过大时，孔隙中出现了自由水，压实功能不可能使气体排出，压实功能一部分被自由水抵消，减小了有效压力，压实效果反而降低。在土力学中，由土的击实试验所得的击实曲线如图 2-14 所示。从图 2-14 中可以看出，曲线有一峰值，此处的干密度 ρ 为最大，称为最大干密度 ρ_{dmax}；与之相对应的含水量则称为最佳含水量 w_0。这就得出一个结论：只有在最佳含水量的情况下压实效果最好，才能被击实到最大干密度。用透水性不良的土作填料时，应控制其含水量在最佳含水量±2%之内。

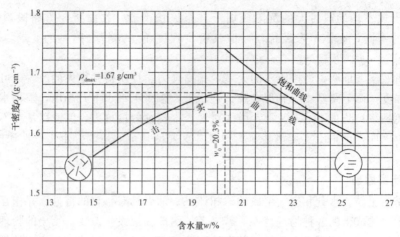

图 2-14 击实曲线

然而，含水量较小时，土粒之间的引力较大，虽然干密度较小，而其强度可能比最佳含水量时还要高，但是由于其密实度较低，孔隙多，一经饱水，其强度会急剧下降。由此得出结论：在最佳含水量情况下压实的土水稳性最好。

最佳含水量和最大干密度是两个十分重要的指标，对路基设计与施工都很重要。

(2)土质对压实的影响。一般规律是：不同的土质，有不同的 w_0 与 ρ_{dmax}；分散性(液限、黏性)较高的土，其 w_0 值较高，ρ_{dmax} 值较低；砂性土的压实效果优于黏性土。无黏性(如砂土)的颗粒土，呈松散状态，水分极易散失，最佳含水量的概念对它没有多大的实际意义。粉质砂土和粉质黏土的压实性能较好，而黏性土的压实性能较差。

(3)压实功能的影响。压实功能是指压实工具的质量、作用次数或锤落高度、作用时间等。它对压实效果的影响较大。图 2-15 是压实功能与压实效果的关系曲线。曲线表明，同一种土的最佳含水量 w_0 随压实功能的增大而减小，最大干密度 ρ_{dmax} 随压实功能的增加而增大。在相同含水量条件下，压实功能越大，则土的密实度(即 ρ)越大。据此规律，在施工中，如果土的含水量低于最佳含水量 w_0 而加水有困难时，可采用增加压实功能(重碾或增加碾压次数)的办法来提高其密实度。但是，用增加压实功能的办法提高土基压实的效果是有一定限度的，当压实功能增加到一定程度后，土的密实度增加就很有限了。如果超过某一限度，再采用增加压实功能的办法来提高土的密实度，不但经济上不合理，而且由于功能过大，甚至会破坏土基结构，效果适得其反。相比之下，严格控制最佳含水量，要比增加压实功能收效大得多。因此，在土基压实施工中，控制最佳含水量是关键。在此前提下采取分层填土，控制有效土层厚度，必要时适当增大压实功能，才能使土基压实取得良好效果。

(4)压实机具和方法对压实的影响。压实机具不同，压力作用深度也不同。夯击式机具作用深度最大，振动式次之，静力碾压式最浅。压实后土体表层密实度最高，随深度增加土的密实度递减。因此，随压实工具的不同，压实的深度效果不同，分层压实时的土层厚度也不同。当采用轻型压实机具时，压实深度较浅，荷载作用时间越长，土的密实度越高，但密实度的增长速度会逐渐减小，这是因为土体在荷载作用下逐渐密实，强度逐渐提高，变形逐渐减小的缘故。当采用重型压实机具时，密实度随施荷时间增加而迅速增加，土的变形急剧增加；过重的机具，当超过土的强度极限时会立即引起土体破坏。因此，压实时宜采用轻、重机具结合，低速运行来获得理想的压实效果。在路基土石方施工中，常用的压实机械的技术特性见表 2-6。

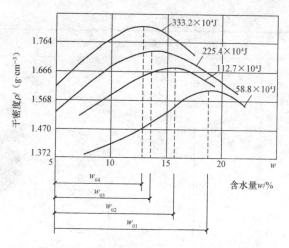

图 2-15 不同压实功下土的 ρ-w 关系曲线

w_{01}，w_{02}，w_{03}，w_{04}—不同压实功能作用下的土的最佳含水量

表 2-6 常用的压实机械的技术特性

压实机具类型	吨位	适用范围	每层松铺厚度/cm	压实遍数/遍	常用机具图片
机夯 人工夯	0.3 t 0.04 t	黏质或 非黏质土	20～30	4～8	
羊足碾	6～8 t	黏质土	20～30	4～8	
钢质光轮 压路机	6～8 t 9～10 t 10～12 t	黏质或 非黏质土	5～20	4～8	

续表

压实机具类型	吨位	适用范围	每层松铺厚度/cm	压实遍数/遍
轮胎压路机	16 t	黏质或非黏质土	30~35	4~8
振动压路机	2 t 4.5 t 10 t 12 t 15 t	非黏质土	11~20 25~35 30~50 40~55 50~70	2~3 2~3 3~4 3~4 3~4
夯锤(板)	1 t 落高 2 m 1.5 t 落高 1 m 1.5 t 落高 2 m	黏质或非黏质土	65~80 60~70 70~90	3~5 3~4 3~4

综上所述，在土基压实施工中必须控制土的最佳含水量，根据土质和压实机具的性能，通过试验确定合适的分层碾压摊铺厚度、碾压次数及碾压机具的行驶速度等，以获得最佳的压实效果。

4. 填石和土石路基的压实

(1)压实机理。当路基填料中石料含量≥70%时，称为填石路基；当采用石料含量为30%~70%时，称为土石混填路基。两者的压实机理与土质类似，主要差别在于石质的压实以及石质和土质的相互作用。石质压实表现为外力作用使石与石之间镶紧，包含下述几个过程：排列过程、填装过程、分离过程和夯实过程。这四个过程虽然同时发生，但填装过程和夯实过程明显，分离过程和排列过程不明显。水仅对混合料中的细料起作用，外力作用功不能使某个石块内部组成改变，只能使石块之间及填隙料嵌挤、咬合，减少填石的空隙率。

因此，填石和土石路基压实应重点考虑外力作用功、级配，保证石块之间能充分靠近，填隙料能充分填满石块之间空隙，同时填隙料能充分受到挤压而密实。

(2)压实的质量控制。土石混填、填石路基的压实既要防止细粒土过量振实，又要避免石料"顶天立地"或过度碾碎石料，同时土石不能产生离析。目前，一般采用50 t凸块振动压路机、50 t冲击压路机、30~50 t压路机控制压实。

土石混填、填石路基控制压实一般根据试验路段，得出不同的吨位压路机、土石比例的压实度-压实遍数关系曲线，采用碾压遍数、沉降量观测(包括相邻两遍碾压高差不超过3~5 mm)、局部位置用灌砂法检查等综合方法控制碾压。

填石路堤在压实前，应先用大型推土机推铺平整，个别不平处应用人工配合找平。采用的压路机宜选用工作质量12 t以上的重型振动压路机、2.5 t以上的夯锤或8 t以上的轮胎压路机。碾压时要求均匀压实，不得漏压。

土石路堤的压实要根据混合材料中巨粒土含量的多少来确定。当巨粒土含量较少时，应按填土路基的压实方法进行压实；当巨粒土含量较大时，应按填石路基的压实方法压实。无论何种路堤，碾压都必须确保均匀、密实。

5. 土基压实标准

从影响压实的主要因素分析可知，最大干密度 ρ_{dmax} 是土基压实的一项重要指标，它与土的强度和稳定性有十分密切的关系，反映了土基的内在质量。因此，一般都用它来衡量土压实的质量。但是土基野外施工，受客观条件限制，不能达到室内标准击实试验所得的最大干密度 ρ_{dmax}。因此，应根据工程实际需要与可能拟定压实标准，使其满足工程的设计要求，我国以压实度作为控制土基压实的标准。压实度是工地实际达到的干密度与室内标准击实试验所得的最大干密度的比值。土质路基压实应采用重型击实标准控制。

$$K = \rho / \rho_{dmax} \times 100\%$$

式中 K——路基压实度(%)；

P——路基压实后的干密度(g/cm³)；

ρ_{dmax}——土的标准最大干密度(g/cm³)。

显然，K 值越接近100%，表示对压实质量的要求越高。土路基的最低压实度应符合表2-7的要求。

表 2-7 路基压实度标准

填挖类型	路床顶面以下深度/cm	道路类别	压实度(重型击实)	检验频率 范围	检验频率 点数	检验方法
挖方	0~30	城市快速路、主干路	95	1 000 m²	每层1组(3点)	细粒土用环刀法，粗粒土用灌水法或灌砂法
挖方	0~30	次干路	93			
挖方	0~30	支路及其他小路	90			
填方	0~80	城市快速路、主干路	95			
填方	0~80	次干路	93			
填方	0~80	支路及其他小路	90			
填方	80~150	城市快速路、主干路	93			
填方	80~150	次干路	90			
填方	80~150	支路及其他小路	90			
填方	>150	城市快速路、主干路	90			
填方	>150	次干路	90			
填方	>150	支路及其他小路	87			

《城市道路工程设计规范(2016年版)》(CJJ 37—2012)中对土质路基的压实度要求又提出了更高的要求，见表2-8。

表 2-8 土质路基压实度

填挖类型	路床顶面下深度/cm	路基最小压实度/%			
		快速路	主干路	次干路	支路
填方	0~80	96	95	94	92
填方	80~150	94	93	92	91
填方	>150	93	92	91	90

续表

填挖类型	路床顶面下深度/cm	路基最小压实度/%			
		快速路	主干路	次干路	支路
零填方或挖方	0~30	96	95	94	92
	30~80	94	93	—	—

6. 路基压实工作组织要点

路基土的压实是以压实原理为依据，以尽可能小的压实功能获得良好的压实效果为目的，必须严格按操作规程进行施工。其路基压实工作现场组织要点如下：

(1)碾压前应对填土层的松铺厚度、平整度和含水量进行检查，符合要求方可进行碾压。

(2)压实机具应采用先轻后重、轻重结合的方式，以便能适应逐渐增长的土基强度。

(3)碾压速度宜先慢后快，以免松土被机械推走，压路机最快速度不宜超过 4 km/h。

(4)碾压工作直线段由两边向中间，小半径曲线段由内侧向外侧，纵向进退式进行；一般碾压轮每次要重叠 15~20 cm，碾压 5~8 遍至表面无显著轮印，应做到无漏压、无死角，确保碾压均匀且达到要求的密实度为止。

(5)使用夯锤压实时，首遍各夯位宜紧靠或间距不得大于 15 cm，次遍夯位应压在首遍夯位的缝隙上，夯实至规定的压实度。

(6)为保证达到规定的压实度，在压实施工过程中应经常进行压实工作的控制与检查，以便及时调整压实工作。

①确定压实后要求达到的干密度。在室内取现场土样用规定的击实试验法求出最大干密度 ρ_{dmax} 和最佳含水量 w_0，再根据道路等级、路基填挖情况、填筑的层位、地区的自然条件，按规范要求确定压实度 K，则压实后要求达到的干密度为 $K\rho_{dmax}$。

②合理选择压实机具，并根据土质和压实机具的效能，经试压后确定每层填土的松铺厚度和碾压遍数。

③压实过程中，严格控制土的含水量接近最佳含水量。含水量过大时，应将土翻开晾晒至理想的含水量（或掺石灰、水泥等）再进行碾压；含水量过低时，需均匀加水至合适含水量再进行碾压。可在前一天于取土地点浇洒或将土运至路堤再用水浇洒，并拌和均匀。

在压实过程中，应经常检查密实度是否符合要求。密实度试验方法可采用环刀法、蜡封法、灌水法(水袋法)、灌砂法或核子密度仪法。环刀法适用于细粒土，灌砂法适用于各类土。核子密度仪应与环刀法、灌砂法等进行对比标定后才可应用。

每一压实层均应检验压实度，合格后方可填筑其上一层。

检验取样频率每 1 000 m²，抽检 1 组(3 点)，必要时可增加检查点数，以防止压实不足处漏检。碾压(夯击)完成以后，立即测定其含水量和湿密度，计算干密度和压实度，并按规范规定判断是否达到压实度标准。

一般土的最大干密度介于 1.6~1.9 g/cm³，压实度每差 1%，反映在干密度的绝对值上只差 0.018 g/cm³ 左右，因此，在工地施工检查压实密度时，取样和测定过程都需要非常注意，否则就容易出现误判的情况。

(7)城市道路路基范围内有大量地下管线，这是城市道路的特点之一。因而，在城市道路沟槽回填土施工中还应注意以下几点：

①回填土应保证涵洞(管)、地下建(构)筑物结构安全和外部防水层及保护层不受破坏。

②预制涵洞的现浇混凝土基础强度及预制件装配接缝的水泥砂浆强度达 5 MPa 后，方可进行回填。砌体涵洞应在砌体砂浆强度达到 5 MPa，且预制盖板安装后进行回填；现浇钢筋混凝

土涵洞，其胸腔回填土宜在混凝土强度达到设计强度 70% 后进行，顶板以上填土应在达到设计强度后进行。

③涵洞两侧应同时回填，两侧填土高差不得大于 30 cm。

④对有防水层的涵洞靠防水层部位应回填细粒土，填土中不得含有碎石、碎砖及大于 10 cm 的硬块。

⑤涵洞位于路基范围内时，其顶部及两侧回填土应符合下列要求：

a. 管顶以上 50 cm 范围内不得用压路机压实。

b. 管道胸腔回填土的压实度不得小于 93%。

c. 管顶以上 25 cm 范围内填土压实度不得小于 85%；25～50 cm 范围内的压实度不得小于 87%。

d. 当管顶至路床覆土厚度大于或等于 80 cm 时，管顶以上 50～80 cm 范围内填土的压实度，对城市快速路、主干路不得小于 93%；对次干路及以下道路不得小于 90%。

e. 当管顶以上覆土厚度小于 80 cm 时，应对回填材料进行改性，或对管道进行加固。

f. 土壤最佳含水量和最大干密度应经试验确定。

g. 回填过程不得劈槽取土，严禁掏洞取土。

能力训练

1. 分组编制路基施工技术方案一份。

(1)根据《市政工程施工图案例图集》中道路工程特点和工程现场实际条件，结合路基的构造特点，选择合适的施工方法、合理的施工机械，组织施工工艺流程，提出保证施工质量和安全的施工技术措施和施工注意事项。

(2)根据规范要求，提出该路基工程的施工质量控制和检查验收项目及实施。

(3)参考其他道路路基施工方案编制路基施工技术方案。

(4)能力训练成果：路基施工技术方案一份。

2. 分组进行刚性承载板法测试路基土回弹模量实训。

(1)分组利用刚性承载板法测试设备进行路基土回弹模量测试实训。

(2)按规范填写测试记录。

(3)进行测试数据的整理和计算，并进行测试结果分析。

习 题

一、选择题

1. 在路基填土中，不宜选用的填料为(　　)。
   A. 土石混合料　　　　　　　　B. 砂
   C. 砂性土　　　　　　　　　　D. 粉性土

2. 填方路基应事先找平，当地面坡度陡于(　　)时，需修成台阶形式。
   A. 1∶10　　　B. 1∶5　　　C. 1∶6　　　D. 1∶8

3. 对一定压实功作用下土的密实度与含水量之间关系说法错误的是(　　)。
   A. 当土的实际含水量等于最佳含水量时，土的密实度有最大值

B. 当土的实际含水量小于最佳含水量时，随含水量增加，密实度增加
C. 当土的实际含水量大于最佳含水量时，随含水量增加，密实度增加
D. 压实到最佳密实度时土体水稳定性最好

4. 路基碾压时出现局部弹簧，可采用(　　)。
   A. 翻挖晾干、换土、掺灰　　　　　B. 减轻碾压
   C. 减少碾压遍数　　　　　　　　　D. 不用处理

5. 在路基压实中，应待压实土层的含水量在最佳含水量(　　)范围内进行碾压。
   A. ±1%　　　　B. ±2%　　　　C. ±3%　　　　D. ±4%

6. 一般情况下，路基的压实采用的标准是(　　)。
   A. 轻型击实　　B. 重型击实　　C. 压实系数　　D. 压实度

7. 路基施工基本方法中，工效最低的是(　　)。
   A. 人工施工　　　　　　　　　　　B. 简易机械化施工
   C. 爆破施工　　　　　　　　　　　D. 水力机械化施工

8. 关于土质路基施工，下列路堤填筑方案说法有误的是(　　)。
   A. 土质路堤填筑方案按填土顺序，可分为分层平铺和竖向填筑
   B. 水平分层是土质路堤填筑方案的基本方案
   C. 竖向填筑方案相对分层填筑方案，填土更易压实
   D. 竖向填筑指沿道路纵向或横向逐步向前填筑

二、判断题

1. 土是三相体系，路基压实的过程是通过排出土孔隙中的空气和水，迫使土颗粒排列更为紧密的过程。　　　　　　　　　　　　　　　　　　　　　　　　　　　　　　(　　)
2. 土基压实时，最佳含水量随着压实功能的增大而增大。　　　　　　　　　(　　)
3. 路基的压实效率影响路基路面的性质，土的最佳含水量越小，路基的压实效果越好。
　　　　　　　　　　　　　　　　　　　　　　　　　　　　　　　　　　(　　)
4. 为保证压实功能不变，压路机碾压速度增加，碾压遍数也要增加。　　　　(　　)
5. 天然状态下的土，其含水量一般接近最佳值，因此组织快速施工，随挖随填，及时进行压实，对于提高土基效果具有一定的作用。　　　　　　　　　　　　　　　(　　)
6. 土基压实时，压实功越大越好。　　　　　　　　　　　　　　　　　　　(　　)

任务三　软土路基处理施工

软土一般是指天然含水量大、压缩性高、承载能力低的一种软塑到流塑状态的黏性土。如淤泥、淤泥质土以及其他高压缩饱和黏性土、粉土等。

一、软土的物理力学性质

(1)高含水量和高孔隙性。软土的天然含水量一般为50%～70%，最大甚至超过200%。液限一般为40%～60%，天然含水量随液限的增大成正比增加。天然孔隙比为1～2，最大达3～4。其饱和度一般大于95%，因而，天然含水量与其天然孔隙比呈直线变化关系。

(2)渗透性弱。软土的渗透系数一般为$i \times 10^{-4} \sim i \times 10^{-8}$ cm/s，而大部分滨海相和三角洲相软土地区，由于该土层中夹有数量不等的薄层或极薄层粉、细砂、粉土等，故在水平方向的渗透性较垂直方向要大得多。

(3)压缩性高。软土均属高压缩性土,其压缩系数 $a_{0.1\sim0.2}$ 一般为 $0.7\sim1.5/MPa$,最大达 $4.5/MPa^{-1}$(如渤海海淤),它随着土的液限和天然含水量的增大而增高。由于土质本身的因素,该类土的建筑荷载作用下的变形特征:变形大而不均匀;变形稳定历时长。

(4)抗剪强度低。软土的抗剪强度小且与加荷速度及排水固结条件密切相关,不排水三轴快剪所得抗剪强度值很小,且与其侧压力大小无关。排水条件下的抗剪强度随固结程度的增加而增大。

(5)较显著的触变性和蠕变性。

二、常用软土地基处理方法

软土地基处理施工具体方法有几十种,常常多种方法综合应用。按加固性质,主要有以几种。

1. 排水固结法

(1)堆载预压法。机理:在软基上修筑路堤,通过填土堆载预压,使地基土压密、沉降、固结,从而提高地基强度,减少路堤建成后的沉降量。

特点及适用范围:堆载预压法对各类软弱地基均有效;使用材料、机具简单,施工方便。但堆载预压需要一定的时间,适合工期要求不紧的项目。对于深厚的饱和软土,排水固结所需要的时间很长,同时需要大量的堆载材料,在使用上会受限。

方式:进行预压的荷载超过设计的道路工程荷载,称为超载预压;预压荷载等于道路工程荷载,称为等载预压。

堆载预压施工工艺流程如图 2-16 所示。

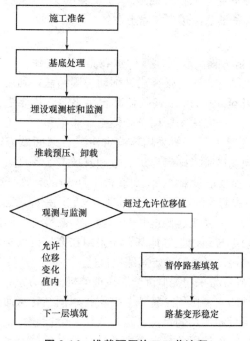

图 2-16 堆载预压施工工艺流程

(2)其他重压法。

①真空预压法:利用大气压强 0.098 MPa 等效堆载预压法对软基进行加固。即依靠真空抽气设备,使密封的软弱地基产生真空负压力,使土颗粒之间的自由水、空气沿着纵向排水通道,上升到软基上部砂垫层内,由砂垫层内过滤再排到软基密封膜以外,从而使土体固结。该法适用于含水量高、孔隙比大、强度低、渗透系数和固结系数均较小的黏土。

②真空预压加堆载预压法：是堆载预压和真空预压两种方法的结合，原理与真空预压相同，但加载更大，预压时间缩短了一半。

(3)砂井。用振动打桩机、柴油打桩机（冲击式和振动式），以及下端装有活瓣钢桩靴的桩管将砂（含泥量不大于3%）或砂和角砾混合料（含泥量不大于5%）形成砂井。在施工时考虑避免"缩颈"和减少对土的扰动。

①套管法：将带有活瓣管尖或套有混凝土端靴的套管沉到预定深度，然后在管内灌砂后，拔出套管，形成砂井。根据沉管工艺的不同，又可分为静压沉管法、振动沉管法等。

②水冲成孔法：通过专用喷头，在水压力作用下冲孔，成孔后清孔，再向孔内灌砂形成。适用于土质较好且均匀的砂性土。

③螺旋钻成孔法：以动力螺旋钻钻孔，提钻后灌砂成砂柱。其适用于陆上工程，砂井长度10 m以内，但土质较好，不会出现缩颈、塌孔现象的软弱地基。其优点是设备简单机动，成孔规则。缺点是灌砂质量较难掌握，不太适用于很软弱的地基。

(4)袋装砂井法。袋装砂井排水固结措施，其施工简便，费用较低，加固效果较好。施工时将袋装砂放入套管井内，填塞密实，逐节拔出套管，顶面铺设水平砂垫层或排水砂沟。软基中的水分在上部路基填土载荷的作用下，通过砂与水平砂垫层或纵横相连通的排水砂沟相通，形成排水通道，使软基中的水分排走，从而达到排水固结软基的目的。

(5)塑料排水板法。塑料排水板是一种能够加速软土地基排水固结的垂直排水材料。当它在机械力作用下被插入软土地基后，能以较低的进水阻力聚集从周围土体中排出的孔隙水，并沿垂直排水通道排出，使土体固结，从而提高地基的承载力。塑料排水板具有良好的力学性能、足够的纵向通水能力、较强的滤膜渗透性和隔土性。

2. 振密、挤密法

(1)强夯法。强夯法是指为提高软弱地基的承载力，用重锤自一定高度下落夯击土层使地基迅速固结的方法。强夯法又称动力固结法，利用起吊设备，将10～25 t的重锤提升至10～25 m高处使其自由下落，依靠强大的夯击能和冲击波作用夯实土层。强夯法主要用于砂性土、非饱和黏性土与杂填土地基。对非饱和的黏性土地基，一般采用连续夯击或分遍间歇夯击的方法；并根据工程需要通过现场试验以确定夯实次数和有效夯实深度。现有经验表明，在100～200 t·m夯实能量下，一般可获得3～6 m的有效夯实深度。

塑料排水板施工工艺

这是在重锤夯实法基础上发展起来的，而其加固机理又与它不一样，这是一种地基处理的新方法。

强夯法适用于处理碎石土、砂土、低饱和度的粉土与黏性土、湿陷性黄土、杂填土和素填土等地基。对高饱和度的粉土与黏性土等地基，当采用在夯坑内回填块石、碎石或其他粗颗粒材料进行强夯置换时，应通过现场试验确定其适用性。

(2)挤密砂桩法。挤密砂桩是采用类似沉管灌注桩的机械和方法，通过冲击和振动，把砂挤入土中而形成的。挤密砂桩的主要作用是将地基挤实排水固结，从而提高地基的整体抗剪强度与承载力，减少地基的沉降量和不均匀沉降。这种方法一般能较好地适用于砂性土，不适用于饱和的软黏土地基处理。挤密砂桩用砂标准要求与袋装砂井的砂基本相同，不同的是挤密砂桩也可使用砂和角砾的混合料，含泥量不得大于5%。

(3)抛石挤淤法。抛石挤淤法是在路基底部抛投一定数量片石，将淤泥挤出基底范围，以提高地基的强度（图2-17）。这种方法施工简单、迅速、方便，适用于常年积水的洼地，排水困难，泥炭呈流动状态，厚度较薄，表层无硬壳，片石能沉达底部的泥沼或厚度为3～4 m的软土；在特别软弱的地面上施工由于机械无法进入，或是表面存在大量积水无法排除时；石料丰富、运距较短的情况。

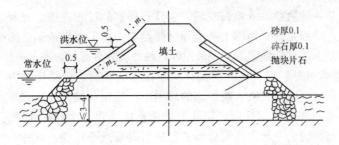

图 2-17 抛石挤淤示意(尺寸单位：m)

(4)爆破排淤法。机理及特点：将炸药放在软土或泥沼中爆炸，利用爆炸时的张力作用将淤泥或泥沼扬弃，然后回填强度较高的渗水性土壤，如砂砾、碎石等。爆破排淤是换土的一种施工方法，较一般方法换填深度大、工效较高，软土、泥沼均可采用。

适用条件：当淤泥(泥炭)层较厚，稠度大，路堤较高和施工期紧迫时；路段内没有桥涵等构造物，路基承载力均衡一致，因整体沉降对道路不会产生破坏，也可考虑换填。但对桥涵构造物及两侧引道等，应考虑采用其他方法。

施工要点：爆破排淤可分为两种，一种方法是先在原地面上填筑低于极限高度的路堤，再在基底下爆破，适用于稠度较大的软土或泥沼；另一种方法是先爆后填，适用于稠度较小，回淤较慢的软土。

3. 置换拌入法

(1)砂垫层。

机理：在软土层顶面铺砂垫层，主要起浅层水平排水作用，使软土中的水分在路堤自重的作用下，加速沉降发展，缩短固结时间。但对基底应力分布和沉降量的大小无显著影响(图 2-18)。

适用条件：该法适用于路堤高度小于两倍极限高(在天然软土地基上，基底不做特殊加固处理而用快速施工方法修筑路堤的填筑最大高度)，软土层及其硬壳较薄，或软土表面渗透性很低的硬壳等情况；也适用于软土层稍厚但具有双面排水条件的地基。

特点：砂垫层施工简便，不需特殊机具设备，占地较少但需放慢填筑速度，严格控制加荷速率，使地基有充分时间进行排水固结。因此，适用于施工期限不紧迫、砂料来源充足、运距不远的施工环境。

形式：有排水砂垫层、换土砂垫层、砂垫层和土工混合使用等形式。

图 2-18 砂垫层施工工艺流程

(2)开挖换填法。换填法一般适用于地表下 0.5～3.0 m 的软土，将软弱地基层全部挖除或部分挖除，用透水性较好的材料(如砂砾、碎石、钢渣等)进行回填。该方法易行，也便于掌握；对于软基较浅(1～2 m)的泥沼地特别有效。但对于深层软基处理，要求沉降控制较平的路基、桥涵构造物、引道等，应考虑采用其他方法。

(3)振冲碎石桩法。碎石桩是一种与周围土共同组成复合地基的桩体。碎石桩处理软基过程就是用振冲产生水平向振动，在高压水流作用下边振边冲，在软弱地基中成孔，再在孔内分批填入碎石，这时振冲器边振动边上拔，使得碎石料振挤

换填土处理
路基施工工艺

密实。碎石桩桩体是一种散粒体的粗颗粒料，它具有良好的排水通道，有利于地基土的排水固结。在软基处理中，特别是具有高填土桥头等过渡路段，为了减少地基土的变形，提高地基土的承载力，增强地基土的抗滑稳定能力，采用碎石桩加固处理是较理想的方法之一。

(4)粉喷桩。粉喷桩是利用粉体喷射搅拌机械在钻成孔后，借助压缩空气，将水泥粉等固体材料以雾状喷入需加固的软土中，经原位搅拌、压缩并吸收水分，产生一系列物理化学反应，使软土形成整体性强、水稳定性好、强度较高的桩体，与桩间土一起形成复合地基，从而提高路基强度。其特点是强度形成快、预压时间短、地基沉降量小。粉喷桩加固软基主要适用于高含水率、高压缩性的淤泥、淤泥质黏土及桥头软基的处理。有关试验表明，一般含水率大于35%的软基宜选用粉喷桩。

振冲碎石桩施工工艺

(5)钢渣桩法。钢渣桩法处理软基是利用工业废料的转炉钢渣作为加固材料，灌入事先形成的桩孔中，经振动密实、吸水固结而形成的桩体，加固机理是转炉钢渣吸收软基中的水分，桩体膨胀形成与周围土体挤密的主体，与地基形成整体受力结构。转炉钢渣氧化钙含量40%以上，其主要成分与水泥接近，具有高碱性和高活性，筛分后可作低强度水泥使用。因此，钢渣桩具有较高的桩体强度。

(6)混凝土桩。低强度混凝土桩是近年来发展起来的一种新型桩，以低强度混凝土桩为竖向增强体所形成的复合地基一般称为低强度混凝土桩复合地基。由于采用低强度混凝土桩复合地基方法可有效提高地基承载力，减小地基沉降，能处理黏性土、粉砂土及淤泥质土等各种土性地基，适用的基础形式也多样，近年来，在民用住宅、高层建筑和堆场等土木工程地基处理中得到了广泛的应用。

(7)深层搅拌。利用水泥或石灰等其他材料作为固化剂的主剂，通过特别的深层搅拌机械，在地基深处将软土和固化剂强制搅拌，利用固化剂和软土之间所产生的一系列物理-化学反应，形成坚硬拌和柱体，与原土层一起起到复合地基的作用。其优点是：能有效减少总沉降量，地基加固后无附加荷载，能适用于高含水量地基等；但造价较高且施工质量难以检测，在设计时，应具体情况具体分析，根据不同的地质条件和荷载条件调整配合比、置换率、桩长等，以满足承载力及沉降的要求。

4. 加筋法

(1)土工聚合物处治。

①土工布。

机理：土工布铺设于路堤底部，在路基自重作用下受拉产生抗滑力矩，提高路基稳定性。土工布在软土地基加固中的作用包括排水、隔离、应力分散和加筋补强。

土工布连接一般采用搭接法或缝接法。目前，缝接法有一般缝法、丁缝法和蝶形法。

②土工格栅(图2-19)。

机理：土工格栅加固土的机理存在于格栅与土的相互作用之中。一般可归纳为格栅表面与土的摩擦作用；格栅孔眼对土的锁定作用和格栅肋的被动抗阻作用。三种作用均能约束土的颗粒侧向位移，从而大大地增加了土体的自身稳定性，对土的加固效果，明显高于其他土工织物。

优点：可迅速提高地基承载力，加快施工进度；控制软基地段沉降量发展，缩短工期；使道路及早投入使用。

(2)加筋土工布。加筋土工布一般被铺设在路堤底部，以调整上部荷载对地基的应力分布。通过加筋土工布的纵横向抗拉力，来提高地基的局部抗剪强度和整体抗滑稳定性，并减少地基的侧向挤出量，一般适用于强度不均匀的软基高填土、填挖结合处或桥头填土的软基处理。加筋土工布的材料不仅强度要符合设计要求，而且断裂时的应变，在填料为砂砾、土石混合料时还须满足一定的顶破强度。施工中加筋土工布应拉平紧贴下承层，其重叠、缝合和锚固应符合设计要求。

图 2-19　格栅砂垫层法

5. 反压护道

(1)机理：在路堤两侧填筑一定宽度和高度的护道，以改善路堤荷载方式来增加抗滑力的方法，使路堤下的软基向两侧隆起的趋势得到平衡，从而保证路堤的稳定性。

(2)适用条件：路堤高度不大于 1.5~2 倍的极限高度，非耕作区和取土不太困难的地区。

(3)特点：采用反压护道加固地基，不需特殊的机具设备和材料，施工简易方便，但占地多，土用量大，后期沉降大，以后的养护工作量也大。

软土地基路堤施工，应注意填土速率，并加强沉降和稳定性观测。当接近或达到极限填土高度时，严格控制填土速率，以免由于加载过快而造成地基破坏。一般每填一层，应进行一次监测，控制标准为：路堤中心线地面沉降速率每昼夜不大于 1 cm；坡脚水平位移速率每昼夜不大于 0.5 cm。观测结果应结合沉降和位移发展趋势进行综合分析。其填筑速率，应以水平位移控制为主，如超过此限应立即停止填筑。

能力训练

分小组讨论并回答下列问题。
(1)应从哪几个方面做好软土路基施工的准备工作？
(2)简述砂桩法和砂井法处理软土路基的异同点。
(3)土工合成材料的作用有哪些？

习　题

1. 不属于挤密法处理软土路基的是(　　)。
　　A. 砂　　　　　B. 砂井　　　　　C. 排水板　　　　　D. 抛石法
2. 不属于排水固结法处理软土路基的是(　　)。
　　A. 砂桩　　　　B. 砂井　　　　　C. 排水板　　　　　D. 抛石法
　　E. 反压护道

3. 软土具有（　　）等特点。
   A. 天然含水量高、透水性差、孔隙比大
   B. 天然含水量高、透水性差、孔隙比小
   C. 天然含水量低、透水性好、孔隙比大
   D. 天然含水量高、透水性好、孔隙比大
4. 土工合成材料具有（　　）等功能。
   A. 加筋　　　　B. 过滤　　　　C. 排水　　　　D. 合成
   E. 隔离
5. 当软土层厚度小于3.0 m，且位于水下或为含水量极高的淤泥，可使用抛石挤淤法。即直接在路基基底（　　），将软土层挤出路基范围，以提高路基强度。
   A. 换填土层　　B. 排水固结　　C. 抛投片石　　D. 反压护道
6. 反压护道的高度宜为（　　），宽度应通过稳定性验算确定，且应满足路堤施工后沉降的要求。
   A. 路堤高度的1/2　　　　　　　　B. 路堤高度的1/3
   C. 路堤宽度的1/2　　　　　　　　D. 路堤宽度的1/3

任务四　路基工程施工质量控制与验收

道路路基施工过程中为了保证施工质量进行中间检查，出现检查不合格的情况时，不得进行下一道工序的施工；在遇到不利季节的施工时应采取保证施工质量的措施；路基工程完工后，由施工单位会同监理单位按设计文件和施工规范要求对路基工程进行竣工验收。

一、路基季节性施工

1. 路基雨期施工

我国南方地区雨期时间较长，所以雨期施工无法避免，合理的组织施工，是保证工程质量和进度的关键。

(1)雨期施工前的准备工作。雨期施工的路基工程，应根据工程的特点，进行详细的现场调查研究，组织计划，合理安排机具，集中人力，组织快速施工，分段突击。本着完成一段再开一段的原则，当日进度当日完成，做到随挖、随填、随压。施工便道要保持晴雨畅通，注意在居住地、库房、车辆机具停放地修建临时排水设施，保证雨期作业的场地能及时排除地面水，不被洪水淹没。

(2)雨期填筑路堤。在雨期填筑路堤，应选用透水性好的碎石土、卵石土、砂砾、石方碎渣和砂类土作为填料，含水量过大无法晾干的土不得用作雨期施工填料。

路堤应分层填筑，每一层应做成2%～4%的排水横坡，整平压实，以防积水。对当日能填筑的土，应大堆存放，并设法防止雨淋，保证不被雨水浸泡。

(3)雨期开挖路堑。雨期开挖路堑应分层开挖，每层均应设置排水纵横坡、排水沟，使雨水及时排出。

(4)雨期施工技术措施。
①修建晴雨天畅通无阻的施工便道。
②修建临时截水、排水设施，做到雨后能迅速排除施工范围内的积水。
③备用土料应堆置在高地，料堆周边应挖排水沟，备有防雨苫布，雨前应及时覆盖，储备

一定数量透水性好的填料(砂砾土、石屑土、砂土)。

④缩短作业面,当天填土应当天压实成型,压实层顶面应平整,横坡宜为4%(双向);挖方路堑应从上至下分段、分层开挖,土质路基每开挖层的纵坡不得小于2%,横坡不得小于4%,每层均应开挖临时排水沟,并做到排水通畅。挖至路床设计高程上30~50 cm时应停止开挖,将横坡修整成4%,并加深两侧临时排水沟,做到雨后顶面无积水、排水通畅。

2. 路基冬期施工

昼夜平均温度在-3 ℃以下并连续10 d以上时,需要进行路基施工的情况称为路基冬期施工。昼夜平均气温虽然上升到-3 ℃以上,但冻土未完全融化时,也可看作冬期施工的情况。路基冬期施工应采取适当的冬期施工技术措施。

(1)冬期施工前的准备工作。根据冬期施工项目的先后次序,编制冬期施工组织计划。编制冬期施工组织计划时应考虑如下要点:

①冬期施工项目在冰冻前进行现场放样,保护好控制桩并做出明显标记,防止其被冰雪掩埋和冻胀移位。

②冰冻前应全部清除路基范围内的树根、草皮和杂物,挖好坡地上填方台阶,并修通现场施工便道。

(2)冬期填筑路堤。

①路堤填料应选用未冻结的砂类土、碎(卵)石土、石块石渣等透水性良好的土。

②填土前应先清除地面的积雪、冰块,并根据设计需要决定是否刨出冻层,再分层夯实。

③用砂、砂砾、石块填筑路基,若室外平均气温高于-5 ℃时,连续填土高度不受限制;低于-5 ℃时,则连续填土高度不得超过表2-9规定的值。

表2-9 温度低于-5 ℃时的连续填土高度限值

温度范围/℃	填土高度/m	温度范围/℃	填土高度/m
-10~-5	4.5	-20~-16	2.5
-15~-11	3.5		

④填筑路堤,应按横断面全宽作业,每层松厚应按正常减少20%~30%,且最大松铺厚度不得超过30 cm。压实度不得低于正常时的施工要求。当天填土,当天压实。

⑤填土后立即铺筑高级路面或次高级路面的路基严禁用冻土填筑。路床顶以下范围内,不得用冻土填筑。容许使用冻土的也必须与好土掺匀,严禁集中使用冻土。

二、路基工程质量检查验收

路基工程完工后,由施工单位会同监理单位按设计文件和施工规范要求对路基工程进行检查验收。

1. 中间检查

施工过程中当每一分项、分部工程完成后,应按设计文件及施工规范等进行中间检查。如路基原地面处理完毕,应检查基底处理情况;边坡加固前,应对加固方法、加固形式、填挖方边坡加固的适用性和边坡坡度是否适当等进行检查;若发现已完工路基受水浸淹损坏、取土及弃土超过设计、意外的填土下陷、填挖方边坡坍塌需增加土方及边坡加固工程数量时应进行中间检查。另外,在路基渗沟回填土前、路基换土工作完成后、各类防护加固工程基坑开挖后必须进行中间检查验收,当检查不合格时,不得进行下一道工序的施工。

灌砂法测定路基压实度试验

2. 竣工验收

对路基进行竣工验收时,应对以下项目进行检查、验收:路基的平面位置、路基宽度、标高、横坡和平整度;边坡坡度及加固设施;边沟等排水设施的尺寸及沟底纵坡;防护工程的修建位置和尺寸,填土压实度及表面弯沉值;隐蔽工程记录等。这些项目的具体评定应依据《城镇道路工程施工与质量验收规范》(CJJ 1—2008)进行。

(1)土方路基(路床)质量检验应符合下列规定:

①主控项目。

a. 路基压实度应符合表2-10的规定。

检查数量:每1 000 m²、每压实层抽检3点。

检验方法:环刀法、灌砂法或灌水法。

b. 弯沉值,不应大于设计规定。

检查数量:每车道、每20 m测1点。

检验方法:弯沉仪检测。

贝克曼梁测定路基路面弯沉试验

表2-10 路基压实度标准

填挖类型	路床顶面以下深度/cm	道路类别	压实度/%（重型击实）	检验频率		检验方法
				范围	点数	
挖方	0～30	城市快速路、主干路	≥95	1 000 m²	每层3点	环刀法、灌水法或灌砂法
		次干路	≥93			
		支路及其他小路	≥90			
填方	0～80	城市快速路、主干路	≥95			
		次干路	≥93			
		支路及其他小路	≥93			
	>80～150	城市快速路、主干路	≥93			
		次干路	≥90			
		支路及其他小路	≥90			
	>150	城市快速路、主干路	≥90			
		次干路	≥90			
		支路及其他小路	≥87			

②一般项目。

土路基允许偏差应符合表2-11的规定。

表2-11 土路基允许偏差

项目	允许偏差	检验频率		检验方法
		范围/m	点数	
路床纵断高程/mm	−20,+10	20	1	用水准仪测量
路床中线偏位/mm	≤30	100	2	用经纬仪、钢尺量取最大值
路床平整度/mm	≤20	20	路宽/m <9: 1; 9～15: 2; >15: 3	用3 m直尺和塞尺连续量两尺,较大值
	≤15			
路床宽度/mm	不小于设计值+B	40	1	用钢尺量

续表

项目	允许偏差	检验频率			检验方法
		范围/m	点数		
路床横坡	±0.3%且不反坡	20	路宽/m	<9 : 2 9~15 : 4 >15 : 6	用水准仪测量
边坡	不陡于设计值	20	2		用坡度尺量,每侧1点

(2)填石路堤质量应符合下列要求:

①主控项目。压实密度应符合试验路段确定的施工工艺,沉降差不得大于试验路段确定的沉降差。

检查数量:每1 000 m^2,抽检3点。

检验方法:水准仪量测。

②一般项目。

a. 路床顶面应嵌缝牢固,表面均匀、平整、稳定,无推移、浮石。

检查数量:全数检查。

检验方法:观察。

b. 边坡应稳定、平顺,无松石。

检查数量:全数检查。

检验方法:观察。

c. 填石方路基允许偏差应符合表2-12的规定。

表2-12 填石方路基允许偏差

项目	允许偏差	检验频率			检验方法
		范围/m	点数		
路床纵断高程/mm	−20,+10	20	1		用水准仪测量
路床中线偏位/mm	≤30	100	2		用经纬仪、钢尺量取最大值
路床平整度/mm	≤30 ≤20	20	路宽/m	<9 : 1 9~15 : 2 >15 : 3	用3 m直尺和塞尺连续量两尺,取较大值
路床宽度/mm	不小于设计值+B	40	1		用钢尺量
路床横坡	±0.3%且不反坡	20	路宽/m	<9 : 2 9~15 : 4 >15 : 6	用水准仪测量
边坡	不陡于设计值+B	20	2		用坡度尺量,每侧1点

(3)砌体挡土墙质量检验应符合下列规定:

①主控项目。

a. 地基承载力应符合设计要求。

检查数量:每道挡土墙基槽1组(3点)。

检验方法:查触(钎)探检测报告、隐蔽验收记录。

b. 砌块(砖)、石料强度应符合设计要求。

检查数量：每品种、每检验批 1 组(3 块)。
检验方法：查试验报告。
c. 砂浆平均抗压强度等级应符合设计规定，任一组试件抗压强度最低值不得低于设计强度的 85%。

检查数量：同一配合比砂浆，每 50 m³ 砌体中，作 1 组(6 块)，不足 50 m³ 按 1 组计。
检验方法：查试验报告。
② 一般项目。
a. 挡土墙应牢固，外形美观，勾缝密实、均匀，泄水孔通畅。
b. 砌筑挡土墙允许偏差应符合表 2-13 的规定。

表 2-13 挡土墙砌筑允许偏差

项目		允许偏差、规定值			检验频率		检验方法
		料石	块石、片石	预制块(砖)	范围	点数	
断面尺寸/mm		0 +10	不小于设计规定			2	用钢尺量、上下各 1 点
基底高程/mm	土方	±20	±20	±20	±20	2	用水准仪测量
	石方	±100	±100	±100	±100		
顶面高程/mm		±10	±15	±20	±10	2	
轴线偏位/mm		≤10	≤15	≤15	≤10	2	用经纬仪测量
墙面垂直度		≤0.5%H 且 ≤20 mm	≤0.5%H 且 ≤30 mm	≤0.5%H 且 ≤30 mm	≤0.5%H 且 ≤20 mm	20 m	2	用垂线检测
平整度/mm		≤5	≤30	≤30	≤5		2	用 2 m 直尺量
水平缝平直度/mm		≤10	—	—	≤10		2	用 20 m 线和钢尺量
墙面坡度		不陡于设计规定				1	用坡度板检验

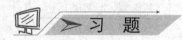

能力训练

(1) 路基分为哪几个阶段控制施工质量？
(2) 土质路基的主要检查项目有哪些？其检查的方法和频率如何？
(3) 砌筑挡土墙主要检查项目有哪些？其检查的方法和频率如何？

习 题

一、选择题
1. 土方路基(路床)质量检验的主控项目包括(   )。
   A. 压实度和弯沉值   B. 压实度和路基宽度
   C. 路基高程和弯沉值   D. 回弹模量和加州承载比
2. 石方路基(路床)质量检验的主控项目包括(   )。

A. 弯沉值　　　　　　　　　　B. 压实度
　　C. 路基高程　　　　　　　　　D. 回弹模量
3. 路基压实度的检查频率是每 1 000 m² 的点数是(　　)。
　　A. 由质量检查人员确定的　　　B. 每层一组(2 点)
　　C. 每层一组(3 点)　　　　　　D. 由监理工程师确定的
4. 路基的弯沉指标用(　　)方法检验。
　　A. 3 m 直尺　　B. 承载板　　　C. 环刀法　　　D. 弯沉仪
5. 下列选改中,(　　)是土路床横坡的允许偏差。
　　A. ±0.3% 且不反坡　　　　　　B. ±0.3% 或不反坡
　　C. ±0.5% 且不反坡　　　　　　D. ±0.5% 或少量反坡
6. 路基几何尺寸的构成要素有(　　)。
　　A. 压实度　　　B. 宽度　　　　C. 平整度　　　D. 边坡坡度

二、简答题

1. 路基施工雨期施工前的准备工作有哪些?
2. 路基在什么条件下进入冬期施工?

项目三 路基附属工程施工

能力目标

(1)能读懂路基附属工程施工图。
(2)能够查阅施工技术规范,进行路基附属工程施工技术方案的编制。
(3)能够使用常规检测仪器,对路基附属工程质量进行控制与验收。

项目导读

本项目介绍了路基附属工程的施工,其主要内容包括:排水工程施工、防护加固工程施工、挡土墙工程施工与质量控制等内容。通过完成各个任务单规定的内容,结合施工员岗位考核相关习题,确保完成项目的能力目标。

项目任务

(1)根据排水工程施工图纸,分析路基排水设施施工要点及施工技术,能够进行路基排水设施的施工和施工方案的确定。
(2)根据工程特点和工程现场实际条件,分析路基防护与加固工程施工要点及施工技术,能够进行路基防护与加固施工方案的确定。
(3)通过学习挡土墙的分类及用途的相关知识,能够分析挡土墙的使用条件;能够进行重力式挡土墙的施工。

任务一 路基排水设施的施工

一、路基排水的目的及设计原则

1. 路基排水的目的与要求

路基的填筑与压实要求在达到或接近最佳含水率时进行,以获得最大的密实度。此时,水的有益作用是显而易见的。当浸入路基的水分过多时,便会危害路基。就路基病害的规律、范围、成因、类型及其程度而言,水往往是决定性的因素之一。因此,路基排水设计是路基设计中必不可少的项目和内容之一。

根据水源的不同,影响路基的水流可分为地面水和地下水。所以,路基排水可分为地面排水和地下排水两大类。

地面水包括大气降水(雨和雪)和海、河、湖、水渠及水库水。地面水对路基产生冲刷和渗透,冲刷会导致路基整体稳定性受损害,形成水毁现象。渗入路基土体的水分,使土体过湿而降低路基强度。

地下水包括上层滞水、潜水及层间水等,它们对路基的危害程度因条件不同而异。轻者使路基湿软，降低路基强度；重者会引起冻胀、翻浆或边坡滑坍，甚至整个路基沿倾斜基底滑动。地下水还可能造成掺有膨胀土的路基工程毁灭性的破坏。

路基排水的目的就是将路基范围内的土基湿度降低到一定的限度内，保持路基常年处于干燥状态，确保路基、路面具有足够的强度和稳定性。路基设计时，需考虑将影响路基稳定性的地面水，排除和拦截于路基用地范围以外，并防止地面水漫流、滞积或下渗。对于影响路基稳定性的地下水，则应予以隔断、疏干和降低，并将水引至路基范围以外的适当地点。

路基施工中，首先应校核全线路基排水系统的设计是否完备和妥善，必要时应予以补充或修改，应重视排水工程的质量和使用效果。另外，应根据实际情况与需要，设置施工现场的临时性排水设施，以保证路基土石方及附属结构物在正常条件下进行施工作业，消除路基基底和土体内与水有关的隐患，保证路基的工程质量，提高施工效率。临时性排水设施宜尽量同永久性排水设施相结合，以减少临时工程的费用。

在路基养护中，对排水设施应定期检查与维修，以保证排水设施正常使用和水流畅通，并根据实际情况不断改善路基排水条件。

高速公路路基排水的目的、要求及设计原则与一般等级公路基本上是一致的，但由于高速公路的重要性，沿线构筑物不应受到水的危害而降低或失去其使用功能，而且其修复的复杂性和难度性大，费用也高，因此，高速公路的路基排水综合设计就更为重要。

2. 路基排水设计的一般原则

(1)排水设施要因地制宜、全面规划、合理布局、综合治理、讲究实效、经济适用，并充分利用有利地形和自然水系。一般情况下，地面和地下设置的排水沟渠宜短不宜长，以使水流不过于集中，并做到及时疏散，就近分流。

(2)各种路基排水沟渠的设置，应注意与农田水利相配合，必要时可适当增设涵管或加大涵管孔径，以防农业用水影响路基稳定。路基边沟一般不应用作农田灌溉渠道，两者必须合并使用时，边沟的断面尺寸应加大，并予以加固，以防水流危害路基。

(3)设计前必须进行调查研究，查明水源与地质条件，重点路段要进行排水系统的全面规划，考虑路基排水和桥涵布置相结合，做到路基路面综合设计与分期修建。对于排水困难和地质不良的路段，还应和路基防护与加固相配合，并进行特殊设计。

(4)路基排水要注意防止附近山坡的水土流失，尽量不破坏天然水系，不轻易合并自然沟溪和改变水流性质，尽量选择有利地形条件布设人工沟渠，减少排水沟渠的防护与加固工程。对于重点路段的主要排水设施，以及土质松软和纵坡较陡地段的排水沟渠，应注意必要的防护与加固。

(5)路基排水要结合当地水文条件和道路等级等具体情况，注意就地取材，以防为主，防治结合。排水沟渠既要稳固适用，又必须讲究经济效益。

二、路基地面排水设施的构造与布置

常用的路基地面排水设施有边沟、截水沟、排水沟、跌水与急流槽、倒虹吸管与渡水槽以及蒸发池等几种。

1. 边沟

挖方路基以及填土高度低于路基设计要求临界高度的路堤，在路肩外缘或坡脚外侧均应设置纵向人工沟渠，称之为边沟(或称侧沟)。其主要功能是排泄路基顶面及边坡汇集起来的地面水。常用的边沟断面形式有梯形、碟形、三角形和矩形等，如图3-1所示。

高等级道路宜采用三角形或碟形边沟，条件受限而需采用矩形边沟时，应在顶面加带槽孔

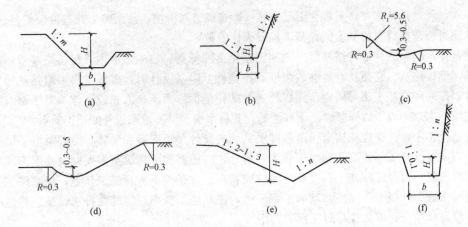

图 3-1 边沟断面形式示意图(尺寸单位：m)
(a)、(b)梯形；(c)、(d)碟形；(e)三角形；(f)矩形

的混凝土盖板；低等级道路的土质边沟用梯形，石质边沟用矩形；易于积雪或积砂的路段宜用碟形；较矮路堤边沟可用三角形；公路两侧为农田时，可采用石砌矩形边沟，以少占农田。

边沟的纵坡一般应与路线纵坡一致，并不宜小于 0.3%，以防止淤积。边沟的单向排水长度一般不宜超过 300~500 m，否则，应增设排水沟或涵洞，将水引出路基范围以外。

2. 截水沟(天沟)

设在路基上方，以拦截地面水流向路基的人工沟渠，称为截水沟，如图 3-2 所示。截水沟多数设在挖方边坡坡顶之外侧或山坡路堤上方的适当地点。其主要是为保护边坡不受地面水冲刷，减少边沟的水量，是多雨地区、山岭和丘陵地区路基排水的重要设施之一。其长度以 200~500 m 为宜；超过 500 m 时，可在中间适宜位置处增设泄水口，由急流槽或急流管分流引排。

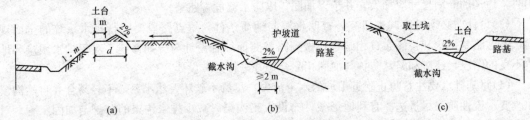

图 3-2 截水沟断面图(尺寸单位：m)
(a)路堑截水沟；(b)路堤截水沟；(c)设有取土坑的截水沟

3. 排水沟(引水沟)

排水沟主要用于将来自边沟、截水沟或其他水源的水流排泄至就近桥涵或河谷中，以形成整个排水系统，如图 3-3 所示。排水沟的横断面一般采用梯形，尺寸大小应通过水利水文计算选定。

4. 跌水与急流槽

上述各种排水设施的纵坡均有限制，以免水流速度太快，造成冲刷破坏。跌水与急流槽均为人工排水、沟渠的特殊形式，用于山区陡

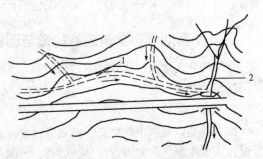

图 3-3 排水沟布置示意图
1—排水沟；2—自然水沟

坡地段，沟槽的纵坡可达7%以上（跌水）或更陡（急流槽），是山区公路路基排水常见的结构物。跌水是一种将沟底设成台阶状的人工沟渠，如图3-4所示。当排水沟进入涵洞前，高边坡上需要在短距离内将水引到坡脚处，陡坡路段（坡度大于7%）的边沟，以及其他需要水流消能减速时，均可设置跌水。跌水的构造可分为进水口、消力池和出水口三个组成部分，如图3-5所示。

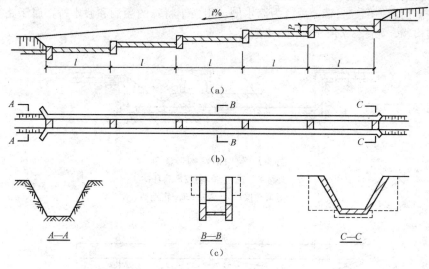

图3-4 跌水结构图
(a)纵断面；(b)平面；(c)横剖面

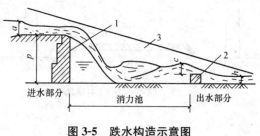

图3-5 跌水构造示意图
1—护墙；2—消力槛；3—墙身

急流槽的纵坡比跌水更陡，要求坚固、耐用，通常在短距离内遇有排泄急速水流时方可采用。急流槽的构造可分为进口、槽身和出口三个组成部分，如图3-6所示。

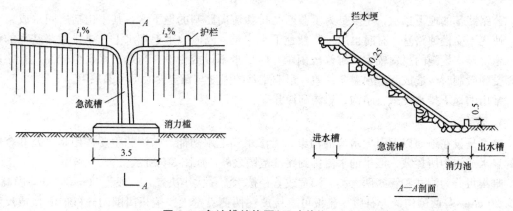

图3-6 急流槽结构图（尺寸单位：m）

由于纵坡大、水流湍急，冲刷作用严重，所以，跌水和急流槽必须采用浆砌石块或水泥混凝土砌筑，且应埋设牢固。

5. 倒虹吸管与渡水槽

当水流需要横跨路基，同时设计高程又受到限制时，可采用管道和沟槽，从路基底部或上部架空跨越。前者为倒虹吸管，后者为渡水槽，相当于特殊的涵洞和渡水桥，属于路基地面排水的特殊结构物，如图3-7所示和图3-8所示。

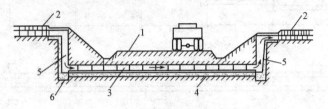

图 3-7 倒虹吸结构示意图

1—路基；2—原沟渠；3—洞身；
4—砂砾垫层；5—竖井；6—沉淀池

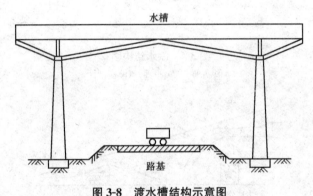

图 3-8 渡水槽结构示意图

6. 蒸发池

在气候干旱且排水困难地段，可在距离路基适当的地方利用沿线的集中取土坑或专门开挖的凹坑修筑蒸发池，以汇集路界地表水，靠自然蒸发或下渗将水排除。

三、路基地下排水设施的构造与布置

公路路基的地下排水，主要是为了截断与排除流向路基的地下水，其中包括层间水或泉水等，使之不受侵蚀路基，有时也用于降低地下水水位，隔断地下毛细水上升或排除路基下的积水。地下排水设施的投资较大，维修较困难，应尽量不设或少设。当地下水水位较高，且路基高程受到限制时会造成路基水温条件差，影响路基的强度与稳定性时可考虑采用。

常用的地下排水设施有暗沟、渗沟和渗井等。

1. 暗沟

暗沟是设在地面以下引导水流的沟渠，无渗水和汇水功能。暗沟的主要作用是将路基范围内的泉水或渗沟所拦截、汇集的水流排到路基范围之外，如图3-9所示。

暗沟可分为洞式和管式两大类。沟宽或管径按水流量大小决定，一般为20~30 cm，净高 h 约为20 cm。若两侧沟壁为石质，盖板可直接放在两侧石壁上，盖板周围用碎(砾)石做成反滤

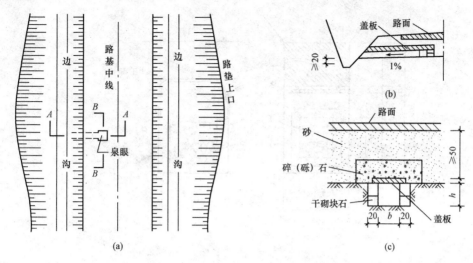

图 3-9 暗沟示意图(尺寸单位：cm)
(a)平面；(b)A—A 剖面；(c)B—B 剖面

层，反滤层顶部设双层反铺草皮，再用黏土夯实。沟底纵坡不小于 1%，不允许出现倒灌现象。冰冻地区暗沟的埋置深度应大于当地的冰冻深度。

2. 渗沟

渗沟是以渗透的方式吸收降低地下水水位，汇集和拦截流向路基的地下水，并通过沟底通道将水排到路基范围以外的指定地点，使路基上部保持干燥。根据地下水分布情况，渗沟可设在边沟、路肩、路基中线以下或路基上侧山坡适当位置，如图 3-10 所示。按排水构造的不同，渗沟可分为填石渗沟(盲沟)、管式渗沟和洞式渗沟三种形式，均由排水层、反滤层和封闭层组成，如图 3-11 所示。填石渗沟与暗沟相似，但构造更为完美。当地下水流量较大，需要埋置更深时，可采用洞式渗沟。当排除地下水的流量更大，或排水距离较长时，可考虑采用管式渗沟，一般用陶土管或图 3-10(a)所示的拦截潜水流向路基的渗水或图 3-10(b)所示的地下水水位的渗沟混凝土预制管，管的内径由水力计算确定，一般为 0.4~0.6 m，管壁上留有交错排列的渗水孔。

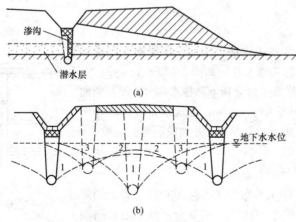

图 3-10 渗沟布置图
(a)拦截潜水流向路基的渗水；(b)地下水水位的渗沟

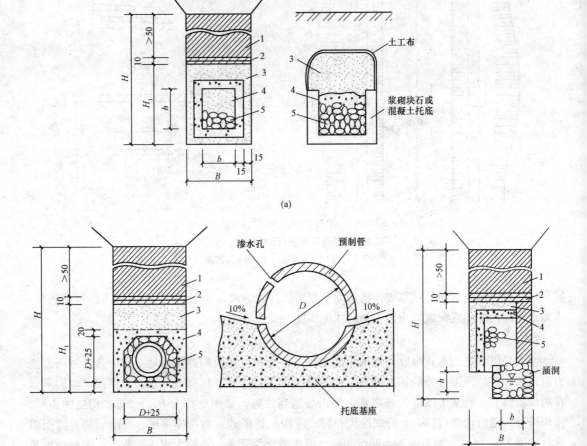

图 3-11 渗沟构造图（尺寸单位：cm）
(a) 填石渗沟；(b) 管式渗沟；(c) 洞式渗沟
1—夯实黏土；2—双层反滤铺草皮；3—粗砂；4—细砾石；5—碎石

3. 渗井

将无法排出的地表水或边沟水渗到地下水层中而设置的用透水材料填筑的竖井称为渗水井，如图 3-12 所示。

渗井构造可分为上部集水部分和下部排水部分。渗井断面一般为矩形或圆形，尺寸不小于 0.6 m，填筑砂石材料由外向内，粒径由小到大。顶部用黏土夯实，并加设混凝土盖板。

四、城市道路排水

城市道路排水的主要任务是迅速将路面和路肩表面的降水排走，以免造成路面积水而影响行车安全。城市道路路面排水系统一般采用管渠形式。根据道路所处地区和构造特点，可分为暗式系统、明式系统和混合式系统三种。

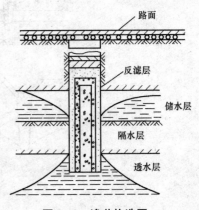

图 3-12 渗井构造图

1. 暗式系统

城区道路一般采用暗式（管道）排水，即利用设在地下的相互连通的管道及相应设施，汇集和排除道路的地表水。暗式（管道）排水系统包括街沟、进水孔、雨水口、连接管、干管、检查井六个主要部分。道路上及其相邻地区的地面水依靠道路设计的纵、横坡度，流向道路两侧的街沟，然后顺街沟的纵坡流入沿街沟设置的雨水口，由地下的连接管通到雨水干管，排入附近河流或其他水体中，如图 3-13 所示。

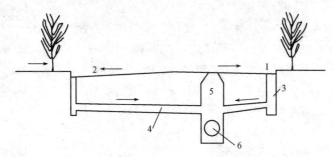

图 3-13　暗式排水示意图

1—街沟；2—雨水收水口；3—收水口井；4—连接管；5—检查井；6—雨水干管

2. 明式系统

明式系统是指利用设在地面上的渠道及相应设施，汇集和排除道路的地表水。明式排水系统包括边沟、排水沟、截水沟等，在街坊出入口、人行横道处等还会增设一些盖板、涵洞等构造物。

3. 混合式系统

混合式系统是指明沟和暗管相结合的一种排水形式。随着道路用混合料性能的不断优化，出现了透水式的结构层，如排水式沥青混凝土面层（OGFC），利用结构层的透水性排除雨水，同时改善道路行车条件。透水式沥青混凝土面层排水示意，如图 3-14 所示。

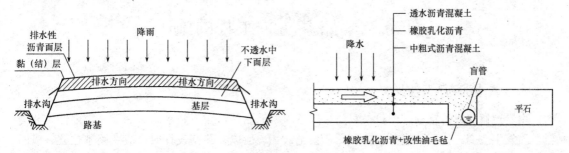

图 3-14　透水式沥青混凝面层排水示意

能力训练

分小组讨论并回答下列问题。

1. 路基排水系统设计的总体规划应遵循哪些原则？
2. 边沟与天沟的区别是什么？
3. 路基地下排水设施有哪些？

习 题

一、选择题

1. 下列属于地下排水设施的是( )。
   A. 截水沟　　　　B. 急流槽　　　　C. 倒虹吸　　　　D. 盲沟
2. 边沟的纵坡一般应与路线纵坡一致,并不得小于( )。
   A. 0.3%　　　　B. 0.1%　　　　C. 0.5%　　　　D. 0.6%
3. 渗沟按排水构造的不同,可分为填石渗沟、( )、管式渗沟。
   A. 洞式渗沟　　B. 暗沟　　　　C. 边沟　　　　D. 盲沟
4. 设在挖方边坡坡顶之外侧或山坡路堤上方的适当地点,以拦截地面水流向路基的人工沟渠,称为( )。
   A. 暗沟　　　　B. 边沟　　　　C. 截水沟　　　　D. 倒虹吸
5. 用于山区陡坡地段,沟槽的纵坡可达7%以上,以免水流速度太快,造成冲刷破坏的排水设施是( )。
   A. 天沟　　　　B. 渗井　　　　C. 急流槽　　　　D. 渡水槽

二、名词解释

1. 边沟
2. 截水沟
3. 渗沟
4. 蒸发池
5. 急流槽

任务二　路基防护工程的施工

一、路基防护的意义

由岩土修筑成的路基,长期大面积受自然因素的侵蚀,在不利水温作用下,物理性质和力学性质发生改变,导致路基产生较大变形甚至破坏。所以在路基设计时,应在路基位置、横断面尺寸、岩土组成等方面综合考虑。

为确保路基的强度和稳定性,路基的防护和加固也是不可缺少的工程技术措施。随着道路等级的提高,为维护正常的汽车运输、减少道路灾害、确保行车安全、保持道路与自然环境协调、保证道路使用品质和提高投资效益等,路基防护与加固更具有重要的意义。

二、路基防护工程的分类

路基防护与加固设施主要有边坡坡面防护、沿河路堤河岸冲刷防护与加固以及路基的支挡工程等。

1. 坡面防护

坡面防护的作用主要是隔离大气与路基接触,保护路基边坡的整体稳定性,在一定程度上还可以美化路基和协调自然环境。

常用的坡面防护设施有植物防护、圬工防护和骨架植物防护三种。

(1)植物防护。植物防护可以美化路容，协调环境，调节边坡土的湿润程度，起到固结和稳定边坡的作用。它对于高度较低、坡度比较平缓的土质边坡非常简易有效，其方法有种草、铺方格草皮、拉伸网草皮和植树等。

①种草：适用于坡度不陡于1∶1的土质边坡。种草根据防护目的、气候、土质、施工季节确定，宜于选用易成活、生长快、根系发达、叶茎矮或有匍匐茎的多年生草种。应选择便于局部生态系统平衡的草种混播方式，如图3-15所示。

②铺方格草皮：适用于需要快速绿化，且坡率缓于1∶1的土质边坡和严重风化的软质岩石边坡。不宜采用喜水、生长在泥沼地的草皮，如图3-16所示。

图3-15　种草防护

图3-16　铺方格草皮防护

③拉伸网草皮：在土工网或土工垫等合成材料上铺设3～5 cm的种植土层，经过撒种、养护后形成的人工草皮，如图3-17所示。

④植树：植树不仅可以加强路基的稳定性，还可以美化环境、调节气候。其适用于坡率缓于1∶1.5和边坡或边坡以外的河岸及漫滩地。应选用根深叶密的低矮灌木。但高速公路边坡和土质路肩不宜种植乔木，以免影响行车视线（只宜种植低矮灌木类树种）。作冲刷防护时，宜在滩地上种植乔木以降低水流流速。

⑤三维植被网防护：以热塑树脂为原料制成的三维网，网中用客土或土、肥料及含腐殖质土的混合物，将草籽均匀搅拌在其中。其适用于砂性土、土夹石及风化岩石，且坡率缓于1∶0.75的边坡防护；三维植被网中的回填土通常采用客土，如图3-18所示。

图3-17　拉伸网草皮

图3-18　三维植被网防护

(2)圬工防护。当不宜使用植物防护或考虑就地取材时,采用砂石、水泥、石灰等矿质材料进行的坡面防护称为圬工防护。它主要有喷护、挂网喷护、护坡、护面墙、砂浆(灰浆)抹面、捶面等形式。

①喷护。常用的喷护方法有喷掺砂水泥土、喷浆、喷射混凝土等。

对于易受冲刷的土质路堑边坡,坡度不陡于1∶0.75,宜采用喷掺砂水泥土,厚度为60～100 mm;喷浆适用于边坡坡度不陡于1∶0.5的易风化但未遭强风化、全风化的岩石挖方边坡,厚度不小于50 mm;喷射混凝土适用于边坡坡度不陡于1∶0.5的易风化但未遭强风化、全风化的岩石边坡,厚度不小于80 mm。

②挂网喷护。挂网喷护(图3-19)是在清挖出密实、稳定的新鲜坡面上钻孔、安装锚杆、灌浆,然后挂上钢丝网或纤丝网,最后用高压泵喷射混凝土形成防护层。其适用于风化破碎的岩石边坡防护。

③护坡。护坡分为干砌片石护坡和浆砌片石护坡两种。

干砌片石护坡适用于土质路堤边坡或有少量地下水渗出的局部堑坡或局部土质堑坡嵌补。边坡坡度不陡于1∶1.25。其可分为单层铺砌和双层铺砌。浆砌片石护坡适用于防护流速较大(3～6 m/s)的边坡。图3-20所示为石砌护坡。

图3-19 挂网喷护

④护面墙。浆砌片石护面墙(图3-21)适用于边坡坡度不陡于1∶0.5的土质和易风化剥落的岩石边坡。其可分为实体式、窗孔式、拱式等类型。

图3-20 石砌护坡

图3-21 护面墙

⑤砂浆(灰浆)抹面。砂浆(灰浆)抹面适用于坡面较干燥、未经严重风化的各种易风化岩石边坡,但不适用于由煤系岩层以及成岩作用很差的红色黏土岩组成的边坡。高速公路边坡不宜使用。

抹面材料可采用石灰炉渣灰浆、石灰炉渣三合土或水泥石灰砂浆,表层可涂软化点稍高于当地气温的沥青保护层。抹面厚度为3～7 cm,由2～3层组成。

⑥捶面。捶面适用于边坡坡率缓于1∶0.5、易受冲刷的土质边坡或易风化剥落的岩石边坡。高速公路边坡不宜使用。捶面材料可采用水泥炉渣混合土、石灰炉渣三合土或四合土。捶面厚度为10～15 cm。

(3)骨架植物防护。对于仅用植物防护不足以抵抗侵蚀冲刷的黏土路基或高填路段,受雨水侵蚀和风化严重易产生沟槽的路段,以及土质不适宜植物生长和周围环境需要绿化的路段,可采用骨架植物防护。

骨架植物防护可分为浆砌片石或混凝土骨架植物防护及水泥混凝土预制块骨架植物防护等形式。框架可为方格形、拱形和人字形等，框架内可铺种草皮、种草或采用其他辅助防护措施。

①图 3-22 所示为浆砌片石或水泥混凝土骨架植物防护，适用于缓于 1∶0.75 的土质和全风化岩石边坡。当坡面受水冲刷严重或潮湿时，坡度应缓于 1∶1。

图 3-22　骨架植物防护

②图 3-23 所示为多边形水泥混凝土空心块植物防护，适用于缓于 1∶0.75 的土质和全风化、强风化岩石边坡。并视情况设置浆砌片石或水泥混凝土骨架。多边形水泥混凝土空心预制块的混凝土强度等级不应低于 C20，厚度不应小于 150 mm。空心预制块内应填充种植土，喷播植草。

③锚杆混凝土框架植物防护。锚杆混凝土框架植草防护是近年来在总结了锚杆挂网喷浆（混凝土）防护的经验教训后发展起来的，它既保留了锚杆对风化破碎岩石边坡主动加固作用，防止岩石边坡经开挖卸荷和爆破松动而产生的局部楔形破坏，又吸收了浆砌片石（混凝土块）骨架植草防护的造型美观、便于绿化的优点。

④图 3-24 所示为锚杆混凝土框架植草防护，适用于土质边坡和坡体中无不良结构面、风化破碎的岩石路堑边坡。锚杆采用非预应力的全长黏结型锚杆，锚杆间距、长度应根据边坡地质情况确定。锚杆保护层厚度不应小于 20 mm。框架应采用钢筋混凝土，混凝土强度等级不应低于 C25，框架几何尺寸应根据边坡高度和地层情况等确定，框架内宜植草。

图 3-23　多边形水泥混凝土空心块植物防护　　图 3-24　锚杆混凝土框架植物防护

（4）其他新技术应用。

①植被混凝土边坡防护绿化技术。植被混凝土护坡绿化技术是采用特定的混凝土配方和种

子配方，对岩石边坡进行防护和绿化的新技术。施工过程：在岩体上铺上铁丝或塑料网，并用锚钉和锚杆固定；将植被混凝土原料经搅拌后由常规喷锚设备喷射到岩石坡面；喷射完毕后，覆盖一层无纺布防晒保护；洒水养护管理。

②岩石边坡植生基质生态防护技术（PMS技术）。PMS技术是在岩石裸露和有生态破坏隐患坡面上，利用锚杆、土工网、专业护坡材料（植生基质）为植物重新创造良好的立地条件，通过植物生长活动，逐渐使锚杆、土工网、专业护坡材料层与植物根系形成一个立体网络结构，达到稳定坡面、绿化坡面的目的，并最终形成自然景观为目标的高新技术。

③SNS柔性防护系统。柔性防护系统是利用钢绳网作为主要构成部分来防止崩塌落石危害的柔性安全防护系统，其与以圬工结构为代表的传统方法的主要差别在于系统本身具有的柔性和高强度，更能适应于抗击集中荷载和高冲击荷载，系统设置后的较小视觉干扰和最大限度地维持原始地貌和植被。

2. 冲刷防护

为了防止流水直接危害沿河、滨海路堤以及有关海河堤坝护岸的堤岸边坡和坡脚，必须采用一定的防止冲刷的措施。冲刷防护的措施有直接和间接两类。

(1) 直接措施。直接防护是为了防止水流直接危害路基或堤岸，防护重点在边坡和坡脚。直接防护包括植物防护、石砌防护或抛石与石笼防护，以及必要时设置的支挡（驳岸等）。

①植物防护（图3-25）和石砌防护（图3-26）与边坡防护所述基本相同，但冲刷防护的要求更高。

图3-25 河堤植草防护

图3-26 河堤石砌防护

②抛石防护一般多用于抢修工程，当使用的石块大小适当，级配合适并细心抛掷时，可取得较好的效果，如图3-27所示。

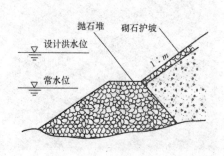

图3-27 抛石防护

③石笼防护除可使沿河路堤及河岸免受水流和风浪的破坏外，还是加固河床、防止冲刷的常用措施。石笼的种类有钢丝石笼和竹、木石笼，形状有箱形和圆柱形，如图3-28所示。

图 3-28 石笼防护

土工织物软体沉排是在土工织物上以块石或预制混凝土块体为压重的护坡结构。其适用于水下工程及预计可能发生冲刷的河床和岸坡土面上。土工织物软体沉排一般适用于水下工程及预计可能发生冲刷的河床和岸坡土面上，如图 3-29 所示。

图 3-29 土工织物软体沉排

土工模袋是一种双层织物袋，袋中充填流动性混凝土或水泥砂浆、稀石混凝土，凝固后形成高强度的硬结板块，如图 3-30 所示。采用土工模袋护坡的坡度应缓于 1∶1。

 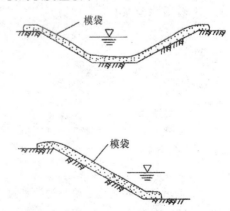

图 3-30 土工模袋

(2)间接措施。间接防护是通过设置导流结构物改变水流方向，消除和减缓水流对堤岸直接破坏，减轻堤岸近旁淤积，彻底解除水流对局部堤岸的损害，起安全保护作用。导流结构物主要有丁坝、顺坝和格坝，如图 3-31 所示。

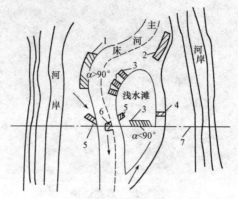

图 3-31　导流结构物综合布置示意图
1—顺坝；2—格坝；3—丁坝；4—拦水坝；5—导流坝；6—桥墩；7—公路中心线

丁坝适用于宽浅变迁性河段，可采用堆石、干砌块石、石笼，以及内填渗水性土、外用干砌片石等材料砌筑。

顺坝也称导流坝，基本上不改变原有水流结构，一般用于河床断面窄小，不允许过多侵占、修建丁坝后河岸或边坡防护工程量大，以及地质条件不宜于修筑丁坝等情况下的导流防护。顺坝一般采用石砌或混凝土结构，横断面一般为梯形，其要求大体与丁坝相同。

沿河路基受水流冲刷严重，或防护工程艰巨，以及路线在短距离内多次跨越弯曲河道时可改移河道，但改河方案需与当地政府及有关单位共同商定后才能实施。

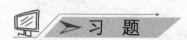

分小组讨论并回答以下问题。
1. 边坡防护的目的是什么？
2. 边坡防护的方法有哪些？
3. 丁坝和顺坝有什么区别？

习　题

一、选择题

1. 下面（　　）防护属于对沿河河堤河岸冲刷的间接防护。
　　A. 砌石　　　　　　　　　　　　B. 植物
　　C. 石笼　　　　　　　　　　　　D. 丁坝

2. 易受雨水冲刷的土质边坡和易风化的岩石边坡进行封面防护采用的形式是（　　）。
　　A. 抹面　　　　　　　　　　　　B. 喷浆
　　C. 捶面　　　　　　　　　　　　D. 镶面

3. 某工程为土质边坡，对于这种边坡的防护采用（　　）措施为好。
   A. 框格防护　　　　　　　　　　B. 抹面防护
   C. 喷浆防护　　　　　　　　　　D. 喷射混凝土防护
4. 下面防护一般多用于抢修工程的是（　　）。
   A. 框格防护　　　　　　　　　　B. 挡土墙
   C. 锚杆铁丝网喷浆　　　　　　　D. 抛石

二、名词解释

1. 护坡
2. 丁坝
3. 顺坝

任务三　挡土墙的施工

一、挡土墙的分类

挡土墙是一种能够抵抗侧向土压力，防止墙后土体坍塌和增加其稳定性的建筑物。

（1）根据挡土墙在路基横断面上位置的不同分类，如图 3-32 所示。

①路肩挡土墙。路肩挡土墙的墙顶置于路肩，用以支挡陡坡路堤下滑，抬高道路，收缩坡脚，减少占地，减少填方量。

②路堤挡土墙。路堤挡土墙支撑路堤边坡，墙顶还有一定的填土高度，在陡山坡上填筑路堤时，用以支挡路堤下滑；收缩坡脚，避免与其他建筑物相互干扰，减少填方量；沿河路堤不受水流冲刷。

③路堑挡土墙。路堑挡土墙设置在路堑坡底，用以降低边坡高度，减少挖方数量，防止可能坍滑的山坡土体。

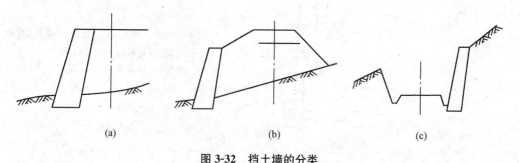

图 3-32　挡土墙的分类
(a)路肩挡土墙；(b)路堤挡土墙；(c)路堑挡土墙

（2）根据挡土墙所采用材料的不同分类，可分为石砌挡土墙、混凝土挡土墙、钢筋混凝土挡土墙、砖砌挡土墙和钢板挡土墙等。

（3）根据挡土墙结构形式的不同分类，可分为重力式挡土墙、衡重式挡土墙、混凝土半重力式挡土墙、悬臂式挡土墙、扶壁式挡土墙、锚杆式挡土墙、锚定板式挡土墙、加筋土式挡土墙和桩板式挡土墙等。不同类型的挡土墙的特点和适用范围，见表 3-1。

表 3-1 挡土墙的特点和适用范围

类型	结构示意图	特点	适用条件
重力式挡土墙		依靠墙自重承受土压力，结构简单、施工简便，由于墙身重，对地基承载力的要求高	适用于一般地区、浸水地区和地震地区的路肩、路堤和路堑等支挡工程。墙高不宜超过12 m，干砌挡土墙的高度不宜超过 6 m。高等级道路不应采用干砌挡土墙
衡重式挡土墙		设置衡重台使墙身重心后移，并利用衡重台上的填土，增加墙身稳定。上墙背俯斜而下墙背仰斜，可降低墙身及减少基础开挖，以及节约墙身断面尺寸	适用于陡山坡的路肩墙、路堤墙和路堑墙（兼有拦挡落石作用）
混凝土半重力式挡土墙		在墙背设少量钢筋，将墙趾展宽（保证基底必要的宽度），以减薄墙身，节省圬工	适用于不宜采用重力式挡土墙的地下水水位较高或较软弱的地基上。墙高不宜超过 8 m
悬臂式挡土墙		墙身及基础均采用钢筋混凝土浇筑，断面尺寸较小，由立壁、墙趾板及墙踵板三部分组成。立壁下部弯矩较大，特别在墙高时，需设置的钢筋较多	宜在石料缺乏、地基承载力较低的填方路段采用。墙高不宜超过 5 m

续表

类型	结构示意图	特点	适用条件
扶壁式挡土墙	(图：扶肋、墙面板、墙趾板、墙踵板)	相当于沿悬臂式墙的墙长，每隔一定距离设置一道扶壁，增强墙面板（立壁）与墙踵板的连接，以承受较大的弯矩作用	宜在石料缺乏、地基承载力较低的填方路段采用。墙高不宜超过15 m
锚杆挡土墙	(图：肋柱、挡板、锚杆)	由肋柱、挡板和锚杆组成，靠锚杆锚固在山体内拉住肋柱。肋柱、挡板可预制	宜用于墙高较大的岩质路堑地段。可用作抗滑挡土墙。可采用肋柱式或板壁式单级墙或多级墙。每级墙高不宜大于8 m，多级墙的上、下级墙体之间应设置宽度不小于2 m的平台
锚锭板挡土墙	(图：填土、破裂面、肋柱、锚锭板、拉杆、（填方路基）、挡土板)	类似于锚杆式，仅锚杆的固定端用锚锭板固定在山体内	宜使用在缺少石料地区的路肩墙或路堤式挡土墙，但不应建筑于滑坡、坍塌、软土及膨胀土地区。可采用肋柱式或板壁式，墙高不宜超过10 m
加筋土挡土墙	(图：破裂面、墙面板、活动区、稳定区、拉筋)	由面板、拉筋和填料三部分组成，依靠拉筋填料之间的摩擦力来抵抗侧向土压力，面板可预制	宜用于一般地区的路肩式挡土墙、路堤式挡土墙。但不应修建在滑坡、水流冲刷、崩塌等不良地质地段。高速公路、一级公路墙高不宜大于12 m，二级及二级以下公路不宜大于20 m

类型	结构示意图	特点	适用条件
桩板式挡土墙	桩柱 挡板	由柱板的挡板组成，利用深埋的桩柱前土层的被动土压力来平衡墙后主动土压力	宜用于表土及强风化层较薄的均质岩石地基、挡土墙高度可较大，也可用于地震区的路堑或路堤支挡或滑坡等特殊地段的治理

二、重力式挡土墙的构造

重力式挡土墙依靠墙的自重支撑土压力，一般多用片（块）石砌筑，其施工数量较大，但断面形式简单，施工方便，可以就地取材。因适应性较强，在我国道路上使用最为广泛。常用的重力式挡土墙，一般由墙背、墙顶、护栏、排水设施、沉降缝与伸缩缝等部分组成。重力式挡土墙的断面形式如图 3-33 所示。

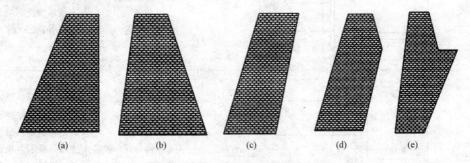

图 3-33 重力式挡土墙的断面形式
(a)竖直式；(b)俯斜式；(c)仰斜式；
(d)折线式；(e)凸形折线式

1. 墙背

仰斜墙背适用于路堑墙及墙趾处地面平坦的路肩墙或路堤墙。仰斜墙背的坡度不宜缓于 1∶0.3，通常在 1∶0.15～1∶0.25。

俯斜墙背适用于路堤墙、路肩墙。常用坡度在 1∶0.15～1∶0.25，不超过 4 m 的低墙可用垂直墙背。

凸形折线墙背多用于路堑墙，也可用于路肩墙。上、下墙的墙高比一般采用 2∶3。

衡重式墙背适用于山区地形陡峻处的路肩墙和路堤墙，也可用于路堑墙。上墙俯斜墙背的坡度为 1∶0.25～1∶0.45；下墙仰斜墙背在 1∶0.25 左右。上、下墙的墙高比一般采用 2∶3。

2. 墙面

墙面一般均为平面，其坡度应与墙背坡度相协调。墙面坡度直接影响挡土墙的高度。因此，在地面横坡较陡时，墙面坡度一般为 1∶0.05～1∶0.20，矮墙可采用陡直墙面；地面平缓时，一般采用 1∶0.20～1∶0.35 较为经济。

3. 墙顶

墙顶最小宽度，浆砌挡土墙不小于 50 cm，干砌不小于 60 cm。浆砌路肩墙墙顶一般宜采用粗石料或混凝土做成顶帽，厚度为 40 mm。如不做顶帽，对路堤墙和路堑墙，墙顶应以大块石砌筑，并用砂浆勾缝，或用 M5.0 砂浆抹平顶面，砂浆厚度为 2 cm。干砌挡土墙墙顶高度在 50 cm 内，应用 M5.0 砂浆砌筑，以增加墙身稳定。

4. 护栏

为保证交通安全，在地形险峻地段，或过高过长的路肩墙的墙顶应设置护栏。

5. 排水设施

浆砌块(片)石墙身应在墙前地面以上设一排泄水孔。墙高时，可在墙上部加设一排泄水孔。孔眼间距一般为 2~3 m，对于浸水挡土墙孔眼间距一般为 1.0~1.5 m，干旱地区可适当加大，孔眼上下错开布置。下排泄水孔的出口应高出墙前地面或墙前水位 0.3 m，如图 3-34 所示。

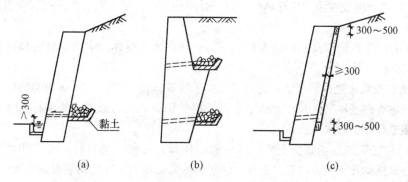

图 3-34 泄水孔及排水层(尺寸单位：mm)
(a)仰式；(b)衡重式；(c)仰式后设透水层

为防止水分渗入地基，下排泄水孔进水口的底部应铺设 30 cm 厚的黏土隔水层。泄水孔的进水口部分应设置粗粒料反滤层，以免孔道阻塞。当墙背填土透水性不良或可能发生冻胀时，应在最低一排泄水孔至墙顶以下 0.5 m 的范围内铺设厚度不小于 0.3 m 的砂卵石排水层。

6. 沉降缝与伸缩缝

一般来说，沉降缝与伸缩缝合并设置，沿路线方向每隔 10~15 m 设置一道，兼起两者的作用，缝宽为 2~3 cm，缝内一般可用胶泥填塞，但在渗水量大，填料容易流失或冻害严重地区，则宜用沥青麻筋或涂以沥青的木板等具有弹性的材料，沿内、外、顶三方填塞，填深不宜小于 0.15 m，当墙后为岩石路堑或填石路堤时，可设置空缝。

干砌挡土墙，缝的两侧应选用平整石料砌筑，使之形成垂直通缝。

三、挡土墙施工

1. 石砌重力式挡土墙的施工

石砌重力式挡土墙的主要材料片石或块石要符合规范要求，砂浆强度应不低于 M5.0。砌筑顺序要分层进行，砌筑工艺常采用坐浆法和挤浆法。伸缩缝每隔 10~15 m 设置一道，并应设置为垂直通缝。各层之间的垂直灰缝应相互交错，水平灰缝应平行。所有砌缝要求做到砂浆饱满密实。重力式挡土墙施工如图 3-35 所示。

(1)材料要求。

①片石。片石质地均匀、无裂缝、不易风化，其抗压强度不低于 25 MPa，在地震区及严寒地区，不能低于 30 MPa。应具有两个大致平行的面，其厚度不应小于 15 cm，其中一条边长不小于 30 cm，体积不小于 0.01 m^3。

②砂浆。砂浆一般用水泥、砂和水拌和而成，也可用水泥、石灰、砂与水拌和，或石灰、砂与水拌和而成。分别为水泥砂浆、混合砂浆和石灰砂浆。砂浆强度等级代表其抗压强度。拌制砂浆必须符合设计要求，一般不得低于 M5。勾缝用砂浆应比砌筑用增高 1 级。

(2)施工工艺及要求。

①准备工作。浆砌前应做好一切准备工作，主要包括：工具配备，按照设计图纸检查和处理基底，放线，安放脚手架、跳板等施工设施，清除砌石上的尘土、泥垢等。

②砌筑顺序。砌筑时应分层进行。底层极为重要，它是以上各层的基石，若底层质量不符合要求，就会影响以上各层。较长的砌体除分层外，还要分段砌筑，两相邻段的砌筑高差不应超过 1.2 m，分段处应设在沉降伸缩缝的位置。分层砌筑时，要先角石，后边石或面石，最后才填腹石。

③砌筑工艺。浆砌原理是利用砂浆胶结片石，使之成为整体，常用坐浆法和挤浆法等方法砌筑。

a. 坐浆法。坐浆法也称铺浆法，砌筑时先在下层砌体面上铺一层厚薄均匀的砂浆，压下砌石，借石料自重将砂浆压紧，并在灰缝上加以必要的插捣和用力敲击，使砌石完全稳定在砂浆层上，直至灰缝表面出现水膜。

b. 挤浆法。挤浆法除基底为土质的第一层砌体外，每砌一块石料，要先铺底浆，再放石块，经左右轻轻揉动几下后，再轻击石块，使灰缝砂浆被压实。在已砌筑好的石块侧面安砌时，要在相邻侧面先抹砂浆，后砌石，并向下及侧面用力挤压砂浆，使灰缝挤实，砌体被贴紧。

④砌筑要求。砌体外圈定位行列与转角石应选择表面较平、尺寸较大的石块，浆砌时，长短相间并与里层石块咬紧，上、下层竖缝错开，缝宽要小于或等于 3 cm，分层砌筑要将大块石料用于下层，每处石块形状及尺寸要合适。竖缝较宽者可填放小石子，但不能在石下用高于砂浆层的小石块支垫。排列时，要将石块交错，坐实挤紧，尖锐凸出部分敲除。

⑤砌缝要求。

a. 错缝。砌体在段间、层间的垂直灰缝应互相交错，压叠成不规则的灰缝叫错缝，每段上、下层及段间的垂直距离在 8 cm 以上。

b. 通缝。通缝是指砌体的垂直灰缝。其是砌体受力的薄弱环节，其承压能力较好，受剪、抗、拉、受扭的能力极差，砌体最容易在此损坏，所以砌体对通缝要求较高，不仅要求砂浆饱满密实，成缝时还不允许有干缝、瞎缝及大缝。

c. 勾缝。勾缝包括平缝、凹缝和凸缝等。勾缝具有防止有害气体和风、雨、雪等侵蚀砌体内部，延长构筑物使用年限及装饰外形美观等作用。设计无特殊要求时，勾缝应采用凸缝或平缝，勾缝应用 1：(1.5～2) 的水泥砂浆，要嵌入砌缝内约 2 cm。勾缝前，要先清理缝槽，用水冲洗湿润，勾缝要保持砌后的自然缝，不要有瞎缝、丢缝、裂纹和黏结不牢等现象。

2. 加筋土挡土墙施工

加筋土挡土墙既是柔性结构，可承受地基较大的变形；又是重力式结构，可以承受荷载的冲击、振动作用。加筋土挡土墙施工简便、外形美观、占地面积少，而且对地基的适应性强。它主要适用于缺乏石料的地区和大型填方工程，如图 3-36 所示。

图 3-35 重力式挡土墙施工

图 3-36 加筋土挡土墙施工

加筋土挡土墙在施工前要核对道路、桥梁设计图纸，测量人员按照道路、桥梁的施工中心线、高程控制点进行挡土墙平面与高程控制测量及施工测量。

加筋土挡土墙的施工要求主要包括以下几个方面：

(1)加筋土土料按照设计规定选土，应就近取土，不能使用白垩土、硅藻土和腐殖土。施工前要对所用土料进行物理、力学试验。

(2)按照设计规定选择筋带材料，施工前对筋带材料进行拉拔、直剪、延伸复测试验，其指标符合设计规定后方可使用。采用钢质拉筋时，按设计规定做防腐处理。

(3)控制加筋土的填土层厚度和压实度，每层虚铺要≤25 cm，压实度要符合设计规定，并要大于95%(重型击实)。

(4)当填土中设有土工布时，土工布搭接宽度为30～40 cm，并按照设计要求留出折回长度。

(5)挡土墙板缝在填土前，要贴铺土工布，土工布必须超出缝边30 cm以上，且贴铺平整、牢固。

(6)安装预制挡土墙板前，应进行测量定线，安装挡土墙板，要向路堤内倾斜，其垂直度应控制在约1%，并设测斜观测点。

(7)预制板安装后，经校测无误，浇筑基础槽口混凝土。

(8)加筋土填土开始后，按设计要求铺土工布、筋带，并做好记录，铺土碾压，每层应测压实度，并按照施工方案观测挡土墙板的位移，并做好记录。

3. 薄壁式挡土墙施工

薄壁式挡土墙是钢筋混凝土结构，属于轻型挡土墙。薄壁式挡土墙的施工流程包括：测量放线、挡土墙基槽开挖、挡土墙基础模板在垫层(找平层)上支安模板、挡土墙钢筋成型、浇筑挡土墙混凝土基础、挡土墙板安装、浇筑挡土墙顶混凝土、墙帽与护栏安装八个步骤。

(1)测量放线。测量放线严格按照道路施工中线、高程点控制挡土墙的平面位置和纵断面高程。

(2)挡土墙基槽开挖。挡土墙基槽开挖时不得扰动基底原状土，若有超挖，应回填原状土，并按照道路击实标准夯实。确保基槽边坡稳定，防止塌方。做好排降水设施，保持基底干槽施工。对土坑、树坑应回填砂石、石灰土并夯实，以免基底不均匀沉降。对基底淤泥、腐殖土应清理干净，用性能较好的土或石灰土回填并夯实。

(3)挡土墙基础模板在垫层(找平层)上支设模板。模板必须牢固，不得松动、跑模和下沉。模板拼缝严密不漏浆，模内保持清洁。

(4)挡土墙钢筋成型。钢筋表面应当洁净,不得有锈皮、油渍、油漆等污垢。钢筋必须调直,调直后的钢筋表面不得有使钢筋截面面积减少的伤痕。钢筋弯曲成型后,表面不得有裂纹、鳞落或断裂等现象。所使用钢筋的种类、等级、规格、直径及各部尺寸经抽样检验均应符合设计要求。

绑扎成型时,绑丝必须扎紧,不得有松动、折断、位移等情况发生,绑丝头必须弯曲背向模板。

焊接成型时,焊前不得有水锈、油渍,焊缝处不得咬肉、裂纹、夹渣,焊渣应敲除净。绑扎或焊接成型的网片或骨架必须稳定牢固,杯槽部位钢筋在浇筑混凝土时不得松动和变形。

(5)浇筑挡土墙混凝土基础。浇筑挡土墙混凝土基础时,混凝土配合比要符合设计强度要求。混凝土要振捣密实,杯槽部位更应加强振捣。预埋件按设计位置与基础钢筋焊牢,以免在振捣混凝土时发生变形和位移。

(6)挡土墙板安装。当基础混凝土强度达到设计强度标准的75%后,方可安装挡土墙板。符合设计强度要求,外观没有缺楞、掉角、裂缝的墙板,方可安装。悬臂式墙板嵌入杯槽内,填实高强度细粒式混凝土,其强度不小于30 MPa,并将墙板预埋钢板或钢筋与基础预埋件焊接牢固,焊接完成后进行复测,并对焊缝做检查,合格后填写验收记录单,进行防腐处理后,才能浇筑混凝土。扶壁式墙板就位后,即刻将墙板预埋件与基础预埋件焊牢后,同样封上混凝土(图3-37)。墙板间灌缝混凝土一定要振捣密实,两侧夹板卡牢,不得漏浆。板缝用原浆勾缝,要密实、平顺和美观。

加筋土挡土墙
施工工艺

图3-37 扶臂式挡土墙施工

(7)浇筑挡土墙墙顶混凝土。测量人员按道路纵断面高程控制模板高程。模板内侧压紧薄泡沫塑料条,严禁跑浆。浇筑前,将墙顶凿毛并刷素浆,有利于混凝土上下结合。

(8)墙帽与护栏安装。墙顶帽石坐浆饱满,安装牢固,护栏与帽石联结稳固,防锈漆涂刷均匀,颜色一致。

能力训练

分小组交叉进行重力式挡土墙施工技术交底,并填写记录。

习 题

一、选择题

1. 石砌重力式挡土墙砌筑工艺常采用（　　）。
   A. 坐浆法和挤浆法　　　　　　　　B. 灌浆法和清浆法
   C. 分层法和乱层法　　　　　　　　D. 断层法和连续法
2. 加筋土挡土墙借助于拉筋与填土间的（　　）作用，把土的侧压力传给拉筋，从而稳定土体。
   A. 嵌挤　　　　B. 级配　　　　C. 摩擦　　　　D. 剪力
3. 挡土墙板缝在填土前，要贴铺土工布，土工布必须超出缝边（　　）cm 以上，且贴铺平整、牢固。
   A. 20　　　　　B. 30　　　　　C. 40　　　　　D. 50
4. 薄壁式挡土墙施工时，当基础混凝土强度达到设计强度标准的（　　）后，方可安装挡土墙板。
   A. 60%　　　　B. 65%　　　　C. 70%　　　　D. 75%
5. 适用于缺乏石料的地区和大型填方工程的挡土墙是（　　）。
   A. 重力式挡土墙　　　　　　　　　B. 锚锭板式挡土墙
   C. 加筋土式挡土墙　　　　　　　　D. 悬臂式挡土墙
6. 加筋土挡土墙由（　　）四部分组成。
   A. 墙面板　　　B. 肋板　　　　C. 填土　　　　D. 拉筋
   E. 基础
7. 石砌重力式挡土墙施工中，主要材料片石或块石要符合规范要求，砂浆强度应不低于（　　）。
   A. M5　　　　　B. M10　　　　C. M15　　　　D. M20
8. 石砌重力式挡土墙勾缝用砂浆应比砌筑用（　　）。
   A. 增高一级　　B. 增高二级　　C. 同一级　　　D. 以上均可

二、简答题

1. 简述石砌重力式挡土墙的坐浆法。
2. 简述石砌重力式挡土墙的砌筑要求。
3. 简述薄壁式挡土墙的施工流程。

项目四　路面基(垫)层施工

能力目标

(1)读懂路面结构图中基层部分内容，能就图中相关技术问题与设计方进行沟通。
(2)掌握道路基层测量放样及参与基层施工准备工作的能力。
(3)能够查阅施工技术规范，具备进行道路基层施工技术方案编制的能力。
(4)能够查阅验收规范等资料，具备对基层工程进行质量控制与验收的能力。

项目导读

路面基(垫)层是路面结构层中重要的组成部分，基层整体强度的大小和好坏，将直接影响到整个路面使用性能和寿命，其质量是非常重要的。

本项目从识读基层施工图领会设计意图、测量放样两个施工准备工作入手，把目前常用的无机结合料稳定类基层和碎、砾石类基层的施工作为两个实体工程施工任务，最后完成基层施工质量控制与验收任务。

通过对以上项目和任务相关知识的介绍，结合工程实例模拟训练，同时借助多媒体设备、实训设备、实训现场、仿真实训操作平台，形成"做中学，学中做"理实一体的教学过程。最后给定实际的基层工程施工图，由学生完成各个任务单规定的内容，并结合施工员岗位考核相关习题作为本项目能力训练与考核，以确保达到项目能力目标。

项目任务

(1)根据基层施工图纸进行道路基层施工准备工作，重点对基层与路基施工准备工作的不同之处进行描述。
(2)根据工程特点和工程现场实际条件，结合路基的构造特点，选择合适的施工方法、合理的施工机械，组织施工工艺流程，提出保证施工质量和安全的施工技术措施和施工注意事项。
(3)根据规范要求提出该基层的施工质量控制和检查验收项目和实施方案。
(4)对施工图纸中的道路基层施工技术方案进行编制时可参考其他道路稳定类基层施工方案。
(5)项目成果为道路基层施工技术方案一份。

任务一　道路基(垫)层施工准备

本任务是基层施工的基础，基层施工前应熟悉路面结构图所包括的内容，路面结构的组成、基(垫)层的作用、基(垫)层的材料与类型、各类基层的强度特点等，掌握稳定类基层的施工，熟悉粒料类基层施工。

一、路面结构图识读

路面是由各种坚硬材料铺筑在路基顶面,供车辆直接在其表面行驶的层状结构物,具有承受车辆重量、抵抗车轮磨耗和保持道路表面平整的作用。

路面结构施工图是表达各结构层的材料和设计厚度,用以指导路面施工的图样,如图4-1(a)所示。当路面结构类型单一时,可在标准横断面上用竖直引出线标注,如图4-1(b)所示;当路面结构类型较多时,可在路段不同的结构分别绘制路面结构图,并标注材料符号(或名称)及厚度,如图4-1(c)所示。

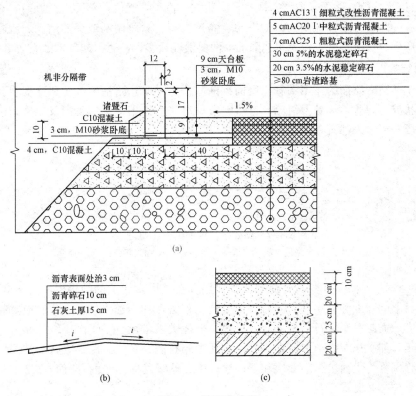

图4-1 路面结构图

1. 路面工程特点及对路面的要求

路基是路面结构的基础,具有足够强度与稳定性的路基可为路面结构长期承受车辆荷载提供重要的保证。路基和路面是不可分离的整体,应综合考虑其工程特点,综合解决两者的强度、刚度及稳定性等工程技术问题。

路面是道路的主要组成部分,良好的路面能够保证车辆高速、安全、舒适地行驶,并能节约运输费用,充分发挥道路的功能。为满足行车的使用要求,提高行车速度,增强行车的安全性和舒适性,降低运输成本,延长道路的使用寿命,要求路面具有下述一系列性能。

(1)强度和刚度。路面强度是指路面结构整体及各结构层抵抗在各种荷载作用下产生的应力(压应力、拉应力、剪应力)及破坏(裂缝、变形、车辙、沉陷、波浪)的能力;刚度是指其抵抗变形的能力。

(2)稳定性。路面结构暴露在大气之中会受到气温、降水与湿度变化的影响,其物理、力学性质也将随之不断发生改变,处于一种不稳定状态。路面结构经受这种不稳定状态而保持结构设计所要求的几何形态及物理力学性质,称之为路面结构的稳定性。

(3)耐久性。路面结构要承受车辆荷载与自然因素的重复作用,由此而逐渐产生疲劳破坏或塑性变形的累积。另外,路面各结构层组成材料也可能由于老化而导致破坏。这些都将影响路面的使用性能与使用寿命,从而增加路面的养护维修费用。因此,要求路面结构必须具有足够的抗疲劳强度、抗变形能力及抗老化能力。

(4)表面平整度。不平整的路表面会使车辆产生附加振动作用,并增加行车阻力。这种振动作用会造成行车颠簸,影响行车的速度和安全、驾驶的平稳和乘客的舒适。同时,振动作用还会对路面施加冲击力,从而加剧路面的破坏、车辆机件的损坏及轮胎的磨损,并增加油料的消耗。而且,不平整的路面还会因积水而加速路面的破坏。

(5)表面抗滑性能。路面表面要求既平整又粗糙,汽车在光滑的路面上行驶时,车轮与路面之间缺乏足够的附着力或摩擦阻力。如在雨天高速行车,紧急制动或突然启动,或爬坡、转弯时,车轮易产生空转或打滑,致使车速降低,油料消耗增多,甚至引起严重的交通事故。

2. 路面结构层的划分

由于行车荷载对路面的作用随着深度而逐渐减弱,同时,路基的湿度和温度状况也会影响路面的工作状况。因此,从受力情况、自然因素等对路面作用程度的不同及经济角度考虑,一般将路面分成若干层来铺筑,如图4-2所示。

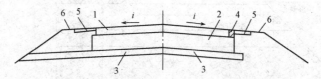

图4-2 路面结构层次划分示意图
1—面层;2—基层;3—垫层;4—路缘石;5—加固路肩;6—土路肩

(1)面层。面层是直接承受车轮荷载反复作用和自然因素影响的结构层,由一至三层组成。面层应具备足够的强度和稳定性,同时,还应具备耐磨性和不透水性。表面层应具备较高的抗滑性和平整度。面层对车辆行驶的安全、迅速、舒适关系最大。对于高等级道路,常用较高级的材料来铺筑,如水泥混凝土、沥青混凝土、沥青碎石混合料等。高等级路面的面层常由二至三层组成,分别称为表面层、中面层和下面层。中、低级路面(如砂石路面)面层上所设的磨耗层和保护层也包括在面层之内。

(2)基层。基层设置在面层之下,并与面层一起将车轮荷载的反复作用传递到底基层、垫层和土基中。因此,对基层材料的要求是应具有一定的抗压强度、密度、耐久性和扩散应力的能力(即应有较好的板体性)。由于基层不直接与车轮接触,故一般对基层材料的耐磨性不予严格要求,但由于基层本身不能阻挡地下水和地表水的侵入,所以基层结构应具有足够的水稳定性。底基层设置在基层之下,并与基层一起传递车轮荷载反复作用,起次要的承重作用。

基层按所用的材料可分为无机结合料稳定类(也称半刚性)、粒料类、沥青类等。各种常用基层、底基层分类见表4-1。

表4-1 各种常用基层、底基层分类

无机结合料稳定类	水泥稳定类		包括水泥稳定砂粒、砂粒土、碎石土、未筛分碎石、石屑
	石灰稳定类		包括石灰稳定土(石灰土)、天然砂粒土、天然碎石土以及用石灰稳定级配砂粒和级配碎石
	石灰工业废渣类	石灰粉煤灰	包括石灰粉煤灰(二灰)、石灰粉煤灰土(二灰土)
		石灰渣	包括石灰煤渣、石灰煤渣土、石灰煤渣碎石

续表

无机结合料稳定类	水泥稳定类		包括水泥稳定砂粒、砂粒土、碎石土、未筛分碎石、石屑
	石灰稳定类		包括石灰稳定土(石灰土)、天然砂粒土、天然碎石土以及用石灰稳定级配砂粒和级配碎石
	石灰工业废渣类	石灰粉	包括石灰粉煤灰(二灰)、石灰粉煤灰土(二灰土)
		石灰	包括石灰煤渣、石灰煤渣土、石灰煤渣碎石
粒料类	嵌锁型		包括泥结碎石、泥灰结碎石、填隙碎石等
	级配型		包括级配碎石、级配砾石、级配砂砾等
沥青类	沥青混合料(沥青碎石)		
	沥青灌入式碎石		

(3)垫层。垫层是底基层和土基之间的层次，它的主要作用是加强土基、改善基层的工作条件。垫层往往是为蓄水、排水、隔热、防冻等目的而设置的，所以，垫层通常设在路基处于潮湿、过湿，以及有冰冻翻浆的路段。在地下水水位较高地区铺设的垫层能起隔水作用，称为隔离层；在冰冻较深地区铺设的垫层能起防冻作用，称为防冻层。另外，垫层还能扩散由基层传下来的应力，以减小土基的应力和变形；而且也能阻止路基土挤入基层中，从而保证了基层的结构性能。

修筑垫层所用材料的强度不一定很高，但水稳性和隔热性要好，常用的材料有两类：一类是用松散粒料，如砂、砾石和炉渣等组成的透水性垫层；另一类是用整体性材料，如石灰土或炉渣石灰土等组成的稳定性垫层。

(4)联结层。联结层是在面层和基层之间设置的一个层次。其主要作用是加强面层与基层的共同作用，减少基层的反射裂缝。实践证明，对于交通繁重的道路和高速公路，无论哪一种基层，一般都要设置联结层才能保证面层有较好的使用效果。否则，路面会出现早期开裂。联结层所采用的方式一般是沥青贯入式和沥青碎石。

应当指出的是：不是任何路面结构都需要上述几个层次，而应根据具体情况设定。而且层次的划分也不是一成不变的。例如，在道路改建中，旧路的面层可成为新路面的基层。

另外，为了保护沥青路面的边缘，一般要求基层比面层每边宽出 25 cm；垫层也要比基层每边宽出 25 cm，并大于上一层的结构厚度。

3. 路面分类

按面层使用材料可分为沥青类路面、水泥混凝土路面、粒料路面和块料路面等。按强度构成原理可分为嵌锁类、级配类、结合料稳定类和铺砌类路面。按荷载作用下的力学性质可分为柔性路面、半刚性路面和刚性路面。

(1)柔性路面。结构整体刚度较小，在荷载作用下会产生较大弯沉变形，结构本身的抗弯拉强度较低，通过结构层传递到土基的荷载单位压力较大。这类路面主要是指由各种粒料类基层和各类沥青面层组成的结构体系。

(2)半刚性路面。半刚性路面在前期具有柔性路面的特征，后期强度大幅度的增长，但最终强度低于水泥混凝土。其力学性质介于柔性与刚性路面之间。常用水泥、石灰等无机结合料稳定各种粒料以及含有水硬性结合料的工业废渣铺筑。一般是把在这种基层上铺筑的沥青路面称为半刚性路面，而把这种基层称为半刚性基层。

(3)刚性路面。刚性路面主要是指用水泥混凝土作面层或基层的路面结构。水泥混凝土与其他道路材料相比具有抗弯拉强度高、弹性模量高、刚度大的特点。在荷载作用下产生的竖向变形很小时，可使结构层处于弹性的板体工作状态。这类路面结构主要靠混凝土的抗弯和抗拉强度承受车辆荷载作用。由于板体的扩散及分布荷载作用，使传递到板下基础上的单位压力较小。这种以力学特性为标准分类的方法主要是为了从结构层功能原理和设计方法等方面进行区分，并没有绝对的定量分界限。近年来，随着材料科学的发展，正在逐步改变这种路面属性。如水泥混凝土路面在保持其具有高强优势的前提下，降低其刚度，以改善行车性能。沥青材料的改性研究也可使沥青路面材料的力学性质及气候稳定性得到改善与大幅度的提高。

二、道路基(垫)层测量放样

路基(垫)层测量放样的精度要求要比路基施工阶段高。为了保证精度、便于测量，通常在路面施工之前，将道路两侧的导线点和水准点引到路基上。导线点和水准点一般设置在桥梁、通道的桥台上或涵洞的压顶石上，以防止被破坏。引测的导线点和水准点，要进行附合或闭合，精度应满足一、二级导线和五等水准测量的要求。

路面基层施工测量工作包含恢复中线、放样高程和边线测量。

1. 路面基层中桩和边桩的测设

根据道路两侧的施工控制桩，按照施工控制桩钉桩的记录和设计路面宽度，推算出施工控制桩与路面边线(侧石内侧边线)和路面中心的距离，然后自施工控制桩沿横断面方向分别量出中线至路面边线的距离，即可定出路面边桩和道路中桩。同时可按路面设计宽度尺寸复测路面边桩到路中线的距离，对边桩和中桩进行校核，如图 4-3 所示。

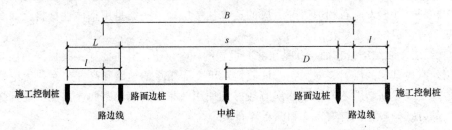

图 4-3 中桩和边桩的测设

B—路基设计宽度；l—施工控制桩距路边线的距离；s—路面设计宽度；
L—施工控制桩到路面边线的距离，$L=\dfrac{B-s}{2}+l$；D—施工控制桩到中桩的距离，$D=\dfrac{B}{2}+l$

2. 路拱放样

(1)直线形路拱的放样。

①计算中桩填挖值，即中桩桩顶实测高程与路面各层设计高程之差。

②计算路面边线桩填挖值，即边线桩桩顶实测高程与路面基层设计高程之差。

③根据计算成果，分别在中桩、边桩上标定挂线，即得到路面基层的横向坡度。如果路面较宽，则在中间加点，施工时，为了使用方便，应预先将各桩号断面的填挖值计算好，以表格形式列出，供放样时直接使用。

(2)抛物线形路拱的放样。施工时，可采用"平砖法"控制路拱形状。即在边桩上依路中心高程挂线后，按路拱曲线大样图所注的尺寸[图 4-4(a)]及路面结构大样图[图 4-4(b)]，在路中心两侧一定距离处[图 4-2(c)]，如在距离路中心 150 cm、300 cm 和 450 cm 处分别向下量 5.8 cm、8.2 cm、11.3 cm，置平砖，并使平砖顶面正处在拱面高度，铺撒碎石时，以平砖为标志就可找出设计的拱形。施工中使用更多的是路拱样板，随时可检测路拱误差。在曲线部分测设路面边桩和下平砖时，应根据设计图样做好内侧路面加宽和外侧路拱超高的测设工作。

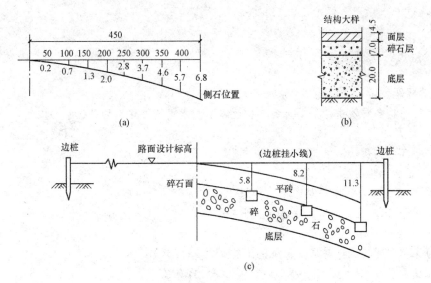

图 4-4 路拱样板放样(尺寸单位：cm)
(a)路拱曲线；(b)路面结构；(c)平砖法路拱放样

3. 路面基层放样的精度要求

路面放样的精度要求，根据《城镇道路工程施工与质量验收规范》(CJJ 1—2008)的要求，主要技术指标见表 4-2。

表 4-2 城镇道路基层和底基层放样精度要求

序号	检查项目	基层	底基层
1	中线平面偏位/mm	≤20	
2	纵断高程/mm	±15	±20
3	宽度/mm	不小于设计规定值+B	
4	横坡	±0.3%且不反坡	

注：B 为施工时必要的附加宽度。

能力训练

1. 识读某道路路面施工图图纸，并回答以下问题。
(1)该图的名称是什么？绘图比例是多少？
(2)该道路工程的路面各结构层的类型、厚度和横坡各是多少？
(3)该道路工程路面从力学特性分属于哪一类？
(4)该道路工程路面横坡是如何确定的？
2. 分小组用"平砖法"进行抛物线型路拱放样实训。

习题

一、选择题

1. 路面结构各层次中，主要起调节和改善土基水温状况作用的是（　　）。
   A. 面层　　　　B. 基层　　　　C. 垫层　　　　D. 联结层
2. 道路各结构层次从上到下正确的一项是（　　）。
   A. 面层、联结层、垫层
   B. 面层、基层、整平层、土基
   C. 面层、基层、垫层、联结层、土基
   D. 面层、联结层、基层、垫层、土基
3. 为保护路面边缘，基层至少应比面层每边宽（　　）m。
   A. 0.5　　　　　　　　　　　B. 0.25
   C. 0.2　　　　　　　　　　　D. 0.15
4. 柔性路面结构层次中，基层主要起（　　）的作用。
   A. 承受竖向力　　　　　　　B. 承受水平力
   C. 承受水平和竖向力　　　　D. 整平
5. 下列对路面使用要求的说法中正确的是（　　）。
   A. 路面应具有足够的强度和刚度
   B. 路面应具有足够的稳定性，能长期承受温度、湿度变化和荷载的作用
   C. 路面应具有足够的粗糙度，因而应适当降低平整度
   D. 路面应具有足够的耐久性，使路面在外界因素作用下耐疲劳、耐老化
   E. 路面应与周围环境相协调
6. 路面结构整体及各结构层抵抗在各种荷载作用下产生的应力及破坏的能力是指路面的（　　）。
   A. 强度　　　　B. 挠度　　　　C. 刚度　　　　D. 耐久性
7. 路面结构层次中直接与行车和大气相接触的表面层次是（　　）。
   A. 面层　　　　B. 基层　　　　C. 垫层　　　　D. 结构层
8. 沥青路面结构层次中的承重层是（　　）。
   A. 面层　　　　　　　　　　　B. 基层
   C. 垫层　　　　　　　　　　　D. 防水层
9. 按荷载作用下的力学性质划分，路面可分为（　　）。
   A. 柔性路面、刚性路面、半刚性路面
   B. 柔性路面、半柔性路面、半刚性路面
   C. 柔性路面、刚性路面、半柔性路面
   D. 半柔性路面、刚性路面、半刚性路面
10. 路面的最基本的功能是（　　）。
    A. 为车辆提供快速、安全、舒适和经济的行驶环境
    B. 给道路使用者留下美好的印象
    C. 防止路基出现滑坡、崩塌等病害
    D. 承受车辆荷载的垂直力，并下传给地基

二、判断题
1. 垫层设在底基层和土基之间，起排水、隔水、防冻、防污等作用。　　（　）
2. 垫层的主要功能是承受车辆荷载的垂直力。　　　　　　　　　　　（　）
3. 路面是用各种材料或混合料，分单层或多层铺筑在路基顶面供车辆行驶的层状物。
　　　　　　　　　　　　　　　　　　　　　　　　　　　　　　　　　（　）
4. 路面是道路的主要组成部分，它的好坏会直接影响行车速度。　　　（　）

任务二　道路基(垫)层施工

本任务是在读懂路面结构施工图、做好基层施工准备的前提下，掌握各类基层的材料要求、施工方法、施工工艺、施工注意事项等环节，掌握施工规范对基层施工的相关规定和要求。

一、稳定类基层概述

1. 常用稳定类基层的定义

稳定类基层又称为半刚性基层。目前，常用的有石灰稳定类、水泥稳定类和石灰工业废渣稳定类。此类基层具有强度与刚度较大、水稳性与抗冻性较好、可充分利用地方材料等优点；同时也有收缩系数较大、抗变形能力较低、透水性差、表面易积水、破裂后无法愈合等缺点。

(1) 石灰稳定类基层。在粉碎的或原来松散的土(包括各种粗粒土、中粒土和细粒土)中，掺入足够数量的石灰和水，通过拌和得到的混合料经摊铺压实及养护后，当其抗压强度或耐久性符合规定要求时，称为石灰稳定类基层。

用石灰稳定细粒土得到的混合料，简称石灰土。石灰土的干缩和温缩特性十分明显，且都会导致裂缝，强度未充分形成时表面会遇水软化产生唧浆冲刷等损坏，已被严格禁止用于高等级道路路面基层，只能用作底基层。

用石灰稳定粗粒土或中粒土得到的混合料，视所用原材料而定，原材料为天然砂砾土时，简称石灰砂砾土；原材料为天然碎石土时，简称石灰碎石土。

(2) 水泥稳定类基层。在粉碎的或原来松散的土(包括各种粗粒土、中粒土和细粒土)中，掺入足够数量的水泥和水，通过拌和得到的混合料经摊铺压实及养生后，当其抗压强度和耐久性符合规定要求时，称为水泥稳定类基层。

用水泥稳定细粒土得到的混合料，简称水泥土。水泥土的干缩系数、干缩应变和温缩系数都明显大于水泥稳定粒料，所产生的收缩裂缝也比水泥稳定粒料严重得多。水泥土强度未充分形成时，表面会遇水软化，导致沥青路面龟裂破坏。水泥土的抗冲刷能力低，表面会遇水软化，易产生唧浆冲刷现象，导致路面裂缝、下陷扩展。为此只能用作高等级道路的底基层。

用水泥稳定粗粒土或中粒土得到的混合料，视所用原材料，可简称水泥稳定碎石、水泥稳定砂砾等。

(3) 石灰工业废渣类基层。在粉碎的或原来松散的土(包括各种粗粒土、中粒土和细粒土)中加入一定比例的石灰与工业废渣，经加水拌和、压实和养生后得到一种强度和耐久性都有很大提高并符合规范规定的要求的混合料，称为石灰工业废渣稳定土(简称石灰工业废渣)。

石灰工业废渣材料可分两大类：即石灰粉煤灰类和石灰其他废渣类。其中应用最多最广的是石灰和粉煤灰类。用石灰和粉煤灰稳定细粒土(含砂)得到的混合料，简称二灰土。用石灰和粉煤灰稳定级配砂砾和级配碎石时，分别简称二灰砂砾和二灰碎石。二灰土有良好的力学性能、板体性、水稳性和一定的抗冻性，其抗冻性比石灰土高很多。同时，也具有明显的收缩特性，但比水泥土和石灰土小。其也被严格禁止用于高等级道路路面基层,只能用作底基层。

2. 半刚性基层的材料要求

(1)土。

①级配:基层用土要易于粉碎,满足一定的级配,便于碾压成型。

②最大粒径:水泥、石灰稳定土用作城市快速路、主干路基层和底基层时,颗粒最大粒径不应超过37.5 mm,用作其他道路基层时,颗粒的最大粒径不应超过37.5 mm,用作底基层时,颗粒的最大粒径不应超过53 mm。

③颗粒组成:用水泥稳定类混合料作基层时,土的均匀系数应大于5,一般选用均匀系数大于10的土。水泥稳定类混合料的粒料范围及技术指标应符合表4-3的要求。工业废渣稳定类混合料的集料颗粒组成应符合表4-4的要求。

表4-3 水泥稳定类混合料的粒料范围及技术指标

项目		通过质量百分率/%			
		底基层		基层	
		次干路	快速路、主干路	次干路	快速路、主干路
筛孔尺寸/mm	53	—	—	—	—
	37.5	100	—	100	—
	31.5	—	90~100	90~100	100
	26.5	—	—	—	90~100
	19	—	67~90	67~90	72~89
	9.5	—	—	45~68	47~67
	4.75	50~100	50~100	29~50	29~49
	2.36	—	—	18~38	17~35
	1.18	—	—	—	—
	0.60	17~100	17~100	8~22	8~22
	0.075	0~50	0~30	0~7	0~7
	0.002	0~30	—	—	—
液限/%		—	—	—	<28
塑性指数		—	—	—	<9

表4-4 砂、砾、碎石级配

筛孔尺寸/mm	通过质量百分率/%			
	级配砂砾		级配碎石	
	次干路	快速路、主干路	次干路	快速路、主干路
37.5	100	—	100	—
31.5	85~100	100	90~100	100
19.0	65~85	85~100	72~90	81~98
9.50	50~70	55~75	48~68	52~70
4.75	35~55	39~59	30~50	30~50
2.36	25~45	27~47	18~38	18~38

续表

筛孔尺寸/mm	通过质量百分率/%			
	级配砂砾		级配碎石	
	次干路	快速路、主干路	次干路	快速路、主干路
1.18	17～35	17～35	10～27	10～27
0.60	10～27	10～25	6～20	8～20
0.075	0～15	8～10	0～7	0～7

④液、塑性指数：水泥稳定类时，塑性指数宜为10～17；石灰稳定类时，塑性指数宜为10～15。

⑤硫酸盐、有机质含量：水泥稳定时，有机质含量不应大于2%；硫酸盐含量不应大于0.25%；石灰稳定类的土的有机质含量不应超过10%。

⑥压碎值：基层(底基层)所用的碎、砾石应具有一定的抗压能力，对城市快速路、主干路基层与底基层不得大于30%；对其他道路基层不得大于30%；对底基层不得大于35%。

(2)水泥。应选用初凝时间大于3 h、终凝时间不小于6 h的32.5级、42.5级普通硅酸盐水泥、矿渣硅酸盐和火山灰质硅酸盐水泥。水泥应有出厂合格证与生产日期，复验合格方可使用。若贮存期超过3个月或受潮，应进行性能试验，合格后方可使用。

(3)石灰。石灰的技术指标应符合表4-5的要求，应尽量缩短石灰的存放时间。石灰在野外存放时间较长时，应覆盖防潮。高等级道路的基层(底基层)宜采用磨细生石灰。

表4-5 石灰的技术指标

项目	类别	钙质生石灰			镁质生石灰			钙质消石灰			镁质消石灰		
		等 级											
		Ⅰ	Ⅱ	Ⅲ	Ⅰ	Ⅱ	Ⅲ	Ⅰ	Ⅱ	Ⅲ	Ⅰ	Ⅱ	Ⅲ
有效钙镁含量/%		≥85	≥80	≥70	≥80	≥75	≥65	≥65	≥60	≥55	≥60	≥55	≥50
未消化残渣含5 mm圆孔筛的筛余/%		≤7	≤11	≤17	≤10	≤14	≤20	—	—	—	—	—	—
含水量/%		—	—	—	—	—	—	≤4	≤4	≤4	≤4	≤4	≤4
细度	0.71 mm方孔筛的筛余/%	—	—	—	—	—	—	0	≤1	≤1	0	≤1	≤1
	0.125 mm方孔筛的筛余/%	—	—	—	—	—	—	—	≤13	≤20	—	≤13	≤20
钙镁石灰的分类筛，氧化镁含量/%		≤5			>5			≤4			>4		

(4)粉煤灰。粉煤灰中SiO_2、Al_2O_3和Fe_2O_3总量大于70%；烧失量应小于10%。粉煤灰的细度应满足90%通过0.3 mm筛孔，70%通过0.075 mm筛孔，比表面积不宜大于2 500 cm^2/g

的要求。

干粉煤灰堆放时应加水,以防止飞扬造成污染。湿粉煤灰的含水量不宜超过35%。使用时,应将凝固的粉煤灰打碎或过筛,同时清除有害杂质。

(5)水。无有害物质,人、畜饮用的水均可使用。

3. 稳定土基层混合料的强度要求

无机结合料稳定类基层包括石灰类、水泥类、石灰工业废渣类。各类基层施工前,所使用的石灰、水泥、碎(砾)石、细粒土、粉煤灰等原材料应满足相关规范规定的技术要求,同时,应认真做好稳定土基层混合料组成设计,以满足强度和耐久性以及稳定的效果。稳定土基层混合料组成设计的主要内容是确定无机结合料的剂量及混合料最佳含水量和最大密实度。无机结合料剂量是指结合料质量占全部土颗粒的干质量的百分率,即结合料剂量=结合料质量/干土质量。目前,采用无侧限抗压强度作为稳定土的强度指标。稳定土的抗压强度标准见表4-6。

表4-6 稳定土的抗压强度标准

层位		高速和一级公路 城市快速路和主干路/MPa	其他/MPa
基层	水泥稳定类	3.0~4.0	2.5~3.0
	石灰稳定类	—	0.8
	石灰工业废渣类	0.8~1.1	0.6~0.8
底基层	水泥稳定类	1.5~2.5	1.5~2.0
	石灰稳定类	0.8	0.5~0.7
	石灰工业废渣类	0.6	0.5

考虑施工现场质量的波动性,工地实际采用的结合料剂量应比室内试验确定的剂量多0.5%~1.0%。近年来,土壤固化剂在道路基层上推广应用。凡能改善和提高土壤技术性能的材料都称为土壤固化剂。土壤固化剂可分为液粉状、粉状。用土壤固化剂固化路面基层和底基层时,其固化类混合料的强度标准见表4-7。

表4-7 固化类混合料的强度标准

层位	固化剂类别		道路等级	
			城市快速路和主干路	城市次干路和支路
基层	液粉	水泥类	3~4	2~3
		石灰类	—	≥0.8
		水泥石灰类	3~4	2~3
		石灰粉煤灰类	≥0.8	≥0.6
	粉状固化剂		3~4	2~3
底基层	液粉	水泥类	≥1.5	≥1.5
		石灰类	≥0.8	0.5~0.7
		水泥石灰类	≥1.5	≥1.5
		石灰粉煤灰类	≥0.5	≥0.5
	粉状固化剂		≥1.5	≥1.5

二、稳定类基层施工

1. 石灰稳定类基层施工

石灰稳定类基层施工根据施工拌和方式的不同可分为厂拌法和路拌法。一般高等级道路半刚性基层多采用厂拌法施工；低等级道路多采用路拌法施工。

(1)路拌法施工。石灰稳定土一般采用路拌法，在城镇人口密集区，应使用厂拌石灰土，不得使用路拌法。石灰稳定土施工工序为：准备下承层与施工放样→备料→摊铺→拌和洒水→整形碾压→养护及交通管制。

①准备下承层与施工放样。施工前应对下承层（土基或底基层）按质量验收标准进行验收，验收合格后，才能进行中线放样，并在两侧路面边缘外 0.3~0.5 m 处设指示桩，在指示桩上标出基层（底基层）边缘设计标高及松铺厚度位置。

②备料。根据各路段基层（底基层）的宽度、厚度及预定的干密度，计算各路段需要的干燥集料数量。根据混合料的配合比、材料的含水量以及运输车辆的吨位，计算各种材料每车料的堆放距离。对于以袋为计量单位的石灰等结合料，应计算出每袋结合料的堆放距离。准备使用的石灰应提前 2~3 d 洒水，使石灰充分消解，未能消解的石灰块应用孔径为 10 mm 的筛筛除。在潮湿多雨地区施工时，应采取有效措施使细粒土、结合料免受雨浇。

③摊铺。摊铺施工包括土料层摊铺和石灰摊铺。

土料层摊铺前，应保持下承层表面湿润。在摊铺过程中，应尽量使集料或土摊铺均匀，不出现离析现象。根据试验或试验路段确定的压实系数（压实系数为松铺厚度除以压实厚度），宜取 1.65~1.70。计算松铺土料层的厚度，摊铺厚度不符合要求时，应予以调整。摊铺好的土层上，除了洒水车外，严禁其他车辆通行。石灰摊铺应均匀，均匀铺完后，应检查石灰的松铺厚度，并校核石灰用量是否合适。

④拌和洒水。使用灰土拌合机或稳定土拌合机"干拌"1~2 遍，使石灰分布到全部土中，不要求完全拌和均匀，而是预防加水过程中石灰成团。然后边洒水边拌和，进行"湿拌"。

当洒水车洒水时，切勿中断，不得在正在进行的路段上调头或停留。拌合机械在洒水车后配合进行。拌和过程中，应及时检查混合料的含水量，一般比最佳含水量略大 1%~2% 为宜，拌和直至水量足够、混合料颜色及含水量均匀为止。在路基上铺拌时应随时检查拌和深度，严禁在底部留有"素土"夹层，应防止过多破坏土基表面，以免影响混合料的石灰剂量及底部压实。

⑤整形。混合料拌和均匀后应立即用平地机进行初平。一般在直线段，由两侧向路中心刮平；在曲线段，由内侧向外侧刮平。然后，用轮胎压路机、轮胎拖拉机或平地机快速碾压一遍。不平整的地方，用齿耙把表面 5 cm 耙松；必要时，用新拌的混合料找平，再进行碾压。每次整平碾压，均需按要求调整坡度和路拱。

为避免出现薄层贴补，在总厚度满足要求的情况下，摊铺时宜"宁高勿低"；整平时，宜"宁刮勿补"。

⑥碾压。整形后当混合料处于最佳含水量不超过 1%~2% 范围时，进行碾压。如表面水分不足，应适当洒水。

在人工摊铺和整形的情况下，应先用拖拉机或 6~8 t 两轮压路机或轮胎压路机碾压 1~2 遍，再用重型轮胎压路机、振动压路机或 12 t 以上的三轮压路机进行碾压。初压时，碾压速度以 20~30 m/min 为宜；灰土初步稳定后，以 30~40 m/min 为宜。

直线和不设超高的平曲线段，应由两侧向中心碾压；设超高的平曲线段，应由内侧向外侧碾压。在碾压过程中，石灰土的表面应始终保持湿润，如表面蒸发太快，应及时补充水分，防止表面开裂。同时,如发现有"弹簧"、松散、起皮等现象,应及时翻开重新拌和,或用其他方法处理,使其达到质量要求。

碾压结束之前,用平地机终平一次,使高程、路拱和超高符合设计要求,局部低洼之处不得找补,以免出现薄层贴补现象。

⑦养护及交通管制。养护期应采取洒水保温措施,在铺筑上层之前,至少养护 7 d 时间。养护方法根据情况可采用洒水、覆盖等方法。养护期间应封闭交通。

养护期结束,应立即施工上层,以免产生收缩裂缝;或先铺一封层,开放交通,待基层充分开裂后,再施工上层,以减少反射裂缝。

⑧纵、横接缝均应设直槎。纵向接缝宜设在路中线处做成阶梯形,梯级宽不得小于 1/2 层厚。应尽量减少横向接缝。

(2)集中拌合法(厂拌法)。集中拌合法一般是在中心站用强制式拌合机、双转轴桨叶式拌合机等设备进行集中拌和。用稳定土摊铺机、沥青混凝土摊铺机或水泥混凝土摊铺机进行摊铺。

①拌和。稳定土混合料正式拌制时,应将土块粉碎,使最大尺寸不超过 20 mm。配料要准确,拌和要均匀,加水量要略大于最佳含水量的 1% 左右,混合料运到现场摊铺碾压时,应正好接近最佳含水量。成品料运到现场摊铺前应覆盖,以防水分蒸发。

②摊铺。石灰土每次摊铺长度宜为一个碾压段。当分层摊铺时,应先将下层顶面拉毛,再摊铺上层混合料。摊铺机的生产能力应与拌合机的生产能力相适应。应尽量减少摊铺机摊铺过程中停机待料的情况。石灰土混合料的压实系数应通过试铺试压求得。

③厂拌法的其他施工工序要求与路拌法相同。

2. 水泥稳定类基层施工

城镇道路中使用水泥稳定土类材料,宜集中拌制法施工。

厂拌法的施工工序:施工准备和放样→运输→摊铺→整形→碾压→接缝和调头→养护。

(1)施工准备和放样。水泥稳定土的施工准备和放样要求同石灰稳定土一样。

水泥稳定土基层施工工艺

(2)运输。水泥常用大吨位自卸式汽车进行运输,运输时,应采取措施防止水分损失。运输车的数量应与拌和机的生产能力、摊铺机的生产能力相适应。应尽量减少摊铺机摊铺过程中停机待料的情况。

(3)摊铺。水泥稳定土类材料自搅拌至摊铺完成,不得超过 3 h。按当班施工长度计算用料量。

分层摊铺时,应在下层养护 7 d 后,方可摊铺上层材料。压实系数施工前应通过试验确定,水泥土的压实系数宜为 1.53~1.58;水泥稳定砂砾的压实系数宜为 1.30~1.35。

(4)整形。要求同石灰土基层施工。

(5)碾压。宜用 12~18 t 压路机做初步稳定碾压,混合料初步稳定后用大于 18 t 的压路机碾压,至表面平整、无明显轮迹,且达到要求的压实度。要求在水泥初凝时间到达前碾压成活。

为满足水泥稳定土表面的平整,对于砂(砾)质土,适宜用轮胎压路机或钢轮压路机;对于砂质黏土,适宜用轮胎压路机;振动压路机适用性较广,且压实效果良好,现已被广泛用于工程中。压路机不得在已完成的或正在碾压的路段上"调头"或急刹车,以避免破坏基层表面。

(6)接缝和调头处的处理。用摊铺机摊铺混合料时,不宜中断,如因故中断时间超过 2 h,应设置横向接缝,摊铺机应驶离混合料末端;人工将末端含水量合适的混合料弄整齐,紧靠混合料放两根方木,方木的高度应与混合料的压实厚度相同,整平紧靠方木的混合料;方木的另一侧用砂砾或碎石回填约 3 m 长,其高度应高出方木几厘米;将混合料碾压密实;在重新开始摊铺混合料之前,将砂砾或碎石和方木除去,并将下承层顶面清扫干净。摊铺机返回到已压实层的末端,重新开始摊铺混合料;如摊铺中断后,未按上述方法处理横向接缝,而中断时间已超过 2 h,则应将摊铺机附近及其下面未经压实的混合料铲除,并将已碾压密实高程和平整度符合要求的末端挖成与路中心线垂直并垂直向下的断面,然后再摊铺新的混合料。在不能避免纵向接缝的情况下,纵缝必须垂直相接,严禁斜接,在前一幅摊铺时,在靠中央的一侧用方木或钢模板作支撑,方木或钢模板的高度应与稳定土层的压实厚度相同;养生结束后,在摊铺另一幅之前,拆除支撑木(或板)。

(7)养护。水泥稳定土经拌和、压实后,用洒水养护,也可用帆布、粗麻袋等覆盖保持湿润;采用乳化沥青养护时,应在其上撒布适量石屑,养护期间应封闭交通。经 7 d 养护后才能铺上一层结构层。

3. 石灰工业废渣类基层施工

石灰工业废渣类混合料宜采用强制式搅拌机在搅拌厂集中拌制而成。集中拌和及运输时,应符合下列要求:

(1)搅拌时应先将石灰、粉煤灰搅拌均匀,再加入砂砾(碎石)和水搅拌均匀。混合料含水量宜略大于最佳含水量。

(2)拌制石灰粉煤灰砂砾均应做延迟时间试验,确定混合料在贮存场存放时间及现场完成作业时间。

(3)混合料含水量应视气候条件适当调整。

石灰工业废渣类基层的施工工序及要求与水泥稳定类一致,并应符合下列要求:

(1)混合料在摊铺前其含水量宜为最佳含水量的±2%。

(2)混合料每层最大压实厚度为 20 cm,且不宜小于 10 cm。

(3)养护期间宜封闭交通。需通行的机动车辆应限速,严禁履带车辆通行。

4. 施工中注意的问题

(1)施工季节。无机结合料稳定类结构层宜在春末或夏季组织施工,施工期的最低气温应在5 ℃以上,并保证在冻前有一定的成型期,即第一次重冰冻(−5 ℃~−3 ℃)到来之前半个月至一个月(水泥类)及一个月至一个半月(石灰与二灰类)完成,若不能完成则应覆盖上层,防止冻融破坏。

在雨期施工水泥稳定类结构层时,应特别注意气候变化,防止水泥混合料遭雨淋。同时应采取措施排除表面水,避免运到路上的集料过分潮湿。

(2)水泥稳定类材料施工作业长度的确定。确定水泥稳定类混合料的作业长度,应综合考虑水泥的终凝时间。因此,施工时必须采用流水作业法,各工序必须紧密衔接,尽量缩短从拌和到完成碾压之间的延迟时间。一般情况下,每一流水作业段长度以 200 m 为宜。

(3)机械设备生产能力协调配套。这里包括两个方面的含义:一方面机械本身生产能力的配套,以形成真正的机械化施工流程,充分发挥各种机械的效能;另一方面是施工组织调度,配套组织合理、科学,工序间衔接有序,充分体现机械运行间的协调性。

(4)控制和保持最佳含水量。在稳定混合料中,无论是水泥土,还是石灰土或二灰土等,都要求在规定时间内完成整个作业过程,其主要原因是为了保证这些材料的初凝期,而水分又是其重要条件。要实现此目标,一是要拌合设备能按规范要求加入定量的拌和用水,并保持混合料与水的均匀混合,使各材料颗粒间含有适宜的水分;二是要减少运输过程中水分的丢失,尤其是气候炎热时应采取防止水分丢失的措施,如缩短运输周期、覆盖防晒苫布或采取增加1%~2%含水量的预防措施;三是要尽快摊铺、尽快碾压,减少水分丢失,一旦水分丢失要适量洒水。

(5)摊铺机的作业速度调整。摊铺机摊铺作业的关键是保持其连续不间断地作业。因此,进行摊铺作业前应有足够的混合料运到施工现场,一旦开始摊铺,就要求连续不断地进行。如果出现其他原因影响供料,造成供料不足,现场指挥调度人员应及时了解原因并采取果断措施,适当调整作业速度,以维持不间断作业。若因供料停机时间长,则应摊铺作业结束来处理工作面。

三、粒料类基层施工

1. 粒料类基层分类

粒料类基层按强度构成原理可分为嵌锁型与级配型。嵌锁型包括泥结碎石、泥灰结碎石、填隙碎石等；级配型包括级配碎石、级配砾石、符合级配的天然砂砾、部分砾石经轧制掺配而成的级配砾、碎石等。

级配碎(砾)石基层粗、细碎石集料和石屑各占一定比例的混合料，当其颗粒组成符合密实级配，经拌和、摊铺、碾压成型及养护后，其抗压强度或稳定性、密实度符合规定要求时，称为级配碎石。当混合料改为粗、细砾石和砂时称为级配砾石。级配碎(砾)石可作为城市次干路及其以下道路基层。填隙碎石基层用单一尺寸的粗碎石做主骨料，形成嵌锁作用，用石屑填满碎石间的孔隙，增加密实度和稳定性，这种结构的基层称为填隙碎石基层。

2. 级配型粒料基层的材料要求

(1)轧制碎石的材料，可以是各种类型的岩石(软质岩石除外)、砾石。轧制碎石的砾石粒径应为碎石最大粒径的3倍以上，碎石中不应有黏土块、植物根叶、腐殖质等有害物质。

(2)碎石中针片状颗粒的总含量不应超过20%。

(3)级配碎石及级配碎砾石颗粒范围和技术指标应符合相关规范的要求。

(4)级配碎石及级配碎砾石石料的压碎值：用作基层时，城市快速路、主干路不大于26%，次干路不大于30%，次干路以下道路不大于35%；用作底基层时，城市快速路、主干路不大于30%，次干路不大于35%，次干路以下道路不大于40%。

(5)碎石应为多棱角块体，软弱颗粒含量应小于5%；扁平细长碎石含量应小于20%。

(6)用作次干路及其以下道路底基层时，级配中最大粒径宜小于53 mm，用作基层时最大粒径不得大于37.5 mm。

(7)天然砂砾应质地坚硬，含泥量不得大于砂质量(粒径小于5 mm)的10%，砾石颗粒中细长及扁平颗粒的含量不得超过20%。

(8)级配砂砾及级配砾石的颗粒范围和技术指标宜符合规范的要求。

3. 级配碎(砾)石基(垫)层施工

一般采用路拌法施工时，为保证施工质量，宜采用机械摊铺符合级配要求的厂拌级配碎石或级配碎砾石。

级配碎石路拌法的施工工艺如图4-5所示。级配碎石基层厂拌法的施工工艺如图4-6所示。

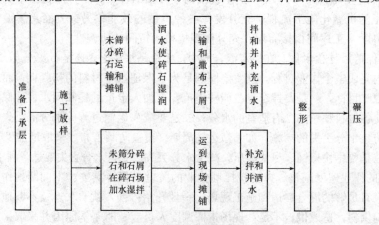

图 4-5 级配碎石路拌法施工工艺

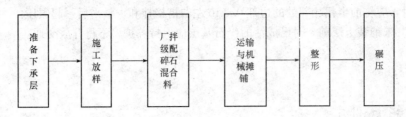

图4-6 级配碎石基层厂拌法的施工工艺

(1)准备下承层。级配碎(砾)石的下承层的要求同稳定类基层。

(2)施工放样。在下承层上恢复中线。直线段每15~20 m设一桩,平曲线段每10~15 m设一桩,并在两侧路肩边缘外0.3~0.5 m设指示桩。逐个断面进行高程测量,并在指示桩上标记结构层的设计高度。

(3)备料。根据各路段基层或底基层的宽度、厚度及预定的干密度和压实系数,计算所需要的各种集料的数量,根据运料车辆的车厢体积,计算每车材料的堆放间距。

(4)运输和摊铺集料。集料装车时,应控制每车料的数量基本相同。同一料场的路段,运输应由远到近按计算的间距堆放,堆放的时间不宜过长,一般仅提前数天。料堆间每隔一定距离应留缺口,用以排水。

应事先通过试验确定集料的压实系数,一般人工摊铺时为1.40~1.50;平地机摊铺时为1.25~1.35。采用粗细不同的多种集料时,应将粗集料铺在下面,并处于湿润状态,再将细集料铺在上面。级配碎石的未筛分碎石摊铺平整后,在其较湿润的情况下,向上运送石屑用平地机并辅以人工将石屑均匀摊铺在碎石层上,或用石屑撒布机将石屑直接均匀撒布在碎石层上。

摊铺碎石每层应按虚厚一次铺齐,颗粒分布应均匀,厚度一致,不得多次找补。检查松铺材料层的厚度,必要时应进行减料或补料工作。

(5)拌和及整形。对于级配碎石,应用稳定土拌合机拌和。若没有,也可用平地机或多铧犁与缺口圆盘耙配合拌和。对于级配砾石,可采用平地机拌和。

拌和时,稳定土拌和机应拌2遍以上,且深度应到级配碎石层底,在最后一遍拌和前,可先用多铧犁贴底面翻拌一遍。用平地机拌和时,平地机宜翻拌5~6遍,使石屑均匀分布于碎石料中。平地机拌和的作业长度为300~500 m。拌和结束后,混合料的含水量应均匀,并较最佳含水量大1%左右,并且没有颗粒离析现象。

用拖拉机、平地机和轮胎压路机在已初平的路段上碾压一遍,找出潜在的不平整的地方,进行处理。最后用平地机进行整平和整形。在整平中,应禁止车辆通行。

(6)碾压。整平后,应根据材料的含水量适当洒水,当含水量满足要求时,应立即用12 t以上三轮压路机、振动压路机或轮胎压路机进行碾压。应由两侧向路中心,小半径曲线由内侧向外侧进行碾压,后轮应重叠1/2轮宽,且须超出两段的接缝处。一般需碾压6~8遍,碾压至缝隙嵌挤密实,稳定坚实,表面半整,轮迹小于5 mm。压路机的碾压速度前两遍宜为25~30 m/min,以后为35~40 m/min。路面两侧区域应多压2~3遍。

严禁在已完成或正在碾压的路段上调头或急刹车。

含有土的级配碎(砾)石层,应进行滚浆碾压,直到表层没有多余的细土泛出为止,然后将表层薄层土(或滚浆)清除干净。

(7)接缝处理。作业段的衔接处应搭接拌和。第一段拌和后,应留5~8 m先不碾压,等第二段施工时,将留下的部分一起加水拌和,整平后再进行碾压。

施工时,应尽量避免纵向接缝。当必须分幅铺筑时,应搭接拌和。前半幅全宽碾压密实,后半幅拌和时,应将前半幅相邻处的边部 0.3 m 左右搭接拌和,整平后一起碾压。

(8)养护。未铺装上层前,对已成活的碎石基层应保持养护,不得开放交通。

能力训练

分组编制无机结合料稳定类基层施工技术方案一份。

(1)根据某道路施工图进行该工程基层施工准备工作,描述与路基工程不同的准备工作。

(2)根据工程特点和工程现场实际条件,结合基层的材料组成与构造特点选择合适的施工方法、合理的施工机械,组织施工工艺流程,并提出保证施工质量和安全的施工技术措施和施工注意事项。

(3)根据规范要求提出该基层的施工质量控制和检查验收项目与实施。

(4)参考其他道路类似基层的施工方案编制本工程的施工技术方案。

(5)能力训练成果:无机结合料基层施工技术方案一份。

习 题

一、选择题

1. 石灰工业废渣基层应分层铺筑,每层最小厚度为( )cm。
   A. 10   B. 20   C. 30   D. 50

2. 无机结合料基层施工期间一日中最低气温应在( )℃以上,并在第一次重冰冻到来之前完成。
   A. 0   B. 5   C. 10   D. 15

3. 石灰土基层混合料的压实含水量应控制在最佳含水量的( )。
   A. ±2%   B. ±1%   C. ±3%   D. ±5%

4. 无机结合料稳定土层至少在保持潮湿状态下养护( )天。
   A. 5   B. 7   C. 14   D. 28

5. 道路中采用无机结合料稳定类基层属于( )基层。
   A. 刚性   B. 柔性   C. 半刚性   D. 松散性

6. 属于无机结合料稳定类基层材料的是( )。
   A. 水泥稳定类基层   B. 沥青稳定类基层
   C. 石灰稳定类基层   D. 工业废渣稳定类基层

7. 某无机结合料稳定类基层压实厚度为 30 cm,松铺系数为 1.4,则松铺厚度为( )cm。
   A. 40   B. 42   C. 44   D. 45

二、判断题

1. 三渣基层是石灰、煤渣和土按一定比例混合加水拌和压实而成的基层。( )

2. 石灰土强度高,板体性好,因而可用于高速公路路面的基层。( )

3. 用水泥、石灰等无机结合料处治的土或碎石及含有水硬性结合料的工业废渣修筑的基层称为半刚性基层。( )

4. 三渣土包括煤、石灰、粗骨料和土。( )

5. 水泥稳定碎石材料组成设计中水泥用量按最佳用量方法设计。（   ）
6. 级配碎石基层的施工有路拌法和中心站集中厂拌法两种。（   ）
7. 石灰稳定土成型后期比成型初期更容易发生干缩。（   ）

任务三　道路基(垫)层施工质量控制与验收

道路基(垫)层的质量控制可分为原材料标准试验、不同类型基(垫)层施工过程质量控制和外形尺寸管理三个方面。在遇到不利季节的施工时应采取保证施工质量的措施。基层完工后，由施工单位会同监理单位按设计文件和施工规范要求对基层进行质量检验。

一、道路基层季节性施工

1. 雨期施工

(1)施工准备。
①以预防为主，掌握天气预报和施工主动权。
②工期安排紧凑，集中力量打歼灭战。
③做好排水系统，防排结合。
④准备好防雨物资，如篷布、罩棚等。
⑤加强巡逻检查，发现积水、挡水处，及时疏通。
(2)施工质量控制。
①对稳定类材料基层，应坚持拌多少、铺多少、压多少、完成多少的原则。
②当下雨来不及完成时，要尽快碾压，防止雨水渗透。
③在多雨地区，应避免在雨期进行石灰土结构层的施工；石灰稳定中粒土和粗粒土施工时，应采用排除表面水的措施，防止集料过分潮湿，并应保护石灰免遭雨淋。
④雨期施工水泥稳定土，特别水泥土结构层时，应注意天气变化，防止水泥和混合料遭受雨淋。
⑤降雨时应停止施工，已摊铺的水泥混合料应尽快碾压密实。
⑥路拌法施工时，应排除下承层表面的水，防止集料过湿。

2. 冬期施工

(1)施工准备。
①在冬期施工中，既要防冻，又要快速，以保证质量。
②科学合理进行施工部署，尽量将基层施工安排在上冻前完成。
③做好防冻覆盖和挡风、加热、保温工具等物资及措施准备。
(2)冬期避害措施。
①石灰稳定土类基层及石灰、粉煤灰稳定土类基层，宜在进入冬期前30～45 d完成施工。
②水泥稳定土(粒料)类基层，宜在进入冬期前15～30 d完成施工。
③级配颗料和稳定类基层冬期施工，应根据规范要求结合施工。环境最低温度加入一定浓度的盐水，以降低冰点。

二、道路基层的质量要求

道路基层和底基层的质量控制可分为原材料标准试验、施工过程质量控制和基层(底基层)

质量检查验收三个方面。

1. 原材料标准试验

组织道路基层和底基层施工前以及在原材料(包括土)或混合料发生变化时,必须对拟采用的材料进行基本性质试验,以评定材料质量是否符合要求,以及某种土是否适宜用水泥或石灰稳定。对用作基层和底基层的原材料,一般应按表 4-8 所列的试验项目及方法进行检验。

表 4-8 基层原材料的试验项目及方法

试验项目	材料名称	目的	频度	仪器和试验方法
含水量	土、砂砾、碎石等集料	确定原始含水量	每天使用前测 2 个样品	烘干法或酒精燃烧法
颗粒分析	砂砾、碎石等集料	确定级配是否符合要求,确定材料配合比	每种土使用前测 2 个样品。使用过程中每 2 000 m³ 测 2 个样品	筛分法(含土材料用湿筛分)
液限、塑限	土、级配碎(砾)石在 0.5 mm 以下的细土	求塑性指数,审定是否符合规定	每种土使用前测 2 个样品。使用过程中每 2 000 m³ 测 2 个样品	液、塑限联合测定仪
相对密度、吸水率	砂砾、碎石等	评定粒料质量,计算固定体积率	使用前测 2 个样品,使用过程中每 2 000 m³ 测 2 个样品,碎石种类变化重做 2 样品	多孔网篮或容积 1 000 m³ 以上的重瓶
压碎值	砂砾、碎石等	评定石料的抗压碎能力是否符合要求	使用前测 2 个样品,使用过程中每 2 000 m³ 测 2 个样品,碎石种类变化重做 2 样品	压碎值仪
有效氧化钙、氧化镁	石灰	确定石灰质量	做材料组成设计和生产使用时分别测 2 个样品,以后每月测 2 个样品	
水泥强度等级和初终凝时间	水泥	确定水泥质量是否适宜应用	做材料组成设计时测一个样品,料源或强度等级变化时重测	

对初步确定使用的基层或底基层混合料,包括掺配后不用结合料稳定的材料,应按表 4-9 所列的试验项目及方法进行检验。

表 4-9 基层混合料的试验项目及方法

试验项目	目的	仪器和试验方法
重型击实试验	求最佳含水量和最大干密度,以规定工地碾压时的合适含水量和应该达到的最小干密度,确定制备试验试件所采用的含水量和干密度	重型击实试验仪

续表

试验项目	目的	仪器和试验方法
承载比	求工地预期干密度下的承载比,确定材料是否适宜做基层或底基层	路面材料测试仪
抗压强度	进行材料组成设计,选定最适宜于用水泥或石灰稳定的土,规定施工中所用的结合料剂量,为工地提供评定质量的标准	路面材料测试仪

2. 施工过程质量控制

施工过程质量控制的主要项目有含水量、集料级配、石料压碎值、结合料剂量、拌和均匀性、压实度、弯沉值等。

3. 检查验收

(1)无机结合料类基层和底基层质量检验。

1)主控项目。

①原材料质量检验应符合《城镇道路工程施工与质量验收规范》(CJJ 1—2008)的要求。

②基层、底基层的压实度应符合下列要求:

a. 城市快速路、主干路基层大于或等于97%,底基层大于或等于95%。

b. 其他等级道路基层大于或等于95%,底基层大于或等于93%。

检查数量:每1 000 m^2,每压实层抽检1点。

检验方法:根据混合料组成情况选用环刀法、灌砂法或灌水法。

③基层、底基层试件做7 d无侧限抗压强度,应符合设计要求。

检查数量:每2 000 m^{2}抽检1组(6块)。

检验方法:现场取样试验。

2)一般项目。

①表面应平整、坚实、无粗细集料集中现象,无明显轮迹、推移、裂缝,接槎(缝)平顺,无贴皮、散料、浮料。

②基层及底基层允许偏差应符合表4-10的规定。

表4-10 无机结合料稳定类基层及底基层允许偏差

项目		允许偏差	检验频率			检验方法
			范围	点数		
中线偏位		≤20	100 m	1		用经纬仪测量
纵断高程	基层	±15	20 m	1		用水准仪测量
	底基层	±20				
平整度/mm	基层	≤10	20 m	宽度/m	<9	1	用3 m直尺和塞尺连续量2尺取较大值
	底基层	≤15			9~15	2	
					>15	3	
宽度/mm		不小于设计宽度+B	40 m	1		用钢尺量
横坡		±0.3%且不反坡	20 m	路宽/m	<9	2	用水准仪测量
					9~15	4	
					>15	6	
厚度/mm		±10	1 000 m^2	1		用钢尺量

(2)级配碎(砾)石基层和底基层施工质量检验。

1)主控项目。

①碎石与嵌缝料质量及级配应符合《城镇道路工程施工与质量验收规范》(CJJ 1—2008)的有关规定。

检查数量：按不同材料进场批次，每批次抽检不应少于1次。

检验方法：查检验报告。

②级配碎石压实度，基层不得小于97%，底基层不应小于95%。

检查数量：每1 000 m² 抽检1点。

检验方法：灌砂法或灌水法。

③弯沉值：不应大于设计规定。

检查数量：设计规定时每车道、每20 m，测1点。

检验方法：弯沉仪检测。

2)一般项目。

①外观质量：表面应平整、坚实，无推移、松散、浮石现象。

检查数量：全数检查。

检验方法：观察。

②级配碎石及级配碎砾石基层和底基层的偏差应符合表4-11的有关规定。

表4-11 级配粒料基层和底基层允许偏差

项目		允许偏差	检验频率			检验方法
			范围	点数		
中线偏位		≤20	100 m	1		用经纬仪测量
纵断高程	基层	±15	20 m	1		用水准仪测量
	底基层	±20				
平整度/mm	基层	≤10	20 m	宽度/m	<9	1	用3 m 直尺和塞尺连续量2尺取较大值
	底基层	≤15			9~15	2	
					>15	3	
宽度/mm		不小于设计宽度+B	40 m	1		用钢尺量
横坡		±0.3%且不反坡	20 m	路宽/m	<9	2	用水准仪测量
					9~15	4	
					>15	6	
厚度/mm	砂石	+20，-10	1 000 m²	1		用钢尺量
	砾石	+20，-10%层厚				

能力训练

分小组讨论并回答以下问题。

(1)路面基层的质量从哪几个方面控制？

(2)无机结合料基层质量检验的一般项目有哪些？简述其检查的方法和频率。

(3)级配类粒料基层质量检验的一般项目有哪些？简述其检查的方法和频率。

习 题

一、选择题

1. 无机结合料基层质量检验的关键项目为( )。
   A. 压实度与强度　　　　　　　　　B. 厚度与宽度
   C. 压实度与坡度　　　　　　　　　D. 压实度与厚度
2. 粒料类基层质量检验的关键项目为( )。
   A. 压实度与强度　　　　　　　　　B. 厚度与宽度
   C. 压实度与弯沉　　　　　　　　　D. 压实度与厚度
3. 检查三渣基层密实度用( )较适宜。
   A. 环刀法　　　　　　　　　　　　B. 承载板法
   C. 灌砂法　　　　　　　　　　　　D. 弯沉
4. 稳定土的强度指标是( )。
   A. 抗拉强度　　　　　　　　　　　B. 抗折强度
   C. 无侧限抗压强度　　　　　　　　D. 以上都不是
5. 石灰、粉煤灰类混合料基层的检测项目中主要检查项目为( )。
   A. 平整度　　　B. 厚度　　　C. 无侧限抗压强度　　　D. 宽度
6. 级配碎石基层的检测项目中主要检查项目为( )。
   A. 宽度　　　B. 厚度　　　C. 中线高程　　　D. 弯沉值
7. 石灰土类基层的检测项目中主要检查项目为( )。
   A. 平整度　　　B. 厚度　　　C. 压实度　　　D. 宽度
   E. 横坡
8. 砂石基层的压实密度的检验方法标准要求的是( )。
   A. 灌砂法　　　B. 环刀法　　　C. 水袋法　　　D. 蜡封法
   E. 核子密实度仪法

二、简答题

1. 对道路基层和底基层的质量控制,主要有哪些方面?
2. 冬期基层施工时的避害措施有哪些?

项目五　沥青路面施工

能力目标

(1)能够根据设计要求正确选择沥青面层材料,并准确计算材料用量。
(2)读懂沥青路面结构图,能就图中相关技术问题与设计方进行沟通。
(3)有完成沥青面层测量放样及参与施工准备工作的能力。
(4)会查阅施工技术规范,能进行沥青面层施工技术方案编制。
(5)能够根据质量验收标准进行沥青面层工序验收与评定。

项目导读

本项目从识读路面结构图领会设计意图和测量放样两个施工准备工作入手,介绍常用的沥青路面施工方法和新型沥青面层施工方法,最后完成沥青路面施工质量控制与验收任务。

项目任务

(1)根据沥青路面施工图纸,进行道路沥青路面施工准备工作,重点描述与路基、基层施工准备的不同工作内容。
(2)根据工程特点和工程现场实际条件,结合本工程沥青面层的构造特点,采用合适的施工方法、选择合适的施工机械、科学的组织施工工艺流程,并提出保证沥青面层施工质量、安全的施工技术措施和施工注意事项。
(3)根据规范要求提出该沥青面层的施工质量控制并检查验收项目和实施。
(4)参考其他道路沥青类面层施工方案编制本工程沥青面层施工技术方案。
(5)项目成果为沥青面层施工技术方案一份。

任务一　沥青面层施工准备

本任务是沥青面层施工的基础,施工前应熟悉沥青路面结构图所包括的内容、沥青路面对材料的要求,掌握沥青路面测量等准备工作,了解沥青路面的病害与防治。

一、沥青路面结构图识读

1. 沥青路面的分类

沥青路面是用沥青材料作结合料黏结矿料修筑面层与各类基层和垫层组成的路面结构。沥青路面有多种分类方法。

(1)按强度构造原理分类。按强度构造原理可将沥青路面分为密实和嵌挤两大类。
①密实类沥青路面的集料级配按最大密实原则设计,颗粒尺寸多样,其强度和稳定性主要取决于混合料的黏聚力和内摩阻力。

②嵌挤类沥青路面采用的是颗粒尺寸较为均一的集料，路面的强度和稳定性主要由集料颗粒之间相互嵌挤所产生的内摩阻力决定，而黏聚力只起次要作用。嵌挤类沥青路面比密实类路面的热稳定性要好，但孔隙率大、易渗水，因而耐久性差。

(2)按施工工艺分类。路面按施工工艺可分为层铺法、路拌法和厂拌法。

①层铺法是沥青和集料分层撒铺、碾压成型的路面施工方法。其具有工艺设备简单、功效较高、施工进度快、造价低等优点；其缺点是需要经过炎热夏季行车碾压之后路面才能成型，因此成型期较长。用这种方法修筑的路面有沥青表面处治路面和沥青贯入式路面。

②路拌法是指在路上用人工或机械将矿料和沥青材料就地拌和、摊铺、碾压密实而形成的沥青面层施工方法。路拌法就地拌和，沥青材料在矿料中分布均匀，缩短了路面的成型期。因矿料是冷料，需黏稠度较低的沥青材料黏结，所以路面强度较低。

③厂拌法是将规定级配的矿料和沥青材料用工厂的专用设备加热拌和，并在一定的时间内运到工地用摊铺机摊铺，然后碾压成型的沥青路面的施工方法。如果混合料拌和后立即运到工地摊铺碾压，称为热拌热铺；如果混合料加热后储存一段时间后在常温下运到工地摊铺，则为热拌冷铺。厂拌法施工集料清洁、级配准确、沥青黏稠度高、用量准确，因此混合料质量高、寿命长；但修建费用较高。

(3)按沥青路面的技术特性分类。按沥青路面的技术特性，可将其分为沥青混凝土路面、沥青碎石路面、沥青贯入式路面、沥青表面处治路面等。近年来，在工程实践中，沥青玛琉脂碎石混合料路面、多孔隙沥青混凝土路面、多碎石沥青混凝土路面等新型沥青凝土路面都得到了一定的应用。

①沥青混凝土路面。用不同粒径的碎石、天然砂或破碎砂、矿粉和沥青按一定比例在拌合机中热拌所得的混合料称为沥青混凝土混合料。这种混合料的矿料部分具有严格的级配要求，若矿料中含有矿粉，混合料是按最佳密实级配配置的(空隙率小于10%)，这种混合料压实后达到规定的强度时，就称为沥青混凝土。按级配原理选配的矿料与适量沥青拌和均匀，经摊铺压实而成的路面称为沥青混凝土路面。

②沥青碎石路面。由几种不同大小的矿料，掺有少量矿粉或不加矿粉，用沥青作结合料，按一定比例配合，均匀拌和，拌和后混合料的孔隙率大于10%，称为厂拌沥青碎石。沥青碎石经摊铺碾压成型的路面称为沥青碎石路面。

③沥青贯入式路面。沥青贯入式路面是在初步压实的碎(砾)石上，用沥青浇灌，再分层撒铺嵌缝料和浇洒沥青，并通过分层压实而形成的一种较厚的路面面层，其厚度通常为 $4 \sim 8$ cm。

沥青贯入式路面强度高、稳定性好、施工简便、不易产生裂缝，但沥青材料在矿料中不易洒布均匀，因此强度不均匀。

根据沥青材料贯入深度不同可分为深贯入式($6 \sim 8$ cm)和浅贯入式($4 \sim 5$ cm)。为了防止表面水的渗入，需加封层密闭表面空隙，以增强路面的水稳性和耐用性。如果封层采用拌合法施工，则其下部宜采用贯入法，常称为沥青上拌下贯式路面。

④沥青表面处治路面。沥青表面处治路面是用沥青和集料按层铺法或拌合法铺筑而成的厚度不超过 3 cm 的沥青路面。沥青表面处治的作用是保护下层路面结构层，防水、抗磨耗、防滑和改善碎(砾)石路面的使用品质。

为保证矿料之间良好的嵌锁作用，同一层的矿料颗粒尺寸应力求均匀，最大粒径应与表处层的厚度相同，且所用沥青需有一定的稠度。

沥青表面处治的施工应在寒冷季节(日最高温度低15 ℃)到来之前半个月结束，以确保当年能在一定的高温条件下，通过行车碾压使路面成型。

沥青表面处治根据厚度的不同可分为单层式、双层式和三层式。

2. 沥青路面对材料的要求

(1)沥青。沥青材料包括道路石油沥青、改性沥青、乳化沥青、液体石油沥青等。

①道路石油沥青。各个等级道路石油沥青的适用范围应符合表 5-1 的规定。

表 5-1　道路石油沥青的适用范围

沥青等级	适用范围
A 级沥青	各个等级的公路，适用于任何场合和层次
B 级沥青	(1)高速公路、一级公路沥青下面层以下的层次，二级及二级以下公路的各个层次； (2)用作改性沥青、乳化沥青、乳化改性沥青、稀释沥青的基质沥青
C 级沥青	三级以三级以下公路的各个层次

沥青路面采用的沥青标号，宜按照公路等级、气候条件、交通条件、路面类型，以及在结构层中的层位和受力特点、施工方法等，结合当地的使用经验，经技术论证后确定。

对高等级城市道路、服务区、停车区等行车速度较慢的路段，尤其是汽车荷载剪应力大的层次，宜采用稠度大、60 ℃黏度大的沥青；对冬季寒冷的地区或交通量小的道路宜选用稠度小、低温延度大的沥青；对温度日温差、年温差大的地区宜注意选用针入度指数大的沥青。当高温要求与低温要求发生矛盾时优先考虑满足高温性能的要求。

②改性沥青。改性沥青可单独或复合采用高分子聚合物、天然沥青及其他改性材料制作。制造改性沥青的基质沥青应与改性剂有良好的配伍性，其质量宜符合 A 级或 B 级道路石油沥青的技术要求。

各类聚合物改性沥青对沥青性能的改善各不相同，SBS 改性沥青的高温、低温性能都好，且有良好的弹性恢复性能，SBR 改性沥青的低温性能较好；EVA 及 PE 改性沥青的特点是高温性能改善明显。

③乳化沥青。乳化沥青适用于沥青表面处治、沥青贯入式路面，修补裂缝，喷洒透层、粘层与封层等。

乳化沥青的类型根据集料品种及使用条件选择，阳离子乳化沥青可适用于各种集料品种，阴离子乳化沥青适用于碱性石料。

④液体石油沥青。液体石油沥青适用于透层、粘层及拌制冷拌沥青混合料。液体石油沥青宜采用针入度较大的石油沥青，使用前按先加热沥青后加稀释剂的顺序，掺配煤油或轻柴油，经适当的搅拌、稀释而成。根据使用目的与场所，可选用快凝、中凝、慢凝的液体石油沥青。

(2)矿料。沥青混合料所用的矿料有碎石、破碎砾石、石屑、砂和矿粉。

①粗集料。沥青面层所用粗集料应按规范规定的粒径规格生产和使用。粗集料应洁净、干燥、表面粗糙，而且应具有足够的强度和耐磨性，颗粒形状接近立方体并有多棱角。当单一规格集料的质量指标达不到要求，而按集料配合比计算的质量指标符合要求时，工程上允许使用。

目前，集料质量差是公路建设中非常严重的问题，表现为：材料脏、粉尘多、针片状颗粒含量高、级配不规格等。道路施工所用集料多取自社会料场，各料场质量、规格参差不齐，使用时离散性严重，导致实际级配与配合比设计有很大的差距，这是造成沥青路面早期损坏的重要原因。为提高集料质量，可要求石料加工场配备冲击整形设备以减少集料的针片状颗粒含量，有条件的石料加工场应在生产过程中采用水洗法减少集料的粉尘含量。

沥青路面用粗集料应优先选用石灰岩等碱性石料加工，但石灰岩等碱性石料往往满足不了高等级道路沥青路面表面层对磨光值的要求，为此可选用玄武岩、辉绿岩、安山岩等非碱性石料加工粗集料，当使用花岗岩、砂岩等酸性石料加工的粗集料时，必须掺加消石灰、水泥或经石灰水处理后使用。

②细集料。沥青路面用细集料包括天然砂、石屑、机制砂。细集料应洁净、干燥、无风化、无杂质，并有适当的颗粒级配。细集料的洁净程度，天然砂以小于 0.075 mm 含量的百分数表示，石屑和机制砂以砂当量(适用于 0～4.75 mm)或亚甲蓝值(适用于 0～2.36 mm 或 0～0.15 mm)表示。

天然砂可采用河砂或海砂，通常宜采用中、粗砂。砂的含泥量超过规定时应水洗后使用，海砂中的贝壳类材料必须筛除。天然砂在施工时容易压实，路面成型好是其很大的优点，但天然砂与沥青的黏附性较差，呈浑圆状，使用太多对高温稳定性不利。热拌密级配沥青混合料中天然砂的用量不宜超过集料总量的 20%，SMA 和 OGFC 混合料不宜使用天然砂。

石屑是采石场破碎石料时通过 4.75 mm 或 2.36 mm 的筛下部分，它虽然棱角性好，但石屑中粉尘含量很多，强度很低，扁片含量及碎土比例很大，且施工性能较差，不宜压实，路面残留空隙率大，在使用中还有继续细化的倾向。为此采石场在生产石屑的过程中应配备抽吸设备。

机制砂是选用优质石料采用专用的制砂机生产的细集料，机制砂粗糙、洁净、棱角性好，应该予以推广使用。

③填料。沥青混合料的矿粉必须采用石灰岩或岩浆岩中的强基性岩石等憎水性石料经磨细得到。矿粉应干燥、洁净，能自由地从矿粉仓流出。拌合机回收的粉料不宜作为矿粉使用，以确保沥青混合料的质量。

④纤维稳定剂。沥青混合料中掺加的纤维稳定剂宜选用木质纤维、矿物纤维等。矿物纤维宜采用玄武岩等矿石制造，易影响环境及造成人体伤害的石棉纤维不宜使用。纤维应存放在室内或有棚盖的地方，松散纤维在运输及使用过程中应避免受潮，不结团。木质素纤维的质量应符合表 5-2 规定的技术要求。

表 5-2　木质素纤维质量技术要求

项目	单位	指标	试验方法
纤维长度，不大于	mm	6	水溶液用显微镜观测
灰分含量	%	18±5	高温 590 ℃～600 ℃燃烧后测定残留物
pH 值		7.5±1.0	水溶液用 pH 试纸或 pH 计测定
吸油率，不小于		纤维质量的 5 倍	用煤油浸泡后放在筛上经振敲后称量
含水量，(以质量计)不大于	%	5	105 ℃烘箱烘 2 h 后冷却称量

纤维应在 250 ℃的干拌温度下不变质、不发脆，使用纤维必须符合环保要求，不危害身体健康。纤维必须在混合料拌和过程中能充分分散均匀。纤维稳定剂的掺加比例以沥青混合料总量的质量百分率计算，通常情况下用于 SMA 路面的木质纤维不宜低于 0.3%，矿物纤维不宜低于 0.4%，必要时可适当增加纤维用量。纤维掺加量的允许误差宜不超过±5%。

3. 沥青路面结构

(1)面层。沥青混凝土面层的常用厚度和适宜层位见表 5-3。

表 5-3　沥青混凝土面层的常用厚度和适宜层位

面层类型	集料最大粒径/mm	常用厚度/mm	适宜层位
粗粒式沥青混凝土	26.5	60～80	双层式或三层式面层的下面层
中粒式沥青混凝土	19	40～860	三层式面层的中面层或双层式的下面层
	16		双层式或三层式面层的上面层

续表

面层类型	集料最大粒径/mm	常用厚度/mm	适宜层位
细粒式沥青混凝土	13.2	25～840	双层式或三层式面层的上面层
	9.5	15～820	(1)沥青混凝土面层的磨耗层(上层) (2)沥青碎石等面层的封层和磨耗层
	4.75	10～820	自行车道与人行道的面层

①沥青混凝土面层的常用厚度和适宜层位可按使用要求结合各城市实践经验选用。

②热拌、热铺的沥青碎石可用作双层式沥青面层的下层或单层式面层。做单层式面层时，为了达到防水和平整度要求，应加铺沥青封层或磨耗层。沥青碎石的常用厚度为50～70 mm。

③沥青贯入式碎(砾)石可做面层或沥青混凝土路面的下层。做面层时，应加铺沥青封层或磨耗层，沥青贯入式面层常用厚度为50～80 mm。

④沥青表面处治主要起防水层、磨耗层、防滑层或改善碎(砾)石路面的作用。常用厚度为15～30 mm。

(2)基层。基层是路面结构中的承重层，主要承受车辆荷载的竖向力，并将由面层下传的应力扩散到土基，故基层应具有足够的、均匀一致的承载力和刚度。基层受自然因素的影响虽不如面层强烈，但沥青类面层下的基层应有足够的水稳定性，以防基层湿软后变形过大导致面层损坏。用于基层的材料主要有整体型材料和嵌锁型、级配型材料两种材料。

①整体型材料。整体型材料主要是指无机结合料稳定粒料，主要包括石灰粉煤灰稳定砂砾、石灰稳定砂砾、石灰煤渣、水泥稳定碎砾石等。其强度高，整体性好，适用于交通量大、轴载重的道路。工业废渣混合料的强度、稳定性和整体性均较好，适用于各种路面的基层。使用的工业废渣应性能稳定、无风化、无腐蚀。

②嵌锁型、级配型材料。

a.级配碎(砾)石。碎石应达到密实稳定。为防止冻胀和湿软，应控制粒径小于0.5 mm的颗粒的含量和塑性指数。在中湿和潮湿路段，用作沥青路面的基层时，应掺石灰。符合标准级配要求的天然砂砾可用作基层。不符合标准级配要求时，只宜用作底基层或垫层，并应按路基干、湿类型适当控制粒径小于0.5 mm的颗粒含量。为便于碾压，砾石最大粒径应不大于60 mm。

b.泥灰结碎(砾)石。泥灰结碎石适用于中湿和潮湿路段，掺灰量为其含土量的8%～12%。集料的粒径宜小于或等于40 mm，并不得大于层厚的0.7倍。嵌缝料应与集料的最小粒径衔接。

c.水结碎石。碎石的粒径宜小于或等于70 mm，并不得大于层厚的0.7倍。掺灰量为粒径小于0.5 mm的颗粒含量的8%～12%。

(3)垫层。垫层是介于基层和土基之间的层位，其作用是为改善土基的湿度和温度状况，保证面层和基层的强度稳定性和抗冻胀能力，扩散由基层传来的荷载应力，以减小土基所产生的变形。因此，通常在土基湿、温状况不良时设置。垫层材料应具备良好的水稳定性。

①路基经常处于潮湿或过湿状态的路段，以及在季节性冰冻地区产生冰冻危害的路段应设垫层。

②垫层材料有粒料稳定土和无机结合料稳定土两类。粒料包括天然砂砾、粗砂、炉渣等。采用粗砂或天然砂砾时，粒径小于0.075 mm的颗粒含量应小于5%；采用炉渣时，粒径小于2 mm的颗粒含量应小于20%。

③垫层厚度可按当地经验确定，一般应大于或等于150 mm。

4. 沥青路面结构组合的基本原则

(1)面层、基层的结构类型及厚度应与交通量相适应。交通量大、轴载重时，应采用高等级面层与强度较高的结合料稳定类材料基层。

(2)层间结合必须紧密稳定，以保证结构的整体性和应力传递的连续性。面层与基层之间应按基层类型和施工情况洒布透层沥青、粘层沥青或采用沥青封层。

(3)各结构层的材料回弹模量应自上而下递减，基层材料与面层材料的回弹模量比大于或等于 0.3，土基回弹模量与基层(或底基层)的回弹模量比宜为 0.08~0.4。

(4)层数不宜过多。

(5)在半刚性基层上铺筑面层时，城市主干路、快速路应适当加厚面层或采取其他措施，以减轻反射裂缝。

二、沥青面层施工测量

沥青路面面层施工前应测量放样，测量放样包括平面控制与高程测量。施工中往往在路边石、路缘石未安装完成前进行面层作业。所以，应通过平面测量放样，支设方木来控制面层平面位置，为摊铺机作业设置导向线。同时通过支挡既可避免混合料的浪费，也可防止面层边部碾压时推移。标高测定的目的是确定下层表面高程与设计高程相差的确切数值，以方便在挂线时纠正到设计值或保证施工层厚度。高程测量放样时，除应对挂线桩位测量放样外，更应通过两侧挂线桩位的高程放样用拉线，以及尺量的方法来确定该断面多个点高程。综合分析每一断面多点高程或与施工层设计高程的差值，既要保证施工层的厚度，又要将标高控制在允许范围内。当厚度与标高发生冲突时，应优先考虑施工厚度。同时，高程放样时不应忘记实测松铺系数。

在沥青路面施工中，多采用"走钢丝"的方法来铺设下面层，具体是在摊铺找平器两边超过 20~30 cm 范围内，沿路线纵向每隔 10~20 m 布设钢钎，通过高程测量，放样用钢丝绳挂起基准线，使传感器触件在基准线上的滑动来控制下面层厚度与标高。在施工放样中要检测钢丝的松紧及合理布设钢钎。根据下层顶面高程和每层设计高程以及试验段得出的松铺系数，确定松铺高度；设置摊铺机水平传感导线，导线采用 2 mm 不锈钢钢丝，用张紧器张紧，张紧力不小于 800 N，架设长度不大于 150 m。中、上面层施工使用非接触平衡梁，将下面层作为基准面，采用等厚法施工应加强对其厚度的测量，以一定面积内混合料用量求其平均厚度，控制材料用量。

分小组讨论并回答以下问题。
(1)沥青路面的分类有哪些?
(2)沥青路面对主要材料有何要求?

习　题

一、选择题

1. 沥青混凝土混合料主要应用于(　　)。

A. 各种低等级公路的路面材料
B. 各种等级公路的路面材料
C. 各种中、低等级公路的路面材料
D. 各种高等级公路的路面材料

2. 沥青混凝土和沥青碎石的区别是（　　）。
   A. 压实后剩余空隙率不同　　　　　　B. 矿粉用量不同
   C. 集料最大粒径不同　　　　　　　　D. 油石比不同

3. 沥青混合料用粗集料与细集料的分界粒径尺寸为（　　）mm。
   A. 1.18　　　　B. 2.36　　　　C. 4.75　　　　D. 5

4. 按强度构成原理可将沥青路面分为（　　）两大类。
   A. 悬浮　　　　B. 骨架　　　　C. 嵌挤　　　　D. 密实

5. 沥青贯入式路面一般采用（　　）。
   A. 层铺法　　　B. 拌合法　　　C. 上拌下贯　　D. 贯入法

6. 沥青碎石是属于（　　）型结构的。
   A. 密实　　　　　　　　　　　　B. 稳定
   C. 嵌挤　　　　　　　　　　　　D. 半密实半嵌挤

7. 沥青混凝土路面，主要含有（　　）而使黏结力大大增加。
   A. 细集料　　　　　　　　　　　B. 矿粉
   C. 石膏　　　　　　　　　　　　D. 稠度较低的沥青

8. 沥青混合料所用的矿料包括（　　）。
   A. 碎石　　　　B. 卵石　　　　C. 石屑　　　　D. 砂
   E. 矿粉

二、判断题

1. 沥青路面比水泥路面要好。（　　）
2. 沥青路面越厚，油石比越大，其高温稳定性越好。（　　）
3. 沥青混合料的主要成分是沥青和矿料。（　　）
4. 沥青路面用细集料包括天然砂、机制砂、石屑等。（　　）

三、简答题

1. 沥青表面处治的作用有哪些？
2. 各类聚合物改性沥青对沥青性能的改善作用有哪些？

任务二　沥青面层现场施工

本任务是在读懂沥青路面施工图、做好沥青混合料路面施工准备的前提下，用不同的方法进行沥青面层的施工，以及沥青混合料拌和、运输、摊铺、压实、接缝等程序中的施工方法与工艺。

一、热拌沥青混合料路面施工

1. 沥青混合料

用不同粒级的碎石、天然砂或破碎砂、矿粉和沥青按一定比例在拌合机中热拌所得的混合料称为沥青混合料。若混合料的矿料部分具有严格的级配要求，经压实后所得的混合料具有规定的强度和孔隙率时，可称为沥青混凝土。

热拌沥青混合料(HMA)适用于各种等级道路的面层。其种类应按集料公称最大粒径、矿料级配、孔隙率划分，并应符合表5-4的要求。应按工程要求选择适宜的混合料规格和品种。

表 5-4 沥青混合料类型及级配

混合料类型	密级配			开级配		半开级配	公称最大粒径/mm	最大粒径/mm
	连续级配		间断级配	间断级配		沥青碎石		
	沥青混凝土	沥青稳定碎石	沥青玛琋脂碎石	排水式沥青磨耗层	排水式沥青碎石层			
特粗式	—	ATB—40	—	—	ATPB—40	—	37.5	53.0
粗粒式	—	ATB—30	—	—	ATPB—30	—	31.5	37.5
	AC—25	ATB—25	—	—	ATPB—25	—	26.5	31.5
中粒式	AC—20	—	SMA—20	—	—	AM—20	19.0	26.5
	AC—16	—	SMA—16	OGFC—16	—	AM—16	16.0	19.0
细粒式	AC—13	—	SMA—13	OGFC—13	—	AM—13	13.2	16.0
	AC—10	—	SMA—10	OGFC—10	—	AM—10	9.5	13.2
砂粒式	AC—5	—	—	—	—	—	4.75	9.5
设计孔隙率/%	3~5	3~6	3~4	>18	>18	6~2	—	—

沥青混凝土具有很高的强度和密实度，在常温下具有一定的塑性。其强度和密实度是各种沥青矿料混合料中最高的。密实沥青混凝土的透水性很小、水稳性好，有较强的抵抗自然因素和行车作用的能力，因此，它的使用寿命长、耐久性好。沥青混凝土面层是适合现代高速汽车行驶的一种优质高级柔性面层，铺在坚实基层上的优质沥青混凝土面层可以使用20~25年，国外的重交通道路和高速公路，主要采用沥青混凝土做面层。沥青混凝土在我国城市道路和高等级公路上也得到了广泛的应用。

粗粒式沥青混凝土通常用于铺筑面层的下层，它的粗糙表面使它与上层良好黏结，也可用于铺筑基层，从提高沥青面层的抗弯拉疲劳寿命的角度出发，采用粗粒式沥青混凝土做底面层明显优于采用沥青碎石。

中粒式沥青混凝土主要用于铺筑面层的上层，或用于铺筑单层面层。Ⅱ型中粒式沥青混凝土能使面层表面有较大的粗糙度，在环境不良路段可保证汽车轮胎与面层有适当的附着力，或在高速行车时可使面层表面的摩擦系数降低的幅度小，有利于行车安全；但其孔隙率和透水性较大，因此耐久性较差，不是用作表面层的理想材料。Ⅰ型中粒式沥青混凝土可具有良好的摩擦系数，但表面构造深度常达不到要求。

对于面层的上层，在城市道路上使用最广的是细粒式沥青混凝土。与中粒式和粗粒式沥青混凝土相比，细粒式沥青混凝土的均匀性较好，并有较高的抗腐蚀稳定性。只要矿料的级配组成合适，并满足其他技术要求，细粒式沥青混凝土就具有足够的抗剪切稳定性，可以防止产生推挤、波浪和其他剪切形变。但细粒式沥青混凝土的表面构造深度通常达不到要求。

综上所述，沥青混凝土路面具有以下优点：
(1)施工质量符合要求的沥青混凝土路面的强度高，能承担各种繁重的交通运输任务。
(2)具有良好的平整度，表面坚实、无接缝，因此，行车平稳、舒适、噪声小，且经久耐用。

(3)透水性小，因而比其他各种沥青面层更能防止表面水渗入路面结构层。

(4)沥青混凝土混合料通常集中在工厂或中心站，用机械加工拌制，石料的配合比以及沥青用量都得以严格控制，质量容易得到保证。

(5)可以大面积施工，现场操作方便，完成后可以快速通车。

(6)沥青混凝土面层的可施工期较沥青表面处治和沥青贯入式要长。

2. 热拌沥青混合料施工

热拌沥青混合料路面采用厂拌法施工，集料和沥青均在拌合机内进行加热与拌和，并在热的状态下摊铺碾压成型，其施工顺序如下：

(1)施工准备。施工前的准备工作主要包括原材料的质量检查、施工机械的选型和配套、拌合厂选址与备料、下承层准备、试验路铺筑等工作。

①原材料的质量检查。沥青、矿料的质量应符合前述有关的技术要求。

②施工机械的选型和配套。根据工程量大小、工期要求、施工现场情况、工程质量要求等条件按施工机械应互相匹配的原则，确定合理的机械类型、数量及组合方式，使沥青路面的施工连续、均衡。施工前应检修各种施工机械，以便在施工中能正常运行。

热拌沥青混凝土路面施工工艺

③拌合厂选址与备料。由于拌合机工作时会产生较大的粉尘、噪声等污染，再加上拌合厂内的各种油料及沥青为可燃物。因此，拌合厂的设置应符合国家有关环境保护、消防安全等规定，一般应设置在空旷、干燥、运输条件良好的地方。拌合厂应配备实验室及足够的试验仪器和设备，并有可靠的电力供应。拌合厂内的沥青应分品种、分标号密闭贮存。

各种矿料应分别堆放，不得混杂。矿粉等填料不得受潮。各种集料的贮存量应为日平均用量的5倍左右，沥青与矿粉的贮存量应为日平均用量的两倍。

④下承层准备。下承层按规范验收合格后清理干净杂物，并检查路缘石、进水井盖及其他构筑物是否安装稳固，若存在问题应予以处理。

⑤试验路铺筑。高速公路和一级公路沥青路面在大面积施工前应铺筑试验路；其他等级公路在缺乏施工经验或初次使用重要设备时，也应铺筑试验路段。试验路的长度根据试验目的确定，通常在100~200 m以上。热拌沥青混合料路面的试验路铺筑可分为试拌、试铺及总结三个部分。

a.通过试拌确定拌合机的上料速度、拌合数量、拌合时间及拌合温度等，验证沥青混合料目标生产配合比，提出生产用的矿料配合比及沥青用量。

b.通过试铺确定透层沥青的标号和用量、喷洒方式、喷洒温度，确定热拌沥青混合料的摊铺温度、摊铺速度、摊铺宽度、自动找平方式等操作工艺，确定碾压顺序、碾压温度、碾压速度及遍数等压实工艺，确定松铺系数和接缝处理方法等；建立用钻孔法及核子密度仪法测定密实度的对比关系，确定粗粒式沥青混凝土或沥青碎石路面的压实密度，为大面积路面施工提供标准方法和质量检查标准。

c.确定施工产量及作业段长度，制订施工进度计划，全面检查材料质量及施工质量，落实施工组织投入管理体系、人员、通信联络及指挥方式等。

试验路铺筑结束后，施工单位应就各项试验内容提出试验总结报告，取得主管部门的批准后方可用以指导大面积沥青路面的施工。

(2)沥青混合料拌和。热拌沥青混合料必须在沥青拌合厂(场、站)采用专用拌合机拌和，如图5-1所示。

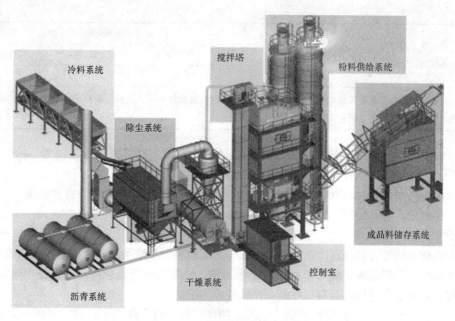

图 5-1　沥青混合料拌合设备

1) 拌合设备与拌合流程。拌合机拌和沥青混合料时，先将矿料粗配、烘干、加热、筛分、精确计量，然后加入矿粉和热沥青，最后强制拌和成沥青混合料。若拌合设备在拌和过程中集料烘干与加热为连续进行，而加入矿粉和沥青后的拌和为间歇（周期）式进行，则这种拌和设备为间歇式拌合机。若矿料烘干加热与沥青混合料拌和均为连续进行，则为连续式拌合机。

间歇式拌合机拌和质量较好，而连续式拌合机拌和速度较高。当路面材料多来源、多处供应或质量不稳定时，不得用连续式拌合机拌和。高等级道路的沥青混凝土宜采用间歇式拌合机拌和。自动控制、自动记录的间歇式拌合机在拌和过程中应逐盘打印沥青及各种矿料的用量和拌合温度。

2) 拌合要求。拌和时应根据生产配合比进行配料，严格控制各种材料的用量和拌合温度，确保沥青混合料的拌合质量。热拌沥青混合料的搅拌及施工温度应符合表 5-5 的要求。

表 5-5　热拌沥青混合料的搅拌及施工温度　　　　　　　　　　　℃

施工顺序		石油沥青的标号			
		50 号	70 号	90 号	110 号
沥青加热温度		160～170	155～165	150～160	145～155
矿料加热温度	间隙式拌合机	集料加热温度比沥青温度高 10～30			
	连续式拌合机	矿料加热温度比沥青高 5～10			
沥青混合料出料温度		150～170	145～165	140～160	135～155
混合料贮料场贮存温度		贮存过程中温度降低不超过 10			
运输到现场温度		145～165	140～155	135～145	130～140
混合料摊铺温度		140～160	135～150	130～140	125～135
开始碾压的混合料内部温度		135～150	130～145	125～135	120～130
碾压终了的表面温度≥		80～85	70～80	65～75	60～70
		75	70	60	55

续表

施工顺序	石油沥青的标号			
	50号	70号	90号	110号
开放交通的路表面温度≤	50	50	50	45

注：沥青混合料的施工温度采用具有金属探测针的插入式数显温度计测量。表面温度可采用表面接触式温度计测定。当用红外线温度计测量表面温度时，应进行标定。

聚合物改性沥青混合料搅拌及施工温度应经试验确定。通常宜比普通沥青混合料温度提高10℃～20℃。SMA混合料的施工温度应经试验确定。

沥青混合料的拌合时间以混合料拌和均匀、所有矿料颗粒全部被均匀裹覆沥青为度，一般应通过试拌确定。间歇式搅拌机每盘的拌合周期短、宜少于45 s，其中干拌时间不宜少于5～10 s。改性沥青和SMA混合料的搅拌时间应适当延长。

拌合机拌和的沥青混合料应色泽均匀一致、无花白料、无结团成块或严重粗细料离析现象，不符合要求的混合料应废弃并对拌和工艺进行调整。拌和的沥青混合料不立即使用时，可存入成品贮料仓，存放时间以混合料温度符合摊铺要求为准。

(3)沥青混合料运输。热拌沥青混合料宜采用吨位较大的自卸汽车运输，如图5-2所示。汽车车厢应清扫干净，并在内壁涂一薄层油水混合液。从拌合机向运料车上放料时，应每放一料斗混合料挪动一下车位，以减小集料离析现象。运料车应用篷布覆盖以保温、防雨、谨防污染，夏季运输时间短于0.5 h可不覆盖。混合料运料车的运输能力应比拌合机拌和或摊铺机摊铺能力略有富余。施工过程中，摊铺机前应有运料车在等候卸料。运料车在摊铺机前10～30 cm处停住，不得撞击摊铺机，卸料时运料车挂空挡，靠摊铺机推动前进，以利于摊铺平整。

(4)沥青混合料摊铺。将混合料摊铺在下承层上是热拌沥青混合料路面施工的关键工序之一，内容包括摊铺前的准备工作、摊铺机各种参数的选择与调接、摊铺作业等工作。图5-3所示为沥青混合料摊铺。

图5-2 沥青混合料运输

图5-3 沥青混合料摊铺

1)摊铺前的准备工作。摊铺前的准备工作包括下承层准备、施工测量及摊铺机检查等。

摊铺沥青混合料前应按要求在下承层上浇洒透层、粘层或铺筑下封层。热拌沥青混合料面层下的基层应具有设计规定的强度和适宜的刚度，有良好的水温稳定性，干缩和温缩变形应较小，表面平整、密实，高程及路拱横坡符合设计要求且与沥青面层结合良好。沥青面层施工前应对其下承层做必要的检测，若下承层受到损坏或出现软弹、松散或表面浮尘时，应进行维修。下承层表面受到泥土污染时应清理干净。

摊铺沥青混合料前应提前进行标高及平面控制等施工测量工作。标高测量的目的是确定下承层表面高程与设计高程相差的确切数值，以便挂线时纠正为设计值以保证施工层的厚度。平面测量的目的是便于控制摊铺宽度和方向。

每个工作日的开工准备阶段，应对摊铺机的刮板输送器、闸门、螺旋布料器、振动梁、熨平板、厚度调节器等工作装置和调节机构进行检查，在确认各种装置及机构处于正常工作状态后方可施工，若存在缺陷和故障时应及时排除。

2）摊铺机参数的选择与调整。摊铺前应先调整摊铺机的机构参数和运行参数。其中机构参数包括熨平板的宽度、摊铺厚度、熨平板的拱度、初始工作仰角、布料螺旋与熨平板前缘的距离、振捣梁行程等。

摊铺机的摊铺带宽度应尽可能达到摊铺机的最大摊铺宽度，这样可减少摊铺次数和纵向接缝，提高摊铺质量和摊铺效率。确定摊铺宽度时，最小摊铺宽度不应小于摊铺机的标准摊铺宽度，并使上、下摊铺层的纵向接缝错位 30 cm。摊铺厚度是用两块 5～10 cm 宽的长方木为基准来确定，方木长度与熨平板纵向尺寸相当，厚度为摊铺厚度。定位时将熨平板抬起，方木置于熨平板两端的下面，然后放下熨平板，此时熨平板自由落在方木上，转动厚度调节螺杆，使之处于微量间隙的中立值。摊铺机熨平板的拱度和工作初始仰角根据各机型的操作方法调节，通常要经过试铺来确定。

大多数摊铺机的布料螺旋与熨平板前缘的距离是可变的，通常根据摊铺厚度、沥青混合料组成、下承层的强度与刚度等条件确定。摊铺正常温度、厚度为 10 cm 的粗粒式或中粒式沥青混合料时，此距离调节到中间值。若摊铺厚度大，沥青混合料的矿料粒径大、温度偏低时，布料螺旋与熨平板前缘的距离应调大；反之，此距离应调小。

通常条件下，振捣梁的行程控制为 4～12 mm。当摊铺层较薄、矿料粒径较小时，应采用较小的振捣行程；反之，则采用较大的行程。

3）摊铺作业。摊铺机的各种参数确定后，即可进行沥青混合料路面的摊铺作业。摊铺作业是对熨平板加热，以免摊铺层被熨平板上黏附的粒料拉裂而形成沟槽和裂纹，同时对摊铺层起到熨烫的作用，使其表面平整无痕。加热温度应适当，过高的加热温度将导致熨平板变形和加速磨耗，还会使混合料表面泛出沥青胶浆或形成拉沟。

摊铺快速路和主干路沥青路面时，所采用的摊铺机应装有自动或半自动调整摊铺厚度及自动找平的装置，有容量足够的受料斗和足够的功率推动运料车，有可加热的振动熨平板，摊铺宽度可调节。通常采用两台以上摊铺机成梯队进行联合作业，相邻两幅摊铺重叠 5～10 cm，相邻两台摊铺机相距 10～30 m，以免前面已摊铺的混合料冷却而形成冷接缝，摊铺机在开始受料前应在料斗内涂刷防止黏结的柴油，避免沥青混合料冷却后黏附在料斗上。

摊铺机必须缓慢、均匀、连续不间断地进行摊铺，摊铺过程中不得随意变换速度或中途停顿，摊铺速度宜为 2～6 m/min。摊铺机螺旋布料器应不停顿地转动，两侧应保证有不低于布料器高度 2/3 的混合料，并保证在摊铺的宽度范围内不出现离析。

摊铺机自动找平时，中、下面层宜采用一侧钢丝绳引导的方式控制高程，上面层宜采用摊铺前、后保持相同高差的雪橇式摊铺厚度控制方式(雪橇为接触式，非接触式的平衡梁也是较为常见的摊铺机厚度控制方式)。经摊铺机初步压实的摊铺层平整度、横坡等应符合设计要求。沥青混合料的松铺系数根据混合料类型、施工机械等通过试压或根据实践经验确定。在沥青混合料摊铺过程中，若出现横断面不符合设计要求、构造物接头部位缺料、摊铺带边缘局部缺料、表面明显不平整、局部混合料明显离析及摊铺机有明显拖痕时可用人工局部找补或更换混合料等方法，但不应由人工反复修整。

控制沥青混合料的摊铺温度是确保摊铺质量的关键之一。高速公路和一级公路的施工气温低于 10 ℃，其他等级公路施工气温低于 5 ℃时，不宜摊铺热拌沥青混合料。必须摊铺时，应提高沥青混合料拌合温度,并符合低温摊铺要求。运料车必须覆盖以保温,尽可能采用高密度摊铺机摊铺,并在熨平板加热摊铺后紧接着碾压,缩短碾压长度。

沥青混合料的松铺系数应根据混合料类型、施工机械和施工工艺等通过试验段确定,试验段长不宜小于 100 m。松铺系数可按照表 5-6 进行初选。

表 5-6 沥青混合料的松铺系数

种类	机械摊铺	人工摊铺
沥青混凝土混合料	1.15～1.35	1.25～1.50
沥青碎石混合料	1.15～1.30	1.20～1.45

(5)沥青混合料的压实。碾压是热拌沥青混合料路面施工的最后一道工序,若前述各工序的施工质量符合要求而碾压质量达不到要求,则将前功尽弃,达不到路面施工的目的。压实的目的是提高沥青混合料的密实度,从而提高沥青路面的强度、高温抗车辙能力及抗疲劳特性等路用性能。压实是形成高质量沥青混凝土路面的又一关键工序。碾压工作包括碾压机械的选型与组合,碾压温度,碾压速度的控制,碾压遍数,碾压方式及压实质量检查等。沥青路面碾压如图 5-4 所示。

图 5-4 沥青路面碾压

热拌沥青混合料的压实应符合下列规定:

1)应选择合理的压路机组合方式及碾压步骤,以达到最佳碾压效果。沥青混合料压实宜采用钢筒式静态压路机与轮胎压路机组合或钢筒式静态压路机与振动压路机组合的方式压实。

2)压实应按初压、复压、终压(包括成型)三个阶段进行,压路机应以慢而均匀的速度碾压。

①初压应符合下列要求:

a. 初压温度应符合表 5-5 的有关规定,以能稳定混合料,且不产生推移、开裂为度。

b. 碾压应从外侧向中心碾压,碾速稳定均匀。

c. 初压应采用轻型钢筒式压路机碾压 1～2 遍。初压后应检查平整度、路拱,必要时应修整。

②复压应紧跟初压连续进行,并应符合下列要求:

a. 复压应连续进行,碾压段长度以 60～80 m 为宜。当采用不同型号的压路机组合碾压时,每一台压路机均做全幅碾压。

b. 密级配沥青混凝土宜优先采用重型的轮胎压路机进行碾压,碾压到要求的压实度为止。

  c. 对大粒径沥青稳定碎石类的基层，宜优先采用振动压路机复压。厚度小于 30 mm 的沥青层不宜采用振动压路机碾压。相邻碾压带重叠宽度以 10~20 cm 为宜。振动压路机折返时应先停止振动。

  d. 采用三轮钢筒式压路机时，总质量不宜小于 12 t。

  e. 大型压路机难以碾压的部位，宜采用小型压实机具进行压实。

  ③终压温度应符合表 5-5 的有关规定。终压宜选用双轮钢筒式压路机，碾压至无明显轮迹为止。

 3) 碾压过程中碾压轮应保持清洁，可对钢轮涂刷隔离剂或防粘剂，严禁刷柴油。当采用向碾压轮喷水(可添加少量表面活性剂)方式时，必须严格控制喷水量成雾状，不得漫流。

 4) 压路机不得在未碾压成型路段上转向、调头、加水或停留。在当天成型的路面上，不得停放各种机械设备或车辆，不得散落矿料、油料等杂物。

 (6) 接缝处理。整幅摊铺无纵向接缝，只要认真处理好横向接缝，就能保证沥青上面层有较高的平整度。由于横向接缝为冷接缝，处理难度较大，但处理的好与坏将直接影响路面的平整度，因此可以采取以下措施。

 1) 在已成型沥青路面的端部，先用 3 m 直尺检查，将平整度超过 3 mm 的部分切去，挖除干净，并将切面上的污染物用水洗刷干净，再涂以粘层沥青，基本干后，摊铺机再就位。

 2) 在熨平板开始预热前，量出接缝处沥青层的实际厚度，根据松铺系数算出松铺厚度。熨平板应预热 15~20 min，使接缝处原路面的温度在 65 ℃以上。开始铺筑的速度要慢，一般为 2 m/min。

 3) 碾压开始前，将原路面上的沥青混合料清除干净，接缝处保持线条顺直，固定 1 台振动压路机处理接缝。由于路堤较高，中央分隔带处有路缘石，路面中间部分采用横向碾压，两侧采用纵向碾压；一般为静压 2 遍，振压 2 遍，用 3 m 直尺检查平整度，发现高时就刮平；发现低时就填以细混合料，反复整平碾压，直至符合要求。横压时钢轮大部分压在原路面上，逐渐移向新铺路面，前后 5~6 遍；纵压时应使压路机的后轮超出接缝 3~6 m。一般振压 2 遍，静压 2~3 遍即可符合要求。

 (7) 开放交通与其他。热拌沥青混合料路面应待摊铺层完全自然冷却，混合料表面温度低于 50 ℃后，方可开放交通。需要提早开放交通时，可洒水冷却降低混合料温度。

 沥青路面雨期施工注意气象预报，加强工地现场、沥青拌合厂及气象台站之间的联系，控制施工长度，各项工序紧密衔接。运料车和工地应备有防雨设施，并做好基层及路肩排水。

 铺筑好的沥青层应严格控制交通，做好保护，保持整洁，不得造成污染，严禁在沥青层上堆放施工产生的土或杂物，严禁在已铺沥青层上制作水泥砂浆。

二、沥青表面处治路面施工

 沥青表面处治，是用沥青和细粒料按层铺法或拌合法施工的厚度不超过 3 cm 的薄层路面面层。由于处治层很薄，一般不起提高强度的作用，其主要作用是抵抗行车的磨耗，增强防水性，提高路面平整度，改善行车条件。

 层铺法(喷撒法)表面处治除在轻交通道路上用作沥青面层外，还可以在旧沥青面层或水泥混凝土路面上用作封层，以封闭旧面层的裂缝和改善旧面层的抗滑等性能。层铺法表面处治的突出优点是摩擦系数和表面构造深度大，有利于行驶安全。另外，它还具有良好的抗温度裂缝性能。层铺法表面处治要求有严格的施工工艺，使用的碎石应该干燥、清洁，并最好能在撒布前先用液体沥青预拌，以保证碎石表面无尘土和无石粉以增强碎石和沥青的黏结力。一些国家在老路面上用聚合物改性沥青做封层(实际上是单层或双层表面处治)，大幅度提高了路面的使用性能，延长了使用寿命。但这种方法进行表面处治存在石料容易散失的缺点，因此国内外都有采用混合式表面处治。混合式沥青表面处治通常是双层式，下层采用喷撒法施工，上层采用预拌沥青混合料或沥青乳液砂浆。

拌合法是我国从20世纪60年代开始推广渣油表面处治以来，就习惯采用的表面处治方法。拌合法表面处治的优点是集料不易散失，但其摩擦系数和表面构造深度都比层铺法表面处治小，其抗温度裂缝性能也不如层铺法表面处治。

在铺筑沥青表面处治时，各种基层表面绝对不能有任何砂土或石灰粉煤灰薄层。水泥稳定土和石灰稳定基层表面不能有薄层找补，即贴皮现象。因为在道路投入使用后，薄层砂土和薄层找补都可能导致表面处治面层搓动和脱落(即脱皮现象)。为使喷撒法沥青表面处治经久耐用，它的下承层必须有很均匀的表面结构。实践证明，在具有均匀表面结构的下承层上做表面处治，使用十年后，仍然处于满意状态。

沥青表面处治最常采用层铺法施工。按照洒布沥青及铺撒矿料的层次多少，沥青表面处治可分为单层式、双层式和三层式三种。单层式为洒布一次沥青，铺撒一次矿料，厚度为10～15 cm；双层式为洒布二次沥青，铺撒二次矿料，厚度为20～25 cm；三层式为洒布三次沥青，铺撒三次矿料，厚度为25～30 cm。层铺法沥青表面处治施工，一般采用"先油后料"法，即先洒布一层沥青，再铺撒一层矿料。双层式表面处治同三层式施工工艺，但减少一次洒布沥青、铺撒集料与碾压。单层式表面处治也与三层式类似，但减少二次洒沥青、铺撒集料与碾压。三层式沥青表面处治一般施工流程如图5-5所示。

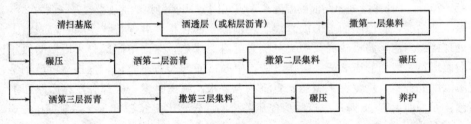

图 5-5　沥青表面处治施工流程图

1. 下承层准备

在表面处治层施工前，应将路面基层清扫干净，使基层的矿料大部分外露，并保持干燥。对有坑槽、不平整的路段应先修补和平整，若基层整体强度不足，应先予以补强。

2. 浇洒沥青

在透层沥青充分渗透，或在已做透层或封层并已开放交通的基础表面清扫后，应按要求的数量浇洒第一层沥青。洒布沥青应符合下列要求：

(1)沥青的浇洒温度应根据施工气温及沥青标号来选择，石油沥青的洒布温度以130 ℃～170 ℃为宜，煤沥青的洒布温度以80 ℃～120 ℃为宜。乳化沥青可在常温下洒布。

(2)沥青要洒布均匀，不应有漏洒或流淌现象。采用汽车洒布机洒布时，应根据单位面积沥青用量，选定洒布机排挡和油泵机挡。洒布汽车行驶的速度要均匀。若采用手摇洒布机洒布沥青，应根据施工气温和风向调节喷头离地面的高度和移动的速度，以保证沥青洒布均匀，并应按洒布面积来控制单位沥青用量。当发现浇洒沥青后有空白、缺边时，应及时进行人工补洒，当有沥青积聚时应刮除。

(3)沥青浇洒的长度应与集料撒布机的能力相配合，避免沥青浇洒后等待较长时间才撒布集料。

(4)前后两段浇洒的接槎应搭接良好。在每段接槎处，可用铁板或建筑纸等横铺在本段起洒点前及终点后,其长度宜为 1~1.5 m,当需要分幅浇洒时,纵向搭接宽度宜为 10~15 cm。浇洒第二、三层沥青的搭接缝应错开。

(5)除阳离子乳化沥青外,不得在潮湿的集料、基层或旧路面上浇洒沥青。

(6)对道路人工构造物与各种管井盖座、侧平石、路缘石等外露部分以及人行道道面等,洒油时应加遮盖,防止污染。

3. 撒布集料

第一层集料在浇洒主层沥青后应立即进行撒布,按规定用量一次撒足,不宜在主层沥青全段洒布完成后进行。撒布集料可采用集料撒布机或人工撒布。撒布集料应符合下列要求:

(1)当使用乳化沥青时,集料撒布应在乳液破乳之前完成。

(2)撒布集料后应及时扫匀,应覆盖施工路面,厚度应一致,集料不应重叠,也不应露出沥青。当局部有缺料时,应及时进行人工找补。局部过多时,应将多余集料扫出。

(3)前幅路面浇洒沥青后,应在两幅搭接处暂留 10~15 cm 宽度不撒石料,待后幅浇洒沥青后一起撒布集料。

4. 碾压

(1)撒布一段集料后,应立即用 6~8 t 钢筒双轮压路机碾压,碾压时每次轮迹应重叠约为 30 cm 并应从路边逐渐移至路中心,然后再从另一边开始移向路中心,以此作为一遍,宜碾压 3~4 遍。碾压速度开始不宜超过 2 km/h,以后可适当增加。

(2)第二、三层的施工方法和要求应与第一层相同,但可采用 8~10 t 压路机。当使用乳化沥青时,第二层洒布规格为 S12(5~10 mm)的碎石作嵌缝料后还应增加一层封层料,其规格为 S14(3~5 mm),用量为 3.5~5.5 m³/(1 000 m²)。

碾压结束后即可开放交通,但应禁止车辆快速行驶(速度不超过 20 km/h),要控制车辆行驶的路线,使路面每个幅宽获得均匀碾压,加速处置层稳定成型。对局部泛油、松散、麻面等现象,应及时处理。乳化沥青表面处治应待破乳后水分蒸发并基本成型后方可通车。在通车初期应设专人指挥交通或设置障碍物控制行车,并使路面全部宽度均匀压实。在路面完全成型前应限制行车速度不超过 20 km/h。

5. 初期养护

沥青表面处治施工后应进行初期养护。当发现有泛油时,应在泛油处补撒嵌缝料,嵌缝料应与最后一层石料规格相同,并应扫匀;当有过多的浮动集料时,应扫出路面,并不得搓动已经黏着在位的集料。如有其他破坏现象,也应及时进行修补。

三、沥青贯入式路面施工

沥青贯入式路面是一种较早使用的沥青面层。它在道路上的应用已有数十年的历史,它的厚度通常是 4~8 cm(但用作基层时,其厚度可以是 10 cm)。沥青贯入式碎石是靠矿料颗粒间的嵌锁作用以及沥青的黏结作用获得所需的强度和稳定性,沥青既是胶粘剂,又是防水剂。沥青贯入式面层具有较高的强度和较大的荷载分布能力,在柔性路面的整体强度中起着重要的作用。

沥青贯入式碎石是一种多孔隙的结构,尤其下部粗碎石之间的孔隙为大。作为面层,沥青贯入式碎石面层必须有封面料做成封层,类似于沥青表面处治,以密闭其表面,减少表面水透入路面结构层,并提高贯入式面层本身的耐用性。

即使沥青贯入式碎石面层的表面做成封层,雨表面积水仍可能渗入,特别是新铺筑的贯入式面层透水尤为严重。由于沥青贯入式碎石层具有大量孔隙透入贯入式碎石层中的水,如不能及时排出,贯入式碎石层就可能成为一个蓄水层,水较长时间滞留在贯入式结构层中,会促使沥青从矿料颗粒表面剥离,严重影响贯入式面层的质量和使用寿命。滞留在贯入式结构层中的水反复冻融,危害作用更大。一旦贯入式面层成为蓄水层,就使水有充分的时间和数量影响基层的性质,导致路面强度降低,甚至破坏。因此,在使用贯入式面层时,应该特别注意路面结构层的排水。

由于贯入式面层的多孔隙性,作为贯入式面层的基层宜是密实结构的,特别是基层表面应该是密实的。如基层材料也是多孔隙的和大孔隙的,夏季高温时期面层中的沥青可能下流到基层中。面层中沥青数量减少,会影响面层的使用寿命,如基层比较软弱,行车荷载可能将贯入式面层下部的大碎石压进(部分地)基层,也可能将较软弱的基层材料压挤进贯入式层下部大碎石间的孔隙。这种互相挤压的结果,贯入面层就会变形,从而使碎石形成的嵌锁作用可能遭到破坏,对贯入式面层的强度和稳定性造成很不利的影响。因此,采用无机结合料稳定粒料基层作为贯入式面层基层较好。

施工质量不佳的贯入式面层的主要损坏现象是封面料散失。在封面料已经散失或大部分散失的贯入式面层上,重新封面,往往能得到良好的效果。

沥青贯入式面层质量的影响因素还有泛油情况和平整度。泛油通常是表面沥青过多所引起。嵌缝料数量过多,在主层石料上单独形成一层,且嵌缝料被压碎得过多,使后一次喷洒的沥青难以下贯,也会导致泛油现象。泛油使面层表面软化、变形、光滑,使行驶条件变坏。

沥青贯入式碎石层(含面层和基层)的施工往往难于保证质量,其原因如下:

(1)碎石堆放过程中易被尘土和雨水污染,污染的碎石不能与沥青相黏结;

(2)除非用碎石摊铺机摊铺主层碎石,否则碎石层的平整度和高程都难以控制在规范允许的误差范围内。

(3)沥青用量难于控制准确,难于避免喷洒重叠。

因此,在高等级道路上一般不采用贯入式碎石做底面层。一些发达国家的道路上已不再采用贯入式碎石这种结构层,而改用沥青碎石混合料。

由于贯入式碎石结构层施工要求的机械设备较少,也较简单,施工进度较快,这种形式的路面结构层在我国一般道路的建设中仍被广泛应用。沥青贯入式路面一般施工程序,如图 5-6 所示。

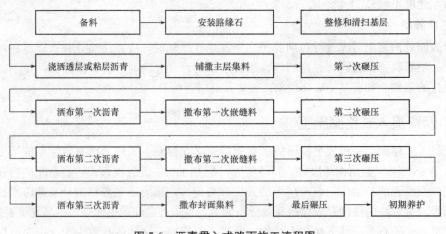

图 5-6 沥青贯入式路面施工流程图

(1)撒布主层集料。第一次撒布时应避免颗粒大小不均匀,并应检查松铺厚度。松铺厚度压实系数为 1.1~1.2,可经试铺实测确定。边撒布边检验路拱与平整度。撒布后严禁车辆在铺好的集料层上通行。

(2)碾压。主层集料撒布后应采用 6~8 t 钢筒式压路机进行初压,使集料碾压稳定,然后检查路拱和纵向坡度，如不符合要求，应调整找平再压，至集料无显著推移为止。然后再用10～12 t压路机碾压密实，直至主层集料嵌挤紧密，无显著轮迹为止。要注意掌握碾压适度。过碾则过分压碎集料，破坏嵌挤且沥青贯入受阻；欠碾则主层集料不稳定、不紧密，既影响强度，又使浇灌的沥青容易流失。

（3）浇洒第一遍沥青。主层集料碾压完毕后，应立即浇洒第一层沥青，浇洒方法、要求同沥青表面处治相同。当采用乳化沥青贯入时，为防止乳液下漏过多，可在主层集料碾压稳定后，先撒布一部分上一层嵌缝料，再浇洒主层沥青。

（4）撒布第一遍嵌缝料。主层沥青浇洒后，应立即均匀撒布第一层嵌缝料，嵌缝料撒布后应立即扫匀，不足处应找补。当使用乳化沥青时，嵌缝料撒布必须在乳液破乳前完成。

（5）碾压。嵌缝料扫匀后应立即用8～12 t钢筒式压路机碾压，直至稳定为止。碾压时随压随扫，使嵌缝料均匀嵌入。

（6）浇洒第二遍沥青。撒布第二遍嵌缝料，完成碾压后，再浇洒第三层沥青，并撒布封层料，施工要求与撒布嵌缝料相同，最后碾压采用6～8 t压路机碾压2～4遍后，开放交通。

（7）其他类型贯入式路面，参照工艺流程图的相应遍数进行。施工方法和要求与第一遍施工相同。

（8）沥青混合料拌合层。加铺沥青混合料拌合层时，应紧跟贯入层施工，使上、下层成为整体。当贯入部分采用乳化沥青时，应待其破乳、水分蒸发且成形稳定后方可铺筑拌合层。当拌合层与贯入部分不能连续施工，又要在短期内通行施工车辆时，贯入层部分的第二遍（其他类型贯入层则为其相应遍数）嵌缝料应增加2～3 m³/(1 000 m²)。在摊铺拌合层沥青混料前，应清除贯入层表面的杂物、尘土以及浮动石料，再补充碾压一遍，并应浇洒粘层沥青。

（9）最后碾压。最后碾压宜采用6～8 t压路机进行，使路面平整，外形符合设计要求。

四、沥青透层、粘层和封层施工

透层是为了使沥青面层与非沥青材料基层结合良好，在基层上浇洒石油沥青、煤沥青、液体沥青或阳离子乳化沥青而形成的透入基层表面的薄层。沥青路面的级配砂砾、级配碎石基层及水泥、石灰、粉煤灰等无机结合料稳定土或稳定粒料的基层上均必须浇洒透层沥青，以保证面层和基层具有良好的结合界面。

粘层是为了加强路面的沥青层与沥青层之间、沥青层与水泥混凝土路面之间的黏结而洒布的沥青材料薄层。双层式或三层式热拌热铺沥青混合料面层之间应喷洒粘层油，或在水泥混凝土路面、沥青稳定碎石基层、旧沥青路面层上加铺沥青混合料层时，在既有结构和路缘石、检查井等构筑物与沥青混合料层的连接层喷洒粘层油。

封层是为了封闭面层结构层的表面空隙，防止水分浸入面层或基层而铺筑的沥青混合料薄层。其中，铺筑在面层表面的称为上封层，铺筑在面层下面的称为下封层。上封层和下封层可采用拌合法或层铺法施工的单层式沥青表面处治，也可采用乳化沥青稀浆封层。

1. 透层施工

（1）材料要求和用量。透层沥青宜采用慢裂的洒布型乳化沥青，也可采用中、慢凝液体石油沥青或煤沥青。透层沥青的稠度宜通过试洒确定。表面致密的半刚性基层表面宜采用渗透性好的较稀的透层沥青，级配砂砾、级配碎石等粒料基层宜采用较稠的透层沥青。用于制作透层用乳化沥青的沥青标号应根据基层的种类、当地气候等条件确定。施工中应根据基层类型选择渗透性好的液体沥青、乳化沥青做透层油。

（2）透层施工程序及要求。透层施工工艺流程如图5-7所示。

图 5-7 透层施工工艺流程

①沥青洒布施工要求如下：

a. 浇洒透层前，路面应清扫干净，然后用 2～3 台鼓风机（或其他机械）沿路纵向向前将浮尘吹干净，尽量使基层表面集料外露，以利于乳化沥青与基层的黏结。对喷洒区附近的结构物和树木表面及人工构造物应加以保护，以免溅上沥青受到污染。

b. 透层应紧接在基层施工结束、表面稍干后浇洒。当基层完工后时间较长，表面过分干燥时，应在喷洒乳化沥青前 1 h 左右，用洒水车在基层表面少量洒水润湿表面，并待表面稍干后浇洒透层沥青。

c. 透层沥青应采用沥青洒布车喷洒，喷洒时应保持稳定的速度和喷洒量。沥青洒布车在整个洒布宽度内必须喷洒均匀。路面太宽时，应先洒靠近中央分隔带或路中间的一个车道，由内向外，一个车道接着一个车道喷洒，下一个车道与前一个车道原则上不重叠或少重叠，但不能露白，露白处需用人工喷洒设备补洒。洒布车要完成一个车道停车后，必须立即用油槽接住排油管滴下的乳化沥青，以防局部乳化沥青过多，污染基层表面。在铺筑沥青面层之前，若局部地方尚有多余的透层沥青未渗入基层时，应予清除。

d. 如遇大风或即将降雨时，不得浇洒透层沥青；气温低于 10 ℃时，也不宜浇洒透层沥青。

e. 应按设计的沥青用量一次浇洒均匀，当有遗漏时，应人工补洒；透层沥青洒布后应不致流淌，渗透入基层一定深度，不得在表面形成油膜。

f. 浇洒透层沥青后，严禁车辆、行人通过。

②石屑撒布施工要求如下：

a. 在无机结合料粒料基层上浇洒透层沥青后，若不能及时铺筑面层并需开放施工车辆通行时，应撒铺适量的石屑或粗砂，并将透层沥青用量增加 10%。

b. 石屑要求坚硬、清洁、无风化、无杂质、活性物质含量低、岩性宜为石灰岩、人工轧制的机制砂。采用的粒径规格为 S_{13} 或 S_{14}，并控制小于 0.6 mm 的含量不超过 5%。其中 S_{14} 适宜在气温 10 ℃～20 ℃的范围，S_{13} 适宜气温在 20 ℃～35 ℃的范围使用。前一幅石屑撒布应与后一幅搭接的边缘留出约 20 cm 宽，不撒布石屑，留待铺下一幅路时搭接，石屑可少量露黑，可有潮迹。

③碾压。撒布石屑或粗砂后，应用 6～8 t 钢筒式压路机静力稳压 1～2 遍，压路机应行驶平稳，并不得刹车或调头。当通行车辆时，应控制车速。在铺筑沥青面层前如发现局部地方透层沥青剥落，应予修补，当有多余的浮动石屑或砂时也应予扫除。

透层洒布后应尽早铺筑沥青面层。当用乳化沥青作透层时，洒布后应待其充分渗透、水分蒸发后方可铺筑沥青面层，此段时间不宜少于 24 h。

④养护。

a. 施工单位应对洒好透层、粘层或封层油的基层和面层保持好状态，以便与后续工作相衔接。

b. 碾压完毕后原则上封闭交通 7 d，必须行驶的施工车辆最少在 12 h 后才可上路，并保证车速低于 5 km/h，不得刹车或调头，7 d 至 1 个月内也要控制车辆行驶，1 个月后可开放正常交通。7 d 后若摊铺下面层时，只需将下封层上的多余石屑扫去即可进行下面层的摊铺。

从养护期间到后一层铺筑完之前，洒过透层油的表面，应采用路帚拖扫的办法养护，并防止产生车辙。

2. 粘层施工

(1)材料要求和用量。粘层油宜采用快裂或中裂乳化沥青、改性乳化沥青,也可采用快、中凝液体石油沥青。

粘层油品种和用量应根据下卧层的类型通过试洒确定。当粘层油上铺筑薄层大孔隙排水路面时,粘层油的用量宜增加到 $0.6\sim1.0$ L/m^2。沥青层兼做封层的粘层油宜采用改性沥青或改性乳化沥青,其用量不宜少于 1.0 L/m^2。

(2)粘层施工工艺。粘层沥青用沥青洒布车喷洒,在路缘石、雨水进水口、检查井等局部应用刷子人工涂刷。路面有脏物、尘土时应清除干净。当有沾粘的土块时,应用水刷净,待表面干燥后浇洒。浇洒过量处应予刮除。当气温低于 10 ℃或路面潮湿时,不得浇洒粘层沥青。浇洒粘层沥青后,严禁除沥青混合料运输车以外的其他车辆、行人通过。粘层沥青洒布后应紧接铺筑沥青层,但乳化沥青应待破乳、水分蒸发完后铺筑沥青层。

3. 封层施工

(1)材料要求和用量。封层油宜采用改性沥青或改性乳化沥青。集料质地坚硬、耐磨、洁净、粒径级配应符合要求。用于稀浆封层的混合料的配合比应经设计、试验,符合要求后方可使用。

采用拌合法沥青表面处治作为上封层及下封层时,下封层宜采用砂粒式沥青混凝土(AC-5),厚度宜为 1.0 cm,上封层宜采用密实式的中粒式或细粒式沥青混凝土混合料,按热拌沥青混合料路面的要求铺筑。

(2)封层施工工艺。采用拌合法铺筑上封层,其施工工艺和要求与热拌沥青混合料完全相同;下封层宜采用层铺法表面处治或稀浆封层法施工。沥青(乳化沥青)和集料用量应根据配合比设计确定,沥青应洒布均匀、不露白,封层应不透水。

能力训练

分小组编制热拌沥青混合料施工技术方案一份。

(1)根据施工图进行沥青面层施工准备工作,重点为现场准备、物质准备、测量放样等工作。

(2)根据工程特点和工程现场实际条件,结合沥青面层的构造特点,选择合理的施工方法、合适的施工机械及施工工艺流程,并提出保证施工质量和安全的施工技术措施和施工注意事项。

(3)参考其他道路沥青面层施工方案编制施工技术方案。

(4)能力训练成果为热拌沥青混合料面层施工技术方案一份。

习 题

一、选择题

1. 沥青表面处治通常采用( )施工。
   A. 路拌法　　　B. 厂拌法　　　C. 层铺法　　　D. 拌合法
2. 热拌沥青混合料运输到现场温度,不得低于( )℃。
   A. 150　　　　B. 140　　　　C. 135　　　　D. 130

3. 在沥青路面施工中,当符合下列( )情况时应浇洒透层沥青。
   A. 沥青路面的级配砂砾、级配碎石基层
   B. 水泥、石灰、粉煤灰等无机结合料稳定基层
   C. 旧沥青路面层上加铺沥青层
   D. 水泥混凝土路面上铺筑沥青层
   E. 旧水泥混凝土路面上铺筑沥青层
4. 沥青混合料在运输过程中出现( )情况时应予以废弃。
   A. 已离析的混合料
   B. 硬化在运输车箱内的混合料
   C. 在夏季中午高温时运输的混合料
   D. 低于规定铺筑温度的混合料
   E. 被雨淋的混合料
5. 沥青表面处治宜选择在( )施工。
   A. 雨期   B. 潮湿季节   C. 干燥季节   D. 冬期
   E. 较热季节
6. 热拌沥青混合料路面应待摊铺层完全自然冷却,混合料表面温度低于( )℃后,方可开放交通。需要提早开放交通时,可洒水冷却降低混合料温度。
   A. 50   B. 30   C. 20   D. 40
7. 沥青路面施工方法有( )。
   A. 层铺法   B. 厂拌法   C. 滑模摊铺法   D. 轨道摊铺法
8. 下列沥青类路面中,采用层铺法施工的结构是( )。
   A. 沥青混凝土   B. 沥青碎石   C. SMA   D. 沥青贯入式

二、判断题

1. 沥青路面施工时,高温要求与低温要求发生矛盾时,优先考虑满足低温要求。( )
2. 沥青路面施工时,碾压温度高的沥青混合料要比碾压温度低的沥青混合料困难大得多。( )
3. 秋季是沥青路面施工的有利季节。( )

任务三 特殊沥青面层施工

本任务介绍了几种特殊沥青混合料的组成要求,以及SMA沥青路面、OGFC路面、彩色沥青混凝土路面施工过程中拌和、运输、摊铺、碾压及接缝处理等施工要点。

一、SMA沥青路面施工

自从第一条SMA路面于20世纪60年代在德国修建以来,便以其优良的抗车辙性能和抗滑性能闻名于世,至今在欧美地区的应用已经有40多年的历史。近来SMA在我国的实际应用也比较广泛。SMA即沥青玛蹄脂碎石,是由沥青、矿粉、纤维稳定剂及少量细集料组成的沥青玛蹄脂结合料,填充于间断级配的粗细集料碎石骨架的间隙形成的一种沥青混合料。简单地说,SMA是由互相嵌挤的粗集料骨架和沥青玛蹄脂两大部分组成的。

SMA是一种新型的路面材料,具有良好的路用性能:除具有良好的表面功能、抗滑、抗高温、抗车辙、减少低温开裂、平整度高、噪声小、能见度好等特点外,SMA还具有路面抗变形

能力强、不透水、使用寿命长、维修养护少等优点，同时，SMA还可以减薄表面层厚度，易于施工和维修。由于沥青玛琋脂具有上述各项优点，因此目前在高等级道路建设中被广泛应用为高等级路面材料。

1. SMA原材料组成要求

SMA是近年来在国际上出现的一种非常引人注目的新型沥青混合料。影响SMA质量的因素很多，其中原材料的质量是决定因素，因此施工时要严格控制原材料的质量，对其质量严格按有关规范要求进行检验、检测。

(1)沥青结合料。SMA混合料中沥青结合料的质量必须满足沥青玛琋脂的需要，要有较高的黏度，符合一定的要求，以保证有足够的高温稳定性和低温韧性。在我国，必须采用符合"重交通量道路沥青技术要求"的沥青。

(2)粗集料。从SMA的成型机理可以知道，SMA之所以有较高的高温稳定性，是基于含量甚多的粗集料之间的嵌挤作用。集料嵌挤作用的好坏很大程度上取决于集料石质的坚韧性、集料的颗粒形状和棱角性。粗集料的这些性质是SMA成败与否的关键。因此用于SMA的粗集料必须符合抗滑表层混合料的技术要求，同时，SMA对粗集料的抗压碎要求高，粗集料必须使用坚韧的、粗糙的、有棱角的优质石料。

(3)细集料。细集料虽然在SMA中只占很少的比例，但对SMA的性能影响也较大。通常认为机制砂较天然砂有良好的棱角性和嵌挤性，对提高混合料的高温稳定性有好处。细集料采用坚硬、洁净、干燥、无风化、无杂质并有适当级配的人工轧制的玄武石或石灰岩细集料。

(4)填料。填料采用石灰岩碱性石料经磨细得到的矿粉，必须干燥清洁。SMA中矿粉的用量在10%左右，矿粉用量多，一方面可以增大矿料的比表面积，从而裹覆较多用量的沥青；另一方面矿粉增加了SMA玛琋脂劲度，有助于增强SMA高温抗流变能力。

(5)抗剥落剂。由于玄武岩与沥青的黏结力只有3～4级，而规范规定不得低于4级，因此沥青中要掺抗剥落剂。一般掺量为沥青用量的0.3%～0.4%。

(6)稳定剂。SMA的沥青用量较多，为了防止施工时混合料中沥青析漏，需要在混合料中加入纤维稳定剂，一般可采用木质素絮状纤维，掺量为沥青混合量总质量的0.3%～0.4%。

2. SMA混合料的拌和

在拌和前，首先要采用强制搅拌法把抗剥落剂按沥青质量的0.4%均匀地掺入沥青中。具体方法如下。

(1)将一定容积的沥青放入强制式搅拌箱内，根据沥青密度计算出沥青质量，称量沥青质量的0.4%的抗剥落剂倒入搅拌箱内，开动搅拌叶片搅拌2 min后，把搅拌均匀的沥青抽进沥青储存罐备用。在使用时，可以利用几个沥青储存罐用泵力循环法再次搅拌。

(2)在SMA拌和时，沥青温度应加热至165 ℃～170 ℃，集料温度应为180 ℃～200 ℃，混合料出厂温度应为170 ℃～185 ℃，超过195 ℃的混合料应废弃。拌和时，应先加入矿料，紧接着加入矿粉，干拌7～10 s，在这期间加木质纤维，干拌后加沥青，湿拌约36 s后出料，总拌合时间应为60～70 s。特别注意木质纤维的添加与沥青的添加应前后顺序连接不间断，即木质纤维若不添加，沥青在称量斗内存放，暂不放入拌锅中，以免出现废料，并且要注意校核每锅混合料中木质纤维素的添加量，木质纤维素的添加量是否准确是决定SMA混合料拌合质量好坏的重要因素。

3. SMA混合料的运输

SMA的运输采用大吨位自卸车运输。运输车辆要在车厢上设专用温度检查孔，车厢内清洗干净；装料时，汽车应前后移动分三堆装料，减少粗集料的分离现象。料车要覆盖好，用来保温、防雨、防尘，若在气温偏低时施工，最好加一层棉被。运料车的总运量应大于拌合能力。

4. SMA 混合料的摊铺

SMA 的摊铺一般整幅采用沥青摊铺机成梯队一次性铺筑，接触式或非接触式自动找平控制平整度、横坡、厚度，纵缝采用热接缝，两台摊铺机的熨平板重叠 10~20 cm，松铺系数一般为 1.1~1.2。在开始铺筑时，熨平板的预热温度≥100 ℃，混合料温度≥160 ℃，熨平板夯实等级采用振动频率 5.0 级，振捣频率 4.5 级，两台摊铺机的间距在 5 m 左右。由于改性沥青 SMA 混合料的黏性很大，摊铺过程中不易产生离析现象，摊铺过程中一般不允许补料，只要设专人处理摊铺机后面的个别油斑即可。另外，连续稳定的摊铺是保证上面层平整度的关键。摊铺结束后，要及时清理接料斗、螺旋及熨平板上的剩余料。

5. SMA 混合料的碾压

SMA 碾压时，一般不允许采用胶轮压路机，碾压程序重点分初压、终压两个阶段，一般钢轮压路机紧跟摊铺机碾压。SMA 在初压时一般不会产生推移现象，可以直接开振动，振动碾压 4~5 遍，最后静压一遍消除轮迹。初压时混合料温度应≥150 ℃，碾压段长度控制在 30 m 左右，终压结束温度≥110 ℃，振动碾压时采用高频低幅，既保证压实度，又不致将碎石集料压碎。另外，摊铺和碾压在施工过程中均不应停顿，机械加油和加水都要交替进行。

6. 接缝处理

接缝是影响路面平整度的重要因素之一。SMA 路面接缝处理比普通沥青混合料难，由于冷却后的 SMA 混合料非常坚硬，应设法防止出现冷裂缝。为了提高平整度，一般切割成垂直面，可在路面完工后，稍停一停，在其尚未冷却之前切割好。

具体做法是：将 3 m 直尺沿路线纵向靠在已施工段的端部，伸出端部的直尺呈悬臂状；以已施工路面与直尺脱落点定出接缝位置，用锯缝机割齐后铲除废料，并用水将接缝处冲洗干净；新混合料摊铺前，清洗接缝，涂抹粘层油，并用熨平板在已摊铺的表面层上预热，再下料摊铺。接缝处碾压应尽快处理，先纵向在 5~10 m 来回碾压，再横向 2~4 m 碾压，最后按正常的速度进行纵向碾压。

7. 注意问题

为了确保 SMA 面层的质量，应采取以下措施：

(1)加强各种原材料的质量检测。重视 SMA 配合比组成设计，优化生产配合比。

(2)进行多次试拌和试铺工作，确保正式摊铺质量。

(3)对试验仪器、测量仪器、拌合设备、计量系统、温度计等进行检查和标定。

(4)编制详细的施工技术方案。每一道工序都要有专人负责，每一个技术指标都要有专人或相关人员控制。加强检测，发现问题及时解决。

(5)改性 SMA 摊铺施工时，应保持一个适当的摊铺速度，过快和过慢都会影响质量，摊铺速度过慢会引起压实过度造成玛琋脂上浮，摊铺速度过快会造成压实度不足和渗水，比较适宜的速度为 1.2~2.5 m/min。

(6)拌和时要特别注意矿粉的称量精度，矿粉含水率应≤1%，以免黏堵矿粉的称量精度，使矿粉放料速度慢而产生溢料和拌合能力下降；还要特别注意木质纤维的称量精度，以免用量不准或添加不上而产生废料。在施工过程中，SMA 改性沥青路面施工质量检查要求见表 5-7。

表 5-7　SMA 改性沥青路面施工质量检查要求

检测项目	标准
压实度/%	≥98(标准马歇尔密度)
平整度	<1.2
构造深度/mm	0.8~1.5
路面实测孔隙率/%	3.5~6.0
动稳定度/次·mm^{-1}	≥3 000

二、OGFC 路面施工

OGFC 透水沥青混合料于 20 世纪 50 年代被研制出来,是一种具有高孔隙率的开级配混合料。OGFC 排水性沥青混凝土路面是指在不透水的沥青混凝土层面上铺筑孔隙率高达 20% 左右的沥青混凝土抗滑表层,使雨水通过该层内部的连通孔隙沿路面横坡排出路外,而不至于在路表面形成膜和径流的路面结构。

OGFC 透水性沥青混合料修筑的道路的优点主要有以下两点:

(1)可迅速将路表雨水排除,确保雨天行车时车轮与路面的接触,提高了行车安全。

(2)可以降低噪声,改善沿途环境。车辆在行驶过程中产生的噪声声波,一方面可以在 OGFC 路面内连通孔隙中传播的过程中发生膨胀和扩展,将声能转化为热能的形式而削弱;另一方面通过 OGFC 路面表层宏观构造产生漫反射等综合效应,使得行车噪声显著降低。

1. 材料及施工准备

(1)粗集料。粗集料应具有良好的颗粒形状,洁净、干燥、无风化、无杂质,具有足够的强度、耐磨耗性。排水性路面粗集料为 4.75 mm 以上的集料。粗集料占到集料总量的 80% 左右,比普通密级配沥青混合料高出 20%~30%。

(2)细集料。细集料应洁净、干燥、无风化、无杂质,并由适当的颗粒组成。排水性路面集料占集料总量的 10% 左右,用河砂或石屑均可。排水性沥青混合料中 2.36~4.75 mm 粒径为断级配。

(3)填充料。填充料使用水泥厂生产的石灰岩矿粉,用量为集料总重的 5% 左右。为改变集料与沥青间的黏附性,可掺加消石灰或水泥,掺加量以占填充料总量的 40%~60% 为宜。根据日本成熟经验与日本《排水性铺装技术指南》,基质沥青宜采用低强度等级、稠度大的沥青,以增强混合料的黏结力。基质沥青一般采用 70 号重交沥青,排水性路面的油石比一般在 5% 左右,其中基质沥青占 84%~90%,改性剂占 10%~16%,使用 TPS 改性剂后,沥青混合料中无须再添加其他稳定剂和抗剥落剂。排水性沥青混凝土路面是开级配,孔隙率大、沥青易老化、耐久性差,为了增大其内部黏结力,增加混合料强度,应采用低强度等级、稠度大的沥青。施工中采用的沥青针入度应取 40~50(0.1 mm)为宜。

(4)改性沥青。一般采用高黏度透水沥青,排水性路面要求改性沥青的 25 ℃ 韧度和抗拉强度分别达到 20 N·m 和 15 N·m 以上,60 ℃ 黏度达到 20 000 Pa·s 以上。

(5)纤维。欧美部分国家在开级配沥青磨耗层中添加纤维,主要是为了确保油膜厚度及防止滴漏。其种类为植物性纤维、矿物性纤维或化学纤维等。添加量为混合物中外添加物重量的 0.1%~0.5% 或沥青混合料重量的 1% 左右。

(6)抗剥落剂。抗剥落剂一般用消石灰,其添加量约为矿粉的 50% 以内,或者用其他类型的成熟化学抗剥落剂。

2. 施工准备

铺筑排水性路面前,在密级配的沥青混凝土中,只能给面层表面喷洒一层掺有橡胶的改性乳化沥青,起到提高层间的黏结性与封水作用。施工需在摊铺前 12 h 洒布,以使其充分破乳,不易粘轮。改性乳化沥青中蒸发残留物含量不宜太高,太高会使得机械行进阻力大,而且引起路面层油石比增大。

3. 混合料的拌和

(1)温度控制。由于 OGFC 混合料使用的粗集料较多、细集料较少,集料易热,集料温度控制较难。因此,需要对喷燃器的燃料供给严加控制,或者采取提高细集料供给量或调整仪表显示值与实测值误差的对策。通过前两次试铺工作,发现 OGFC 混合料因产量低,细集料用量少,导致温度难以控制。混合料温度过高,易产生沥青的流淌,温度过低则施工作业困难,因此工作中的温度控制尤为重要。一般来说,矿料加热温度为 180 ℃±5 ℃。由于粗集料散热快,应随拌和、随放料,检测温度时车厢内混合料顶堆上的温度与料堆下的温度相差不应超过 3 ℃~5 ℃。

(2)存放时间。由于 OGFC 混合料细集料少,散热快,不能像普通沥青混合料那样较长时间储存,长时间存放会出现沥青流淌现象,并会使得混合料表面结硬壳。

(3)拌合周期。OGFC 混合料拌合时间参数为:集料、改性剂同时进拌合锅干拌 10 s,然后加入沥青和矿粉,并湿拌 40 s 出锅。拌合锅的混合料应均匀,无离析、花白、结块等现象,一个完整的拌和循环约为 75 s。因此,较之生产密级配沥青混合料,沥青拌合设备的主产能力将降低至 60%左右。另外,由于 OGFC 为间断级配,粗集料用量较多,对计量等待时间、热仓的储存量也相应进行调整。

4. 混合料的运输及摊铺

(1)运输。

①应具备足够的大吨位运输车辆,满足施工要求。

②OGFC 混合料黏性较大,运输车底部需涂较多的油水混合物。

③为使 OGFC 混合料保持高温,摊铺温度不低于 160 ℃,运输车使用双层篷布用以保温。

④运输车辆到达现场后卸料,均由专人指挥,料车卸料时,在距摊铺机 10~30 cm 处以空挡停车,由摊铺机迎上推动前进。

(2)摊铺。

①摊铺机摊铺前,必须先预热 40 min 左右,使熨平板温度达到 100 ℃以上,方可摊铺。

②采用两台摊铺机梯队联合摊铺时,靠边缘的摊铺机走在前面,两外侧采用超声波移动式平衡梁找平,另一台摊铺机紧紧跟后,相隔 3~5 m,中间重叠 10~15 cm,内侧采用纵波仪在已铺面上走"雪橇",外侧采用移动式平衡梁找平。

③OGFC 混合料产量低,摊铺机速度较慢,一般控制在 1.0~2.0 m/min,使拌合设备的生产能力与摊铺机速度相适应,保证摊铺过程的匀速、缓慢、连续不间断。

④OGFC 混合料粗集料多,应调整好振捣和振动级数,确保足够的初始密实度,且不振碎集料。

⑤在摊铺过程中,设专人检查铺筑厚度及均匀度,发现局部拖痕等问题应及时处理,同时调整摊铺工艺,改善摊铺效果。

⑥由于 OGFC 混合料属于间断级配,粗集料粒径单一,因此比其他级配混合料易摊铺,表面均匀、外观效果好,不易出现离析。

5. 混合料的碾压

(1)由于 OGFC 路面与 SMA 路面级配要求相近,其压实工艺也相近。初压、复压阶段须采用刚性碾压，因为橡胶轮变形大，它与路面接触时局部呈封闭状态，当轮胎驶离路面时易导致热的沥青结合料被上吸堵塞路面孔隙，同时，钢轮压路机碾压过程中均不开振动，以保持路面有18%～22%的孔隙率。终压阶段采用胶轮压路机，起稳固混合料与消除轮迹作用。

（2）碾压顺序。初压采用DD-110压路机，各静压2遍，速度控制在1.5～2.0 km/h，紧跟摊铺机进行，初压温度一般控制为150 ℃～160 ℃。复压采用CC722压路机，静压2遍，速度为2.0 km/h左右，复压紧跟初压进行，两段的界限一般重叠3～5 m。终压采用YL20胶轮压路机，碾压1～2遍，终压必须在路表温度降至55 ℃左右时进行，否则出现粘轮现象。可以喷洒少量水防止粘轮。

（3）松铺系数。由于OGFC混合料路面的孔隙率须保持为18%～22%，其碾压机械吨位、遍数、碾压温度一定要控制好；否则很容易出现压实超密现象，造成松铺系数测不准，路面厚度不足。

6. 接缝处理

在施工缝及构造物两端的连接处操作应仔细，接缝应紧密、平顺。

铺筑纵向接缝时，接缝铺筑成梯形。在铺另一幅前将缝边缘清扫干净，并涂洒少量沥青漆。碾压时先在已压实路面上行走，碾压新铺层的10～15 cm，然后压实新铺部分，再伸过已压实路面10～15 cm，接缝应压实紧密。上、下层纵缝应错开15 cm以上，表层纵缝应顺直，并尽可能留在车道区画线位置上。

相邻两幅及上下层的横向接缝均应错位1 m以上。横向接缝的碾压先用双钢轮压路机进行横向碾压。碾压时压路机应位于已压实的混合料面层上，伸入新铺层的宽度宜为15 cm，然后每压1遍向新铺混合料移动15～20 cm，直至全部在新铺层上为止，再改为纵向碾压。

横向施工缝采用平接缝，在铺筑邻近面层时需将接缝处再加热。加热时应避免将面层直接暴露在火焰下，接缝处需充分压实，粘接紧密。

7. 注意问题

由于OGFC路面在国内尚处于试验性阶段，大面积铺筑的成功经验有限，没有现成的规范技术指导，只有边施工、边摸索、边积累经验，获得一些经验教训，逐步认识和掌握OGFC路面施工的技术和工艺。

（1）原材料加工难。由于OGFC路面粗集料粒径单一，数量比例大，10～15 mm规格间隔小，工厂加工产量低，需提前考虑加工问题。

（2）配合比设计难。为保证设计孔隙率要求，改变级配中2.36 mm筛孔通过量±3%左右，获得3个级配，选定后要反复调整级配，采用马歇尔试验才能达到孔隙率要求和得出合适的沥青用量。

（3）温度控制难。OGFC路面粗集料多，易热，温度很难控制，必须考虑拌合楼喷油装置或增加细集料或找温度差等对策。

（4）拌合时间长，产量低，摊铺速度慢，且混合料不可长时间储存，各环节要协调好。

（5）空隙率难保证。压路机械吨位，碾压遍数，碾压温度控制要严，否则易出现压实超密现象。

（6）造价高。每吨TPS改性剂价格约为4万元，造价是同厚度同面积密级配混合料的3倍左右。

（7）孔隙大，沥青老化快，使用年限短。国外OGFC路面设计年限一般为4～7年，此为制约其发展的一个瓶颈。

（8）抗剪切性能差。该结构路面不易铺筑在弯道大、纵坡大或重载交通地段，宜用于小车专用线或旅游线。

(9)养护难。粉尘污物易堵塞孔隙，需用专用的高压冲洗和吸尘设备。

(10)局限性。铺筑 OGFC 路面应根据当地的地理环境及气候条件，有条件地推广应用，不宜应用在风沙大、降雨少的地区。排水性路面的最大问题是，路面本身的磨损和环境中粉尘污物对孔隙的堵塞，排水功能随时间降低直至丧失排水功能。

(11)在 OGFC 排水性路面的中面层设计中，不仅要考虑封水问题，同时还要考虑强度问题。

三、彩色沥青混凝土路面施工

彩色沥青混凝土路面是指脱色沥青或人工调配的浅色胶结料与各种颜色的石料、色料和添加剂等材料在特定的温度条件下拌和而成的各种色彩沥青混合料，再经过摊铺、碾压而形成具有一定强度和路用性能的非黑色沥青混凝土路面。

在道路中采用彩色沥青混凝土铺设路面，具有两大功能：第一，具有美化城市、改善道路环境，提高城市品位的效果，多用于城市街道、广场、风景区、公园和旅游观光地；第二，具有强化交通警示，疏导交通流量，使交通管理直观化的作用，应用于区分不同功能的路段或车道，以提高驾驶员的识别效果，增加道路的通行能力和交通安全。

从 20 世纪 50 年代起，欧洲国家就开始尝试研究应用彩色沥青混凝土路面。在我国始于 20 世纪 70 年代开始这方面的探讨，但进展缓慢，且在道路上的应用较少。到 20 世纪 90 年代，彩色沥青混凝土才作为一种新型的路面面层材料被开发并广为应用，也由此营造出新世纪交通的时代气息，引起了人们广泛的兴趣和关注。

1. 原材料要求

彩色沥青混凝土的原材料主要有：脱色沥青、集料、填料和颜料。由于其多用于景观铺筑，而这些工程的特点是要求路面平整、美观，强度不必太高，所以多采用 AC-10I、AC-5I 型级配。使用集料规格一般为 5~10 mm、3~5 mm 及机制砂、天然砂，填料多采用石灰岩矿粉。对于胶结料，可以直接使用彩色沥青，也可以使用脱色沥青并掺加颜料。

(1)集料。用于彩色沥青混凝土面层的粗集料应具有良好的颗粒形状，洁净、干燥、无风化、无杂质，具有足够的强度、耐磨耗性，并与脱色沥青黏附力强。由于 5~10 mm 集料针片状含量、黏附性等指标不易检测，所以在选择石料的时候尤其要注意原岩的选择。由于酸性石料与沥青的黏附性差、水稳定性不好，宜选择碱性石料。对于石料性质，可以采用同产地、同料厂的较大粒径石料进行试验作为参考。

沥青混凝土的细集料可采用天然砂、机制砂，不宜使用石屑。细集料应洁净、干燥、无风化、无杂质，并由适当的颗粒组成。由于天然砂一般风化严重，含泥量较高，所以《公路沥青路面施工技术规范》(JTG F40-2004)中明确规定：热拌密级配沥青混凝土中天然砂使用量通常不宜超过细集料总量的 20%，从而对于天然砂的使用有所限制。因此，在机制砂的质量能够保证的前提下，彩色沥青混凝土细集料可以完全使用机制砂。机制砂是指选用优质石料，并采用专用制砂机械制造的水洗砂。目前，大多数石料厂家的机制砂实质上是石料厂破碎石料时通过 4.75 mm 或 2.36 mm 筛孔的石屑。这两种细集料从外观看，石屑含土量偏多，级配不均匀，砂当量试验结果也有很大差异。另外，细集料应与胶结料有良好的黏结能力，这一点是由生产机制砂所用的原岩决定的。

(2)填料。填料的重要作用是与胶结料组成胶浆，填充于集料间的孔隙中，并将矿料颗粒黏结在一起，使沥青混凝土具有抵抗荷载和环境因素作用的能力。在彩色沥青混凝土中，填料有两种：一种是矿粉；另一种是彩色的颜料。经实践证明，完全使用颜料，一方面将大大提高混凝土的成本；另一方面颜料在性能上不同于矿粉，完全不使用矿粉，混凝土黏结性及强度均不足，难以压实。另外，从沥青混凝土的路用性能和产品颜色上考虑，最好不使用拌合机的回收粉。

(3)胶结料。胶结料是构成彩色沥青混凝土结构的重要材料，直接决定了沥青路面的高温稳定性、低温抗裂性、耐久性。沥青用量的多少，对路面抗滑性及施工和易性具有重要影响。彩色沥青路面中的脱色沥青除要满足以上性能要求外，还要降低自身颜色深度，以最大限度使沥青混凝土的色彩艳丽，满足施工的景观要求。

脱色沥青同普通沥青一样在低温状态下可以长期存放，但是不同批次制作的脱色沥青混合使用前应先搅拌均匀，并经检验合格方可使用。脱色沥青在储存、使用及存放过程中应有良好的防水措施，并应避免雨水进入沥青中，影响沥青使用性能及混凝土质量。

(4)颜料。颜料的传统用途在于配置涂料、油墨，以及着色塑料和橡胶。随着印染助剂及印染技术的发展，颜料开始涉入纺织品着色领域。颜料按化学组成来分类，可分为无机颜料与有机颜料两大类。由于彩色沥青混凝土在生产中的特殊性，对于颜料不仅要求其颜色、遮盖力、着色力，还要考虑其稳定性，尤其是耐热性。在高温环境下使用，有机颜料会发生分解反应，其结晶形态也可能变化，形式更完整的、结晶度更大的晶体，导致其颜色变化。总体来说，无机颜料的耐候、耐光、耐热性远比一般有机颜料强。在沥青混合料生产中，由于颜料直接接触高温沥青及集料，所以要求颜料耐热性要高于沥青混凝土生产时集料最高加热温度。按照《公路沥青路面施工技术规范》(JTG F40—2004)规定，间歇式拌合机集料最高加热温度为190 ℃，所以要采取一个简单试验来考察颜料的耐热性：将所选几种同样颜色但结构不同的颜料在180 ℃烘箱中静置2 h，再将放入烘箱前的颜色与取出后颜色进行对比，选择色差变化最小的颜料即可。另外，颜料的不同颗粒大小会使颜色发生变色，遮盖力、着色力的强弱也会随之而变。这些都是在选择颜料时应着重注意的问题。

2. 混合料的拌和

彩色沥青混合料与普通沥青混合料拌和基本相似，但应着重注意以下事项：

(1)拌和前，应将搅拌站的拌合缸、沥青输送管道、运输车、施工机械设备等清洗干净。

(2)原材料性能稳定，使生产目标配合比能最大限度地接近设计配合比。

(3)由于色粉比重大，在混合料中具有着色、分散、吸附、稳定、增黏的作用，添加时需要考虑其对环境的影响，生产前应根据目标配合比计算出每盘混合料色粉用量，用聚乙烯塑料袋装好，拌和中由人工辅助加入。

(4)拌合温度应控制在160 ℃～170 ℃，拌合时间比普通沥青混合料多10 s，出料应及时检查粒料和颜色是否均匀。

3. 混合料的运输及摊铺

(1)彩色沥青混合料与普通沥青混合料运输和摊铺各道工艺基本相同。

(2)为提高界面黏结力并减少雨水渗到路面结构，摊铺前基层应清扫干净，喷洒乳化沥青，其用量为0.3～0.5 kg/m²。

(3)开始摊铺时，根据工作安排，考虑到混合料的生产、运输、摊铺和碾压能力，将摊铺机的工作速度严格控制在2.0～2.5 m/min，确保摊铺连续，并做到全幅摊铺不间断一次性成型，以保持色泽一致，粒料均匀、美观。

4. 混合料的碾压

(1)碾压组合方式。彩色沥青混合料在压实过程中同样要按照初压、复压、终压三个阶段进行。初压温度应控制在130 ℃～145 ℃，终压温度不低于70 ℃。碾压过程中应按"紧跟、慢压、高频、低幅"的原则进行。经试验确定碾压组合方式。

(2)碾压过程中应注意事项。

①为防止压路机碾压过程中出现粘料现象,在压路机的水箱中加入适量洗衣粉(0.15 kg/m³)对钢轮进行适当的润滑,可以避免钢轮压路机的粘料现象。

②为防止彩色沥青面层受到污染,在碾压前必须用水冲去黏附在压路机钢轮上的杂物及砂土,确定碾压设备清洁后方可允许进行碾压。碾压结束后,温度必须冷却至常温才能开放交通。

5. 国内应用分析与问题

目前,我国已将彩色沥青的胶结料基本研制成功,进入铺筑试验阶段。但是对于彩色沥青技术还有许多工作要做,举例如下:

(1)彩色沥青的成本较普通沥青昂贵许多,因此,如何进一步降低彩色沥青的成本是需要解决的问题。

(2)彩色沥青路面的色彩主要是由集料和颜料确定的,因此,如何选择与颜料同色或浅色且性能合格的集料,如何选择色泽鲜艳且耐久、价格不高的颜料,还需要进行一系列调查、试验工作。

(3)建立和完善彩色沥青胶结料产品的标准和性能评价指标,尽快编写出彩色沥青路面的设计与施工规范。

以上这些问题还需进一步深入研究,才能使彩色沥青路面技术走向成熟。

彩色沥青不耐脏,不易维护清洁,尤其淡色沥青路面。这主要是由于各种施工引起的扬尘及机动车的黑色轮胎污染。因此,彩色沥青路面不适用于车流量大的城市路面,而适用于公园道路、景观广场等。另外,彩色沥青造价昂贵,比普通黑色沥青高出20倍左右,因此,彩色沥青路面目前只在景区道路和城市交叉口等特殊路段铺设。

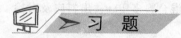
能力训练

分小组讨论并回答以下问题。
(1)为确保 SMA 面层的质量,应该采取哪些措施?
(2)OGFC 路面在施工中应注意什么?

习 题

一、选择题

1. 沥青玛琋脂碎石的简称是( )。
   A. SAC   B. SBS
   C. SMA   D. AC—16
2. OGFC 排水性沥青混凝土路面指的就是在不透水的沥青混凝土层面上铺筑孔隙率高达( )左右的沥青混凝土抗滑表层。
   A. 15%   B. 20%   C. 10%   D. 25%
3. SMA 是指( )。
   A. 沥青碎石   B. 沥青玛琋脂碎石
   C. 透水式沥青混凝土   D. 彩色沥青
4. 沥青玛琋脂碎石的集料是( )。
   A. 连续级配   B. 密级配

  C. 半开级配   D. 间断级配

5. SMA 的细集料应用（　　）。
  A. 河砂   B. 海砂
  C. 山砂   D. 机制砂

6. SMA 碾压时，一般不允许采用胶轮压路机，碾压程序重点分（　　）。
  A. 初压、复压、终压三个阶段   B. 初压、中压、复压三个阶段
  C. 初压、重压两个阶段   D. 初压、终压两个阶段

7. OGFC 是指（　　）。
  A. 沥青碎石   B. 沥青玛琋脂碎石
  C. 透水式沥青混凝土   D. 彩色沥青

8. SMA 适用于在高速、一级公路路面做（　　）使用。
  A. 表面层   B. 中面层
  C. 下面层   D. 上基层

二、简答题

1. OGFC 透水性沥青混合料修筑的道路的优点有哪些？
2. 道路中采用彩色沥青混凝土铺设路面的作用有哪些？

任务四　沥青面层施工质量控制与验收

  路面工程进行施工质量的控制与检查是建成高质量路面的有效保证，除控制原材料质量外，铺筑现场质量控制也很重要；在遇到不利季节的施工时，应采取保证施工质量的措施；面层完工后，由施工单位会同监理单位按设计文件和施工规范要求对沥青面层进行质量检验。

  沥青路面施工质量控制包括所用原材料的质量检验、施工过程中各工序之间的质量控制及检查验收。

一、施工准备阶段的质量控制

1. 原材料质量检查

  质量好的原材料是保证路面质量的关键因素。施工单位在开工前，应根据设计要求确定原材料的来源。在工程施工开始前以及施工过程中发生材料来源或规格变化时，必须对材料来源、材料质量和数量、供应计划、材料场堆放及贮存条件等进行检查。施工前材料的质量检查应以同一料源、同一次购入并运至生产现场（或贮入同一沥青罐、池）的相同规格品种的集料、沥青为"一批"进行检查。材料试样的取样数量与频率按现行有关试验规程的规定进行，每批材料的质量应符合规范的要求。

  在沥青路面开工前，施工单位对所选用的原材料，如沥青和各种规格的矿料的物理性质、级配等进行试验，并报监理工程师审核，特别是沥青等主要材料，施工单位除重视材料试验外，还应经监理工程师、质量监督站或工程质量检测中心对试验结果进行认可。

2. 设备检查

  机械设备是保证路面施工质量的另一个重要因素，在施工前必须对拌合厂及沥青路面施工机械和设备的配套情况、性能、计量精度等进行认真细致的检查。不得采用不符合规定要求的

施工机械和设备。

3. 施工放样及下承层检查

施工放样包括标高测量与平面控制两项内容。沥青路面开工前，监理工程师应对施工单位的施工放样自检报告进行复核、审批。要求承包人对下承层(基层或中、下面层)按规范要求检查。

4. 铺筑试验路段

在正式施工前应铺筑试验段。试验路段的长度宜为100～200 m，宜选择在直线段，通过试验段的铺筑，取得各种施工控制参数。监理工程师应对试验路段施工的全过程进行监理，检查试验路段的施工质量，并对施工单位提出的试验总结报告进行审批。

二、施工过程中的质量检查及控制标准

1. 施工过程中的材料检查内容及要求

施工中的材料检查，是在每批材料进场时在进行过检查及批准的基础上，施工过程中再抽查其质量稳定性(变异性)。施工单位在施工过程中必须经常对各种施工材料进行抽样试验。材料检查的另一项重要内容是矿料级配精度和油石比计量精度。对计量系统装置要经常进行检查标定。

2. 施工过程中质量检查及控制标准

施工过程中的质量检查包括工程质量及外形尺寸两部分。其检查内容、频率、质量标准应符合规定要求。当检查结果达不到规定要求时，应追加检测数量，查找原因，作出处理。

对沥青混凝土和沥青碎石混合料，尤其应注意以下几点：

(1)在沥青混合料拌合厂必须对拌和均匀性、拌合温度、出厂温度及各个料仓的用量进行检查，取样进行马歇尔试验，检测混合料的矿料级配和沥青用量。

(2)混合料铺筑现场必须对混合料质量及施工温度进行实测，随时检查厚度、压实度和平整度，并逐个断面测定形成尺寸。

(3)施工厚度的质量控制，除应在摊铺及压实时量取，并测量钻孔试件厚度外，还应校检由每一天的沥青混合料总量与实际铺筑的面积计算出的平均厚度。

(4)施工压实度的检查以钻孔法为准。用核子密度仪检查时，应通过与钻孔密度的标定关系进行换算，并增加检测次数。

三、沥青路面施工质量检查验收

1. 热拌沥青混合料面层质量检验

(1)主控项目。

1)热拌沥青混合料质量检验。

①道路用沥青的品种、标号应符合现行国家有关标准和《城镇道路工程施工与质量验收规范》(CJJ 1—2008)的有关规定。

检查数量：按同一生产厂家、同一品种、同一标号、同一批号连续进场的沥青(石油沥青每100 t为1批，改性沥青每50 t为1批)每批次抽检1次。

检验方法：查出厂合格证、检验报告并进场复验。

②沥青混合料所选用的粗集料、细集料、矿粉、纤维稳定剂等的质量及规格应符合《城镇道路工程施工与质量验收规范》(CJJ 1—2008)的有关规定。

检查数量:按不同品种产品进场批次和产品抽样检验方案确定。
检验方法:观察、检查进场检验报告。
③热拌沥青混合料、热拌改性沥青混合料、SMA混合料,查出厂合格证、检验报告并进场复验,拌合温度、出厂温度应符合《城镇道路工程施工与质量验收规范》(CJJ 1—2008)的有关规定。

检查数量:全数检查。

路面构造
深度检测

检验方法:查测温记录,现场检测温度。
④沥青混合料品质应符合马歇尔试验配合比技术要求。
检查数量:每日、每品种检查1次。
检验方法:现场取样试验。
2)热拌沥青混合料面层质量检验。
①沥青混合料面层压实度,对城市快速路、主干路不应小于96%,对次干路及以下道路不应小于95%。

检查数量:每1 000 m² 测1点。
检验方法:查试验记录(马歇尔击实试件密度,试验室标准密度)。
②面层厚度应符合设计规定,允许偏差为-5~10 mm。
检查数量:每1 000 m² 测1点。

路面渗水试验

检验方法:钻孔或刨挖,用钢尺量。
③弯沉值:不应大于设计规定。
检查数量:每车道、每20 m,测1点。
检验方法:弯沉仪检测。
(2)一般项目。
①表面应平整、坚实,接缝紧密,无枯焦;不应有明显轮迹、推挤裂缝、脱落、烂边、油斑、掉渣等现象,不得污染其他构筑物。面层与路缘石、平石及其他构筑物应接顺,不得有积水现象。

检查数量:全数检查。

路面厚度检测

检验方法:观察。
②热拌沥青混合料面层允许偏差应符合表5-8的规定。

表5-8 热拌沥青混合料面层允许偏差

项目			允许偏差	检验频率			检验方法
				范围	点数		
纵断高程/mm			±15	20 m	1		用水准仪测量
中线偏位/mm			≤20	100 m	1		用经纬仪测量
平整度/mm	标准差σ值	快速路、主干路	≤1.5	100 m	宽度/m	<9	1	用测平仪检测,见注1
						9~15	2	
		次干路、支路	≤2.4			>15	3	
	最大间隙	次干路、支路	≤5	20 m	宽度/m	<9	1	用3 m直尺和塞尺连续量2尺,取较大值
						9~15	2	
						>15	3	

续表

项目		允许偏差	检验频率			检验方法
			范围	点数		
宽度/mm		不小于设计规定	40 m	1		用钢尺量
横坡		±0.3%且不反坡	20 m	路宽/m	<9 : 2 9~15 : 4 >15 : 6	用水准仪测量
井框与路高差/mm		≤5	每座	1		十字法,用直尺、塞尺量取最大值
抗滑	摩擦系数	符合设计要求	200 m	1		摆式仪
				每线连续		横向力系数测试车
	构造深度	符合设计要求	200 m	1		砂铺法
						激光构造深度仪

注：1. 测平仪为全线连续检测每 100 m 计算标准差 σ；无测平仪时可采用 3 m 直尺检测；表中检验频率点数为测线数。
2. 平整度、抗滑性能也可采用自动检测设备进行检测。
3. 底基层表面、下面层应按设计规定用量洒透层油、粘层油。
4. 中面层、底面层仅进行中线偏位、平整度、宽度、横坡的检测。
5. 改性(再生)沥青混凝土路面可采用此表进行检验。
6. 十字法检查井框与路面高差，每座检查井均应检查。十字法检查中，以平行于道路中线，过检查井盖中心的直线做基线，另一条线与基线垂直，构成检查用十字线。

2. 透层、粘层与封层质量检验

(1)主控项目。透层、粘层、封层所采用沥青的品种、标号和封层粒料质量、规格应符合《城镇道路工程施工与质量验收规范》(CJJ 1—2008)的有关规定。

检查数量：按进场品种、批次，同品种、同批次检查不应少于 1 次。

检验方法：查产品出厂合格证、出厂检验报告和进场复检报告。

(2)一般项目。

①透层、粘层、封层的宽度不应小于设计规定值。

检查数量：每 40 m 抽检 1 处。

检验方法：用尺量。

路面抗滑检测试验

②封层油层与粒料洒布应均匀，不应有松散、裂缝、油丁、泛油、波浪、花白、漏洒、堆积、污染其他构筑物等现象。

检查数量：全数检查。

检验方法：观察。

3. 沥青表面处治施工质量检验

(1)主控项目。沥青、乳化沥青的品种、指标、规格应符合设计和《城镇道路工程施工与质量验收规范》(CJJ 1—2008)的有关规定。

检查数量：按进场批次。

检验方法：查出厂合格证、出厂检验报告、进场检验报告。

(2)一般项目。

①集料应压实平整，沥青应洒布均匀、无露白，嵌缝料应撒铺、扫匀均

路面平整度检测试验

匀，不应有重叠现象。

②沥青表面处治允许偏差应符合表 5-9 的规定。

表 5-9　沥青表面处治允许偏差

项目	允许偏差	检验频率 范围	检验频率 点数		检验方法
纵断高程/mm	±15	20 m	1		用水准仪测量
中线偏位/mm	≤20	100 m	1		用经纬仪测量
平整度/mm	≤7	20 m	宽度/m	<9	1	用 3 m 直尺和塞尺连续量 2 尺，取较大值
				9~15	2	
				>15	3	
宽度/mm	不小于设计规定	40 m	1		用钢尺量
横坡	±0.3%且不反坡	20 m	路宽/m	<9	2	用水准仪测量
				9~15	4	
				>15	6	
厚度/mm	+10，−5	1 000 m²	1		钻孔，用钢尺量
弯沉值	符合设计要求	设计要求时	—		弯沉仪测定
沥青总用量/(kg·m⁻²)	±0.5%总用量	每工作日、每层	1		T0982

4. 沥青贯入式面层质量检验

(1)主控项目。

①沥青、乳化沥青、集料、嵌缝料的质量应符合设计及《城镇道路工程施工与质量验收规范》(CJJ 1－2008)的有关规定。

检查数量：按不同材料进场批次，每批检 1 次。

检验方法：查出厂合格证及进场复检报告。

②压实度不应小于 95%。

检查数量：每 1 000 m² 抽检 1 点。

检验方法：灌砂法、灌水法、蜡封法。

③弯沉值，不得大于设计规定。

检查数量：按设计规定。

检验方法：每车道、每 20 m，测 1 点。

④面层厚度应符合设计规定，允许偏差为 5~15 mm。

检查数量：每 1 000 m² 抽检 1 点。

检验方法：钻孔或刨坑，用钢尺量。

(2)一般项目。

①表面应平整、坚实、石料嵌锁稳定、无明显高低差；嵌缝料、沥青应撒布均匀，无花白、积油、漏浇、浮料等现象，且不应污染其他构筑物。

检查数量：全数检查。

检验方法：观察。

②沥青贯入式面层允许偏差应符合表 5-10 的规定。

表 5-10　沥青贯入式面层允许偏差

项目	允许偏差	检验频率		点数	检验方法
		范围			
纵断高程/mm	±15	20 m		1	用水准仪测量
中线偏位/mm	≤20	100 m		1	用经纬仪测量
平整度/mm	≤7	20 m	宽度/m	<9　1 9～15　2 >15　3	用 3 m 直尺和塞尺连续量 2 尺，取较大值
宽度/mm	不小于设计值	40 m		1	用钢尺量
横坡	±0.3% 且不反坡	20 m	路宽/m	<9　2 9～15　4 >15　6	用水准仪测量
井框与路面高差/mm	≤5	每座		1	十字法，用直尺、塞尺量最大值
沥青总用量/(kg·m^{-2})	±0.5%	每工作日、每层		1	T0982

能力训练

分小组讨论并回答以下问题。
(1)热拌沥青混合料检查验收包括哪些方面的内容？
(2)透层、粘层与封层质量检验有哪些项目？
(3)沥青表面处治施工质量检验有哪些项目？
(4)沥青贯入式面层质量检验有哪些项目？

习　题

1. 在正式施工前应铺筑试验段。试验路段的长度宜为(　　)m。
   A. 50～100　　B. 100～200　　C. 200～300　　D. 300～400
2. 沥青混合料面层压实度，对于城市快速路、主干路不应小于(　　)。
   A. 95%　　B. 96%　　C. 97%　　D. 98%
3. 热拌沥青混合料面层平整度，对城市快速路、主干路的允许偏差不应小于(　　)mm。
   A. 1　　B. 1.5　　C. 2　　D. 2.5
4. 沥青混凝土面层的厚度允许偏差为(　　)mm。
   A. ±5　　B. ±3　　C. ±10　　D. −5～20
5. 沥青混凝土面层横坡的允许偏差为(　　)。
   A. ±5 mm 且不大于±0.3%　　B. ±5 mm 或不大于±0.3%
   C. ±10 mm 或不大于±0.3%　　D. ±10 mm 且不大于±0.3%

6. 沥青路面的试验路段的长度宜为( )m，宜选择在直线段上，通过试验段的铺筑，取得各种施工控制参数。
   A. 50～100　　　　　　　　　　B. 100～200
   C. 150～250　　　　　　　　　　D. 200～300
7. 沥青路面施工质量的控制和检查所涉及的内容主要有( )。
   A. 材料的质量检查　　　　　　　B. 施工质量控制与检查
   C. 路面的外形检查　　　　　　　D. 施工机械的选择
   E. 施工人员的学历层次
8. 沥青路面面层检查验收时的各项指标涉及( )。
   A. 路面的厚度　　　　　　　　　B. 路面的压实度
   C. 路面的平整度　　　　　　　　D. 路面的渗水系数
   E. 路面的稳定性
9. 沥青混凝土面层厚度的允许偏差为( )mm。
   A. −5，+5　　B. −5，+10　　C. −10，+5　　D. −5，+20
10. 沥青混凝土面层主要检查项目是( )。
    A. 平整度　　　B. 厚度　　　C. 弯沉值　　　D. 中线高程
    E. 压实度
11. 沥青路面抗滑能力的大小主要与( )有关。
    A. 粗糙程度　　B. 平整度　　C. 渗透性　　　D. 横坡大小
12. 测定路表平整度的设备有( )。
    A. 摆式摩擦系数仪　　　　　　　B. 横向力系数测试车
    C. 连续弯沉测定仪　　　　　　　D. 3m直尺

项目六 混凝土面层施工

能力目标

(1)读懂路面结构图中水泥混凝土的部分内容,能就图中相关技术问题与设计方进行沟通。
(2)具备水泥混凝土面层测量放样及参与施工准备工作的能力。
(3)会查阅施工技术规范,能对水泥混凝土面层施工技术方案的施工关键环节进行编制并具有技术交底的能力。
(4)会查阅验收规范等资料,有对水泥混凝土面层工程进行质量控制与验收的能力。

项目导读

水泥混凝土面层是刚性路面的代表。施工质量的好坏直接影响行车的安全、舒适、经济和耐久性。本项目从识读路面施工图领会设计意图、测量放样两项施工准备工作入手,把常用的施工方法归纳为普通水泥混凝土施工,而把其他形式归纳为另一类,最后完成水泥混凝土施工质量控制与验收任务。

通过对以上项目和任务相关知识的介绍,结合工程实例模拟训练,同时借助多媒体设备、实训设备、实训现场、实操训练,形成"做中学,学中做"理实一体的教学过程。最后给定实际的水泥混凝土面层施工图,由学生完成各个任务单规定的内容,并结合施工员岗位,考核相关习题作为本项目能力训练与考核,以确保达到项目能力目标。

项目任务

(1)会进行水泥混凝土面层施工准备工作。
(2)对人工加小型机具施工方法和施工工艺流程、保证施工质量和安全的施工技术措施和施工注意事项、施工质量控制和检查验收项目进行技术交底。
(3)项目成果为道路水泥混凝土面层施工技术交底记录一份。

任务一 水泥混凝土面层认知与构造

本任务是水泥混凝土面层施工的基础,施工前应熟悉水泥混凝土面层结构图所包括的内容,水泥混凝土路面结构及要求;掌握水泥混凝土路面的接缝与构造、测量等准备工作;熟悉水泥混凝土路面的破坏状态;了解混凝土板厚是如何确定的。

一、水泥混凝土路面特点

水泥混凝土路面通常是指以水泥与水拌和而成的水泥浆为结合料,以碎(砾)石、砂为集料,再添加适当的外加剂,有时掺加掺合料拌制成的混凝土铺筑面层的路面。其包括普通混凝土、钢筋混凝土、连续配筋混凝土、钢纤维混凝土、水泥混凝土预制块和碾压混凝土等面层板和基

(垫)层所组成的路面。目前,采用最广泛的是就地浇筑的普通混凝土路面,简称混凝土路面。

所谓普通混凝土路面,是指除接缝区和局部范围(边缘和角隅)外,面层内均不配置钢筋的水泥混凝土路面。与其他类型路面相比,水泥混凝土路面具有强度高、稳定性好、耐久性好、有利于夜间行车等优点,但混凝土路面也存在一些缺点,主要有以下几个方面:

(1)对水泥和水的需要量大。修筑 0.2 m 厚、7 m 宽的水泥混凝土路面,每 1 km 要耗费水泥 400~500 t 和水约 250 t,还不包括养护用水在内,这对水泥供应不足和缺水地区带来较大困难。

(2)有接缝。由于混凝土的硬化收缩和热胀冷缩影响,水泥混凝土路面设有许多纵向和横向接缝。这些接缝一方面增加了施工的难度;另一方面又形成了路面的薄弱处,当施工和养护不当时,易于导致唧泥、错台和断裂等损坏。同时,接缝也容易引起行车跳动,影响行驶的舒适性。

(3)开放交通较迟。除碾压混凝土外,其他水泥混凝土路面需要一定的养护期,以获得足够的强度。因而,铺筑完工后需要隔一定时期(14~21 d 以上)才能开放交通。

(4)修补困难。水泥混凝土路面出现损坏后,修补工作较沥青路面困难得多,且修补的整体强度稍差。

(5)噪声大。水泥混凝土路面使用的中后期,由于接缝变形,而使平整度降低,车辆行驶的噪声较大。

二、水泥混凝土路面结构

水泥混凝土路面结构由混凝土面层、基层、垫层、路基(土基)等所组成,如图 6-1 所示。其结构的组合设计应满足各类交通等级下的强度要求、水稳定性、各结构层强度、厚度及施工碾压要求。

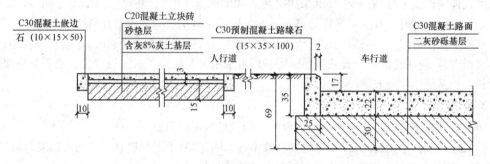

图 6-1 水泥混凝土路面结构示意图(尺寸单位:cm)

1. 路基

混凝土路面下的路基在自重和车辆荷载作用下,应稳定、密实、均质(包括组成、压实度和湿度)、排水良好,对路面结构提供均匀的支承(不产生过量沉陷和不均匀变形)。

2. 基层

水泥混凝土路面板下的基层,主要承受由面层扩散下来的行车荷载和面层渗入水的作用。

(1)设置基层的作用。

①防冲刷:基层首先应具有刚度和抗冲刷能力,防止渗水对路基冲刷。

②防唧泥:由于路基土的塑性变形量大,细料含量多时,受水冲刷后,在荷载作用下易出现唧泥、错台、板底脱空等病害。

③防水：在湿软土基上铺筑开级配粒状材料，以隔断地下毛细水上升。

④防冻：在季节性冰冻地区，用对冰冻不敏感的粒状多孔材料铺筑基层，可以减少路基的冰冻深度，以减轻冻胀的危害，并更有效地防水、防冻，提高耐久性。

⑤对混凝土面层施工机械的安装和施工操作提供工作面(立侧模板)。

(2)基层类型选用。基层类型宜依照交通等级按表 6-1 选用。

表 6-1 适宜各交通等级的基层类型

交通等级	基层类型
特重交通	贫混凝土、碾压混凝土或沥青混凝土基层
重交通	水泥稳定粒料或沥青稳定碎石基层
中等或轻交通	水泥稳定粒料、石灰粉煤灰稳定粒料或级配粒料基层

各类基层的适宜厚度范围详见表 6-2。

表 6-2 各类基层的适宜厚度范围

基层类型	适宜厚度的范围/mm	基层类型	适宜厚度的范围/mm
贫混凝土或碾压混凝土基层	120~200	级配粒料基层	150~200
水泥或石灰粉煤灰稳定粒料基层	150~250	多孔隙水泥稳定碎石排水基层	100~140
沥青混凝土基层	40~60	沥青稳定碎石排水基层	80~100
沥青稳定碎石基层	80~100		

基层的宽度应比水泥混凝土面层每侧至少宽出 300 mm(采用小型机具施工时)或 500 mm(采用轨模式摊铺机施工时)或 650 mm(采用滑模式摊铺机施工时)。路肩采用混凝土面层，其厚度与行车道面层相同时，基层宽度宜与路基同宽。级配粒料基层的宽度也宜与路基同宽。

基层下未设垫层，上路床为细粒土或级配不良砂(承受特重或重交通时)，或者细粒土(承受中等交通时)，应在基层下设置底基层。底基层可采用级配粒料、水泥稳定粒料或石灰粉煤灰稳定粒料，底基层厚度一般取 200 mm。

3. 垫层

垫层按其在水泥混凝土路面板下的设置作用及材料可分为以下几种：

(1)排水垫层(隔离层)：采用颗粒材料或不透水隔离层(土工合成材料及沥青砂浆等构筑)。

(2)半刚性垫层(稳定层)：常采用石灰土和颗粒材料层。

(3)防冻垫层：常用颗粒材料、石灰土、炉渣石灰等。当路面总厚度小于最小防冻层厚度要求时，可参考表 6-3 而定，其差值应以垫层(防冻层)来补足。

表 6-3 水泥混凝土路面最小防冻厚度

路基干湿类型	路基土质	当地最大冰冻深度/m			
		0.50~1.00	1.01~1.50	1.50~2.00	>2.00
中湿路基	低、中、高液限黏土	0.30~0.50	0.40~0.60	0.50~0.70	0.60~0.95
	粉土，粉质低、中液限黏土	0.40~0.60	0.50~0.70	0.60~0.85	0.70~1.10
潮湿路基	低、中、高液限黏土	0.40~0.60	0.50~0.70	0.60~0.90	0.75~1.20
	粉土，粉质低、中液限黏土	0.45~0.70	0.55~0.80	0.70~1.00	0.80~1.30

4. 混凝土面层

(1)要求。表面水泥混凝土面层应具有足够的强度、耐久性、抗滑性、耐磨、平整。面层一般采用设接缝的普通混凝土。当面层板的平面尺寸较大或形状不规则，路面结构下埋有地下设施、高填方、软土地基、填挖交界段的路等有可能产生不均匀沉降时，应采用设置接缝的钢筋混凝土面层。

(2)板块尺寸。水泥混凝土路面宽度为纵向接缝的间距，按路面宽度为 3.0～4.5 m 确定。其长度是相邻横向接缝的间距，需按面层板的类型和厚度选定，普通水泥混凝土面板一般长为 4～6 m，且面层板的宽长比一般不超过 1:1.3，平面尺寸不宜大于 25 m^2。碾压混凝土和钢纤维混凝土面层板长一般为 6～10 m，钢筋混凝土面层板长一般为 6～15 m。

(3)厚度。现行水泥混凝土路面设计规范提出了混凝土路面板厚计算的结构可靠度要求，引入了目标可靠度、结构设计参数与变异水平等级等指标。通过初估混凝土板厚度（表 6-4），按规定的程序分别计算荷载疲劳应力和温度疲劳应力。当荷载疲劳应力和温度疲劳应力之和与可靠度系数的乘积小于且接近混凝土的抗弯拉强度标准值时，初估混凝土板厚度即为设计板厚度。当为特重或重交通时，板的最小厚度为 260 mm；当为中等或轻交通时，板的最小厚度为 220 mm。水泥混凝土板厚采用混凝土的抗弯拉强度作为板厚设计控制指标。

表 6-4 水泥混凝土面层厚度的参考范围

交通等级	特重			重				
公路等级	高速	一级		二级	高速		一级	二级
变异水平系数	低	中	低	中	低	中	低	中
面层厚度/mm	≥260	≥250	≥240		270～240	260～230		250～220

交通等级	中等				轻			
公路等级	二级		三、四级		三、四级		三、四级	
变异水平系数	高	中	高	中	高	中		
面层厚度/mm	210～240		200～230		200～220	230	220	

5. 水泥混凝土路面的破坏现象

混凝土路面在使用过程中受到行车荷载和环境等因素作用，可能出现的破坏类型主要有以下几种：

(1)断裂。路面板内应力超过水泥混凝土强度时，如板太薄或实际车辆荷载太重，板的平面尺寸太大，路基变形过大使板块底部失去支承，养护期间收缩应力过大，由于材料选用或施工不当，抗折强度未达到设计要求等，将会出现横向或纵向以及板角的断裂和裂缝。

断裂病害的出现，破坏了混凝土板的整体性，而断裂的根本原因是水泥混凝土路面板在行车荷载与温度应力共同作用下产生的板内拉应力超过了混凝土本身的抗弯拉强度。因此，断裂作为混凝土结构破坏的临界状态。混凝土板厚设计的主要控制指标是混凝土的抗弯拉强度。

(2)唧泥。唧泥是车辆荷载经过接缝时，路基中部细粒材料从接缝和裂缝处与水一同喷出，板边缘底部会出现脱空的现象。板边缘部分和角隅失去支承，导致在离接缝 1.5～1.8 m 处产生横向裂缝或角隅处断裂[图 6-2(a)]。

(3)错台。错台是指接缝两侧出现的竖向相对位移，由于路基过软造成横向接缝或裂缝两侧的路面形成台阶的现象。错台现象降低了行车的平稳和舒适性[图 6-2(b)]。

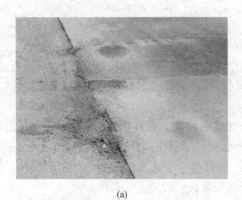 

(a)　　　　　　　　　　　　　　(b)

图 6-2　水泥混凝土路面的破坏现象

(a)唧泥；(b)错台

(4)传力杆失效。混凝土板施工时传力杆安放不当，路面板因热胀时受到阻碍，不能正常传递荷载，在接缝两侧板上产生裂缝或碎裂。

(5)胀裂。在炎热夏季，路面板膨胀或板的缝隙内落入杂屑，阻碍板的伸长，使横向接缝处或板缝两侧向上拱起破裂，如图 6-3 所示。

图 6-3　水泥混凝土路面胀裂

(6)表面损坏。水泥混凝土路面的表面损坏包括起皮、磨损、露骨、磨光等，如图 6-4 所示。

 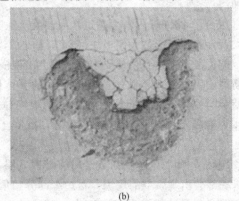

(a)　　　　　　　　　　　　　　(b)

图 6-4　水泥混凝土路面表面损坏

(a)磨损；(b)起皮

三、水泥混凝土路面接缝的构造与布置

水泥混凝土路面的面层是由一定厚度的水泥混凝土板组成，属于大体积混凝土工程，当温度变化时，水泥混凝土板难免会发生热胀或冷缩。昼夜温度变化，使混凝土板面和板底出现温度差。白天混凝土板顶面的中部形成隆起的趋势，夜间混凝土板的顶面温度低于板底面温度时，会使板的周边及角隅形成翘曲的趋势，板角隅上翘时，会发生板块同地基相脱空的现象。这些变形会受到混凝土面层与垫层之间的摩擦力和黏结力，以及板的自重和车轮荷载等作用，这些荷载应力和温度应力的综合作用，使板内产生较大的应力，从而造成混凝土板产生的裂缝或拱胀等破坏。水泥混凝土路面板的划块设缝，可使板内应力控制在允许范围内，避免板体产生不规则裂缝。

汽车荷载作用于板边产生的弯拉应力大于板中，为了适应荷载应力的变化，早期混凝土路面板的横断面采用不等厚变截面板，板边部比中部厚。这种断面在厚度变化处，容易引起折裂，且给基层和垫层施工带来诸多不便。目前，国内外多采用等边厚度的断面形式作为混凝土板厚度。普通混凝土、碾压混凝土路面的面层一般采用矩形，尽量避免板角出现锐角。板的横缝与纵缝应互相垂直相交，但纵缝两侧的横缝不得互相错位布置，避免出现感应裂缝。

1. 接缝构造与布设

水泥混凝土路面构造缝可分为纵向接缝和横向接缝两大类。在板缝处应考虑防渗水和传递荷载的功能。

(1)纵向接缝。

①纵向施工缝。当一次铺筑宽度小于路面宽度施工时，应设纵向施工缝。纵向施工缝的构造有设拉杆的平缝形式和加拉杆的企口缝形式等。拉杆采用螺纹钢筋，垂直于纵缝，并设于板的中部，其构造如图 6-5(a)所示。

②纵向缩缝。当一次摊铺两个或者两个以上车道时，路面应增设纵向缩缝，其位置按车道宽度而定。纵缝尽量不要设置在车轮迹位置。纵向缩缝的构造采用设拉杆的假缝形式，其缝锯槽口深度应大于施工缝的槽口深度。采用粒料基层时，槽口深度应为板厚的1/3；采用半刚性基层时，槽口深度应为板厚的2/5。其构造如图 6-5(b)所示。

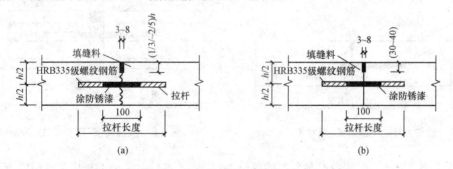

图 6-5 纵缝构造(尺寸单位：mm)
(a)纵向施工缝(设拉杆的平缝型)；(b)纵向缩缝(设拉杆的假缝型)

纵缝设置拉杆的目的是增强板块的黏结力和拉力，防止板块横向位移。拉杆施工应设在板块中央，最外侧的拉杆与横向接缝的距离不得小于 100 mm，并应对拉杆中部 100 mm 范围内进行防锈处理。在选用拉杆时，可参照表 6-5。

表 6-5　拉杆直径、长度和间距

面层厚度 /mm	到自由边或未设拉杆纵缝的距离/mm					
	3.00	3.50	3.75	4.50	6.00	7.50
200~250	14×700×900	14×700×800	14×700×700	14×700×600	14×700×500	14×700×400
260~300	16×800×900	16×800×800	16×800×700	16×800×600	16×800×500	16×800×400

(2)横向接缝。

①横向缩缝。横向缩缝是为了避免混凝土板块由于温度和湿度降低而产生不规则的裂缝而设置的。横向缩缝有不设传力杆的假缝和设传力杆的假缝两种形式,其构造如图 6-6 所示。在特重和重交通公路、收费广场及邻近胀缝或自由端部的 3 条缩缝,应采用设传力杆假缝形式。

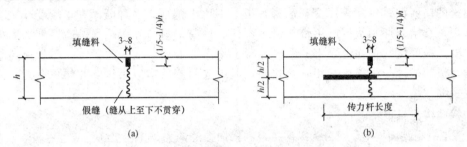

图 6-6　横向缩缝构造(尺寸单位:mm)
(a)不设传力杆的假缝形式;(b)设传力杆的假缝形式

②横向施工缝。每日施工结束,或因故停工 0.5 h 以上,需设置横向施工缝。横向施工缝的构造采用设传力杆的平缝形式,如图 6-7 所示。设在胀缝处的施工缝,其构造与胀缝相同。

③横向胀缝。水泥混凝土路面在低温施工或选用膨胀性高的集料时,应保证面板在温度升高时有伸缩余地,故需设置横向胀缝。胀缝采用滑动传力杆构造,其构造如图 6-8 所示。

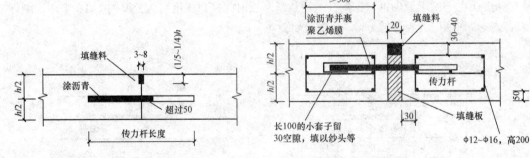

图 6-7　设传力杆的平缝形式(尺寸单位:mm)　　图 6-8　胀缝构造(尺寸单位:mm)

水泥混凝土路面板的胀缝是最薄弱的部位,若施工不当,胀缝处的板块常出现碎裂等病害。

我国现行路面设计规范规定,在临近桥涵、隧道口、道路与其他路面或与其他固定构造物相接处,小半径平(竖)曲线、纵坡变化处,以及城市道路交叉口宽度变化处应设置胀缝,一般设置 2~3 条。传力杆设置的目的是为了把荷载应力通过传力杆从横向接缝一侧传到相邻板块,保证接缝处的传荷能力和路面的平整,防止错台等病害的产生。传力杆采用光圆钢筋。对胀缝和缩缝处的传力杆采用相同的间距和尺寸按表 6-6 选用。最外侧传力杆距纵向接缝或自由边的距离为 150~250 mm。对设置在横缝处的传力杆,应在大于传力杆长度的 1/2 范围内涂沥青,以保证板块自由滑动。

表 6-6 传力杆尺寸和间距

面层厚度/mm	传力杆直径/mm	传力杆最小长度/mm	传力杆最大间距/mm
220	28	400	300
240	30	400	300
260	32	450	300
280	35	450	300
300	38	500	300

(3)特殊部位配筋。混凝土自由边缘下基础薄弱或接缝为设传力杆的平缝时，可在面层边缘的下部配置钢筋，如图 6-9 所示；承受特重交通的胀缝、施工缝和自由边的面层角隅，应配置角隅配筋，如图 6-10 所示。

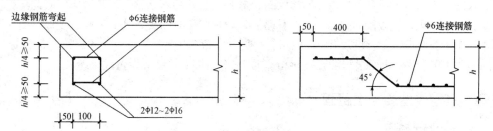

图 6-9 边缘钢筋布置(尺寸单位：mm)

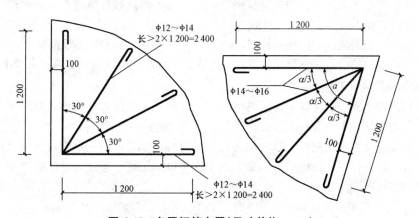

图 6-10 角隅钢筋布置(尺寸单位：mm)

(4)交叉口处接缝。相交道路加宽部分的接缝布置，目的是减小应力集中现象，避免出现或少形成锐角和错缝。在加宽和宽度变化路段的终点，此处板宽不宜小于 1 m。在次要道路弯道加宽横断面处的横向接缝采用胀缝形式。在估计膨胀量比较大时，应连续设置 2~3 条设滑动传力杆的胀缝。与胀缝相邻的 3 条缩缝应设置成设传力杆的假缝形式。

(5)与其他结构物的连接。

①与桥梁相接。混凝土路面板与桥梁连接时，若处理不好，往往容易形成错台，以至使汽车在桥头行驶时产生跳车。道路与桥梁连接处应设置钢筋混凝土搭板，并在搭板与混凝土面层

板块之间设置 6~10 m 的钢筋混凝土面层过渡板。搭板一侧放在桥台上,并加设防滑锚固钢筋和在搭板上预留灌浆孔。端部锚固结构是为了约束连续配筋混凝土面层的膨胀位移。图 6-11 所示为桥头搭板和枕梁的构造形式。

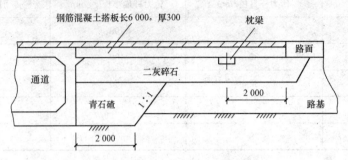

图 6-11　桥头搭板和枕梁(尺寸单位:mm)

②与其他路面相接。在水泥混凝土路面与沥青路面的相接处,由于沥青路面难以抵御混凝土面层的膨胀推力,易出现沥青路面被推移拱起,形成接头处的不平整,引起跳车。其间应设置至少 3 m 长的过渡段,过渡段的路面采用两种路面呈阶梯状叠合布置,其下面铺的变厚混凝土过渡板厚不得小于 200 mm。过渡段与混凝土面层相接处的接缝内设置直径 25 mm、长 700 mm、间距 400 mm 的拉杆。混凝土面层与沥青路面相邻的 1~2 条横向接缝应设置成胀缝。

四、其他类型混凝土路面

1. 钢筋混凝土路面

钢筋混凝土路面是指混凝土板内配置有纵向、横向钢筋(或钢丝)网的混凝土路面,其板内钢筋网的主要作用并非为增加板的抗弯拉强度,而是为了阻止板的裂缝张开,使板依靠断裂面上的集料嵌锁作用而保证板结构的整体强度。

钢筋混凝土板的缩缝(横缝)间距较长,一般为 10~20 m,但最长不超过 30 m。为保证接缝具有传荷能力,横向接缝按缩缝形式设置,并设置传力杆,其他接缝构造与素混凝土路面相同。

2. 连续配筋混凝土路面

连续配筋混凝土路面是在路面板纵向配备足够数量的不间断连续钢筋,其作用是提高板的抗开裂能力。配筋量很大的混凝土路面,适用于特大交通量的高速公路和一级公路。

连续配筋混凝土路面的纵向、横向钢筋均应采用螺纹钢筋。由于很少设置横缝,混凝土面层会在温度和湿度变化引起的内应力作用下产生许多横向裂缝。连续配筋混凝土面层的纵向配筋率按允许的裂缝间距(1.0~2.5 m)、缝隙宽度(<1.0 mm)和钢筋屈服强度确定,通常为 0.6%~0.8%。最小纵向配筋率,冰冻地区为 0.7%,一般地区为 0.6%。

在施工中,连续配筋混凝土面层在浇筑中断时需设置施工缝。施工缝采用平缝形式,并设置长度为 1 m 的拉杆增强。拉杆的直径与间距与纵向钢筋相同,以使施工缝两侧的混凝土板块加固成连续的整体。

3. 钢纤维混凝土路面

钢纤维混凝土路面是在混凝土混合料中掺加一定数量钢纤维而碾压形成的路面。其是一种性能优良的路面,由于在混凝土中掺入一定数量的钢纤维,大大提高了混凝土的抗拉强度、抗弯拉强度、抗冻性、抗冲性、抗磨性、抗疲劳性,明显减薄混凝土板的厚度,改善路面性能。但由于其造价比普通混凝土路面高,一般多用于地面标高受限制地段的路面、桥面铺装、停车场和旧混凝土路面的加铺层。它作为桥梁铺装层,可以减少铺装厚度,减轻自重。

根据试验研究，钢纤维混凝土的弯拉强度为普通混凝土的1.5~2.0倍，且影响因素甚多，弯拉弹性模量则仅提高5%。钢纤维混凝土路面厚度的设计一般参照普通混凝土路面，通过试算确定。试算时，一般计算板长取5 m。钢纤维混凝土面板厚度可以减薄30%~50%，而缩缝间距可以增至15~30 m，胀缝和纵缝可以不设。

4. 碾压混凝土路面

碾压混凝土路面是采用低水胶比混合料，用沥青混凝土摊铺机摊铺，用压路机碾压成型的水泥混凝土路面。由于碾压混凝土路面含水量低，并通过强烈振动碾压成型，所以其强度高，节省水泥，节约用水，施工速度快，养护时间短。但碾压混凝土路面若直接用作混凝土面板，平整度很难达到理想的程度，此外路表的均匀性很难满足要求。因此，碾压混凝土路面适用于二级、三级、四级公路的面板，或作为高速公路、一级公路的刚性基层。

碾压混凝土面板的厚度设计方法与普通混凝土路面相同，构造缝设置也基本相同，但板块长度一般为6~10 m，宽度一般为8~13 m，略大于普通混凝土面板尺寸。

5. 混凝土小块铺砌路面

混凝土块料采用高强度混凝土材料预制而成，抗压强度约为60 MPa，水泥含量350~380 kg/m³。混凝土预制块可采用异形块或矩形块，预制块长度为200~250 mm，宽度为100~125 mm，长宽比通常为2:1。预制块的厚度为100~120 mm。预制块下稳平层的厚度为30~50 mm。预制块承受磨耗的面积一般小于0.03 m²，厚度至少为0.06 m，形状有矩形和嵌锁型（不规则形状）两类。这种路面结构由面层、砂整平层（厚0.03 m）和基层组成，基层要求同装配式混凝土路面。

这种混凝土小块铺砌路面具有结构简单，价格低廉，能承受较大的单位压力，可以铺筑成各种图案以美化道路，同时便于修复等优点。因此，较广泛地用于铺筑停车场、堆场、集装箱码头、城市人行道和街区道路等。

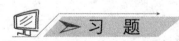

分小组讨论并回答以下问题。
(1)水泥混凝土路面常见的破坏状态有哪几种？
(2)水泥混凝土路面接缝的类型有哪些？

习　题

一、选择题

1. 水泥混凝土路面板的断裂是由于(　　)使板内应力超过混凝土强度。
   A. 混凝土板过厚　　　　　　　　　B. 混凝土板平面尺寸过大
   C. 混凝土板平面尺寸过小　　　　　D. 切缝时间太早
2. 汽车行经接缝时，由缝内喷溅出细集料与水的现象称为(　　)。
   A. 碎裂　　　　　　　　　　　　　B. 拱起
   C. 错台　　　　　　　　　　　　　D. 唧泥
3. 水泥混凝土路面横向缩缝的构造一般为(　　)。
   A. 平缝带拉杆形式　　　　　　　　B. 假缝，假缝加拉杆形式
   C. 企口缝，企口缝加拉杆形式　　　D. 假缝，假缝加传力杆形式

4. 混凝土路面板缝中必须放传力杆的接缝是( )。
   A. 横向缩缝　　　　　　　　　　　B. 横向施工缝
   C. 纵向施工缝　　　　　　　　　　D. 以上都不是
5. 水泥混凝土路面的优点有( )。
   A. 稳定性好　　B. 耐久性好　　C. 养护费用少　　D. 开放交通早
   E. 噪声小
6. 普通水泥混凝土面板一般长度不超过( )m。
   A. 4　　　　　　B. 5　　　　　　C. 6　　　　　　D. 8

二、判断题

1. 水泥混凝土路面基层板体性好，透水性大，才能不易发生基层软化和唧泥等病害。
   (　　)
2. 我国混凝土路面工程一直以抗压强度作为混凝土配合比设计和施工质量控制的强度指标。
   (　　)
3. 水泥混凝土路面纵缝中必须设传力杆。(　　)
4. 水泥混凝土路面与沥青路面相接处，一般不需要采取特殊处理措施。(　　)

任务二　水泥混凝土面层施工准备

一、施工机械与材料准备

1. 水泥混凝土路面施工方式和机械选择

目前，我国水泥混凝土路面的摊铺机械有滑模摊铺机铺筑、轨道摊铺机铺筑、三辊轴机组铺筑、小型机具铺筑和碾压混凝土铺筑五种。

改革开放以来，我国公路与城市道路交通运输状况发生了质的变化，实践证明，水泥混凝土路面施工只有采用大型成套摊铺装备和依靠高新技术，才能铺筑出内在质量、表面行驶功能和耐久性均符合各项技术指标要求的路面。

混凝土路面施工的机械化程度是保证路面质量的重要条件。在施工机械选择时，应根据道路等级要求选用相适应的机械装备，见表6-7。城市道路水泥混凝土路面的施工也可根据相应等级选用。

表6-7　与公路等级相适应的摊铺机械装备

摊铺机械装备	高速公路	一级公路	二级公路	三级公路	四级公路
滑模摊铺机	√	√	√	▲	○
轨道摊铺机	▲	√	√	√	○
三辊轴机组	○	▲	√	√	√
小型机具	×	○	▲	√	√
碾压混凝土机械	×	○	√	√	▲
计算机自动控制强制搅拌楼(站)	√	√	√	▲	○
强制搅拌楼(站)	×	○	▲	√	√

由于我国幅员辽阔,各地经济发展不平衡,施工条件存在较大差异,根据目前各地水泥混凝土路面施工的技术水平、技术力量、机械设备以及经济性而言,不少地区仍在采用小型机具施工方法。

滑模摊铺机铺筑自动化程度高,不但能提高摊铺质量和施工效率,节省工程投资,还能提升了交通行业技术水平,是水泥混凝土路面施工技术的大变革,具有其他方法不可替代的优越性,故在后述内容中仅对以上两种施工方式作为任务布置。

2. 选择混凝土拌和场地

拌和场地的选择首先要考虑使运送混合料的运距最短,同时拌合场地还应该接近水源和电源。另外,拌合场地应有足够的面积,以供堆放砂石材料和搭建水泥库房。根据施工路线的长短和所采用的运输工具,混凝土可集中在一个场地拌制,也可以在沿线选择几个场地,随工程进展情况迁移。

3. 进行材料试验和混凝土配合比设计

(1)原料的选择。

①在大多数情况下优先采用强度等级42.5级以上的道路硅酸盐水泥或普通硅酸盐水泥,一般道路可采用强度等级32.5级以上的矿渣水泥。采用机械化铺筑时,宜选用散装水泥。

②为了改善混凝土的技术性能,降低成本,掺用粉煤灰时应满足分级和质量指标的要求,并采用散装粉煤灰。

③粗细集料均应质地坚硬、耐久且洁净,级配、压碎值、针片状颗粒含量均应符合要求。粗集料不得使用不分级的统料,应按最大公称粒径的不同采用2~4个粒级的集料进行掺配。卵石的最大公称粒径不宜大于19.0 mm;碎卵石的最大公称粒径不宜大于26.5 mm;碎石的最大公称粒径不宜大于31.5 mm。

天然砂宜为中砂,也可使用细度模数为2.0~3.5的砂。

④接缝材料包括接缝板和填缝材料。接缝板宜采用厚20 mm、水稳定性好、具有一定柔性的板材制作,且经防腐处理。

填缝材料应与混凝土板壁粘接牢固、回弹性好、适应混凝土板收缩、不溶于水、不渗水、高温时不流淌、低温时不脆裂、耐老化。

填缝材料和接缝板的技术要求见表6-8和表6-9。

表6-8 常温施工填缝材料的技术要求

试验项目	低弹性型	高弹性型	试验项目	低弹性型	高弹性型
粘结延伸率/%	≥200	≥400	流动度/mm	0	0
失粘时间/h	6~24	3~16	拉伸量/mm	≥15	≥25
弹性恢复/%	≥75	≥90	与混凝土粘结强度/MPa	≥0.2	≥0.4

表6-9 接缝板的技术要求

试验项目	接缝板种类			备注
	木材类	塑料泡沫类	纤维类	
压缩应力/MPa	5.0~20.0	0.2~0.6	2.0~10.0	
弹性恢复/%	≥55	≥90	≥65	吸水后不应小于不吸水的90%

续表

试验项目	接缝板种类			备注
	木材类	塑料泡沫类	纤维类	
挤出量/mm	<5.5	<5.0	<3.0	
弯曲荷载/N	100~400	0~50	5~40	

(2)水泥混凝土混合料的技术要求。普通混凝土混合料设计时应满足以下几项技术要求:

①弯拉强度。弯拉强度是路面混凝土的强度控制指标,所以配制时应采用弯拉强度作为混凝土混合料配合比设计的目标。根据道路交通等级确定 28 d 设计弯拉强度标准值 f_r 同时满足其相应抗压强度值,具体取值见表 6-10。

表 6-10 混凝土弯拉强度标准值(f_r)

交通等级	特重	重	中等	轻
弯拉强度标准值/MPa	5.0	5.0	4.5	4.0

②工作性。混凝土混合物工作性的要求因施工方法而异,不同摊铺方式的混凝土工作性及用水量要求见表 6-11。

表 6-11 不同摊铺方式混凝土工作性及用水量要求

混凝土类型	项目	摊铺方式			
		滑模摊铺机	轨道摊铺机	三轴机组摊铺机	小型机具摊铺
砾石混凝土	出机坍落度/mm	20~40	40~60	30~50	10~40
	摊铺坍落度/mm	5~55	20~40	10~30	0~20
	最大用水量/(kg·m^{-3})	155	153	148	145
碎石混凝土	出机坍落度/mm	25~50	40~60	30~50	10~40
	摊铺坍落度/mm	10~65	20~40	10~30	0~20
	最大用水量/(kg·m^{-3})	160	156	153	150

③耐久性。路面混凝土的耐久性包括抗冻性、抗滑性、抗磨性、抗冲击性、耐疲劳性,对混凝土在其 20~30 年内的耐久性和使用寿命而言,仅满足混凝土的弯拉强度是远远不够的。理论研究与实践表明,混凝土的含气量、水胶比及水泥用量与混凝土的耐久性密切相关,应严格控制。路面混凝土含气量应符合表 6-12 的要求。最大水胶比和最小水泥用量也应满足规范规定的要求。

表 6-12 路面混凝土含气量及允许偏差   %

最大公称粒径/mm	无抗冻性要求	有抗冻性要求	有抗盐冻要求
19.0	4.0±1.0	5.0±0.5	6.0±0.5
26.5	3.5±1.0	4.5±0.5	5.5±0.5
31.5	3.5±1.0	4.0±0.5	5.0±0.5

其他用于水泥混凝土面层的混凝土混合料也应满足规范具体规定的以上三项技术要求。

二、施工现场准备

1. 基层检查与验收

半刚性基层的整修时机很重要，过迟则强度已形成，难以修整且很费工。在旧砂石路面上铺筑混凝土路面时，所有旧路面的坑洞、松散等损坏部位，以及路拱横坡或宽度不符合要求之处，均应事先翻修调整压实。基层的宽度、路拱与标高、表面平整度和压实度，均应检查其是否符合要求。如有不符之处，应予整修。否则，将使面层的厚度变化过大，而增加其造价，而且会减少其使用寿命。

混凝土摊铺前，基层表面应洒水润湿，以免混凝土底部的水分被干燥的基层吸去，变得疏松从而产生细裂缝。有时也可在基层和混凝土之间铺设薄层沥青混合料或塑料薄膜。

2. 水泥混凝土面层施工测量

路面面层的放样内容仍然是恢复中线、测量边线和放样高程，方法与基层相同。水泥混凝土面层的施工放样要求见表6-13。

表6-13 路面面层施工放样要求

序号	检查项目	允许偏差或规定值
1	中线平面偏位/mm	≤20
2	纵断高程/mm	±15
3	宽度/mm	0，−20
4	横坡/%	±0.3且不反坡

水泥混凝土面层正式铺筑前，需进行模板的安装，只有保证了模板本身的强度、刚度、尺寸合适及安装位置准确、稳固顺直、接缝紧密，才能保证水泥混凝土面层成型后的各项外形尺寸的准确和线形的美观。因此，对模板的安装规范提出了相应的要求。

(1) 支模前应核对路面标高、面板分块、胀缝和构造物位置。
(2) 模板应安装稳固、顺直、平整，无扭曲，相邻模板连接应紧密平顺，不得错位。
(3) 严禁在基层上挖槽嵌入模板。
(4) 使用轨道摊铺机应采用专用钢制轨模。
(5) 模板安装完毕，应进行检验，合格方可使用。其安装质量应符合表6-14的规定。

表6-14 模板安装允许偏差

检测项目 \ 施工方式	允许偏差		
	三辊轴机组	轨道摊铺机	小型机具
中线偏位/mm	≤10	≤5	≤15
宽度/mm	≤10	≤5	≤15
顶面高程/mm	±5	±5	±10
横坡/%	±0.10	±0.10	±0.20
相邻板高差/mm	≤1	≤1	≤2
模板接缝宽度/mm	≤3	≤2	≤3

续表

检测项目 \ 施工方式	允许偏差 三辊轴机组	允许偏差 轨道摊铺机	允许偏差 小型机具
侧面垂直度/mm	≤3	≤2	≤4
纵向顺直度/mm	≤3	≤2	≤4
顶面平整度/mm	≤1.5	≤1	≤2

能力训练

分小组讨论并回答以下问题。
(1) 水泥混凝土路面施工前现场准备工作有哪些？
(2) 不同等级公路的水泥混凝土路面应使用哪些机械设备施工？

习 题

一、选择题

1. 水泥混凝土路面的设计指标是（　　）。
   A. 抗压强度　　　B. 抗弯拉强度　　　C. 抗剪强度　　　D. 抗渗强度
2. 高速公路水泥混凝土路面一般应采用的方法是（　　）。
   A. 小型机具法　　B. 三滚辊摊铺法　　C. 滑模摊铺机法　　D. 轨道摊铺法

二、判断题

1. 水泥混凝土路面施工时，一般优先选用强度等级为42.5级的普通水泥。（　　）
2. 水泥混凝土路面施工的机械化程度是保证路面质量的重要条件。（　　）
3. 快速路的水泥混凝土路面必须用小型机具铺筑。（　　）
4. 测定水泥混凝土立方体试件的抗压极限强度是为了确定混凝土的设计强度。（　　）

任务三　水泥混凝土路面小型机具法施工

本任务是在读懂水泥混凝土路面施工图、做好水泥混凝土路面施工准备的前提下，掌握水泥混凝土路面小型机具法施工的工艺流程和关键技术措施。

一、小型机具法施工基本概念

水泥混凝土路面的小型机具施工是指由机械拌和，人工摊铺，辅助配备一些小型机具，如插入式振捣器、平板振动器、振动梁、真空吸水设备、切缝机等，进行混凝土路面施工的方式。

二、小型机具法施工流程

小型机具法施工工艺流程如图6-12所示。

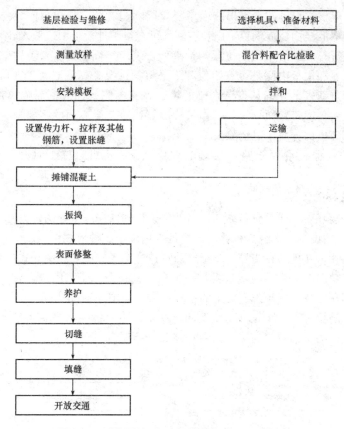

图 6-12 水泥混凝土路面的一般施工工艺流程

1. 基层检查与验收

检查基层的宽度、高程、横坡、弯沉值、平整度等是否符合要求。在混凝土摊铺施工前,应清理基层表面,并充分洒水湿润,以防混凝土底部的水分被干燥基层吸去,使混凝土变得疏松以致产生细小裂缝。

2. 模板安装

常用模板有木模和钢模。模板应平直,装、拆方便,而且加载后挠度小,同时其高度应与混凝土板厚相同。高等级道路应采用钢模板,这样不仅能保证工程质量,而且可多次重复使用。钢模板可用 4~5 mm 厚钢板冲压制作,或用 3~4 mm 厚钢板与边宽 40~50 mm 的角(槽)钢组合构成。模板一般长为 3 m,接头处应设置牢固的拼装配件,如图 6-13 所示。

图 6-13 模板安装

安装模板前,应根据设计图纸定出路面中心及路面边缘线,模板顶面应与路面设计标高一致。如果因基层局部低洼而造成模板下出现空隙,可在空隙处模板两边填入砂浆等材料。

模板两侧用铁钎打入基层以固定位置,接头处拼装应牢固紧密。安装完毕后,应再检查一次模板相接处的高差和模板内侧是否有错位和不平整等情况,高度差大于3 mm或有错位和不平整的模板应拆掉重新安装。确认安装合格的模板,其内侧表面应刷涂隔离剂,以便于拆模。两侧模板安装就位后,横跨路面拉线,用直尺检测拉线至基层表面的距离是否满足混凝土板厚的要求,基层局部高出部分应予以铲除。

模板准确定位是保证混凝土路面质量的重要因素,因此,施工时必须经常检查,严格控制。

3. 传力杆与拉杆的设置

当两侧模板安装好后,即可设置纵向接缝处的拉杆和横向胀缝处的传力杆。

(1)纵缝处拉杆的设置。纵缝处拉杆的设置可采用以下三种形式:

①在模板上设孔,立模后在浇筑混凝土之前将拉杆穿入孔中,如图6-14(a)所示。

②拉杆弯成直角形,立模后用钢丝将其一半绑在模板上,予以固定,另一半浇筑在混凝土内,拆模后将外露在已浇筑混凝土侧面上的拉杆弯直,如图6-14(b)所示。

③采用带螺钉的拉杆,一半拉杆用支架固定在基层上,拆模后另一半带螺钉接头的拉杆同埋在已浇筑混凝土内的半根拉杆相接,如图6-14(c)所示。

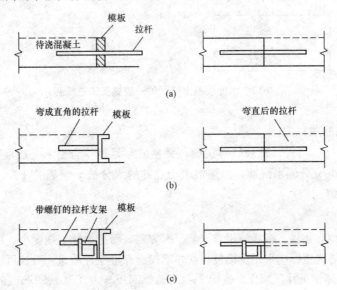

图6-14 传力杆设置

(a)模板穿孔;(b)拉杆弯成直角;(c)带螺钉拉杆

(2)横缝处传力杆的设置。

①混凝土板连续浇筑。混凝土板连续浇筑时设置胀缝传力杆的做法,一般是在嵌缝板上预留圆孔以便传力杆穿过,嵌缝板上面设木制或铁制压缝板条,其旁再放一块胀缝模板,按传力杆位置和间距,在胀缝模板下部挖成倒U形槽,使传力杆由此通过。传力杆的两端固定在钢筋支架上,支架脚插入基层内,如图6-15所示。

②混凝土板不连续浇筑。对于不连续浇筑的混凝土板在施工结束时设置的胀缝,宜用顶头模板固定传力杆的安装方法。即在端模板外侧增设一块定位模板,板上同样按照传力杆间距及杆径钻成孔眼,将传力杆穿过端模板孔眼并直至外侧定位模板孔眼。两模板之间可用按传力杆

一半长度的横木固定，如图 6-16 所示。继续浇筑邻板时，拆除挡板、横木及定位模板，设置胀缝板、压缝板条和传力杆套管。

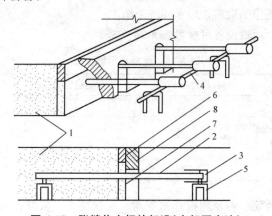

图 6-15　胀缝传力杆的架设（支架固定法）
1—先浇的混凝土；2—传力杆；3—金属套管；4—钢筋；
5—支架；6—压缝板条；7—嵌缝板；8—胀缝模板

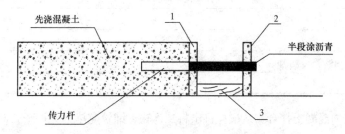

图 6-16　胀缝板传力杆的架设（顶头木模固定法）
1—端头挡板；2—外侧定位模板；3—固定模板

4. 混凝土混合料的制备和运输

（1）混凝土混合料的制备。混合料的制备可采用两种方式：第一，在工地由强制式或自落式搅拌机拌制；第二，在中心工厂集中制备，而后用汽车运送到工地。为了保证水泥混凝土拌合物质量，宜通过比对，优选具备资质、混凝土质量稳定的集中搅拌站供应。在工地现场制备混合料时，应在拌合场地上合理布置拌合机和砂石、水泥等材料的堆放地点，力求提高拌合机的生产率。拌制混凝土时，要准确掌握配合比，特别要严格控制用水量。每天开始拌和前，应根据天气变化情况，测定砂、石材料的含水量，以调整拌制时的实际用水量。所用材料应严格过秤。量配的精确度对水泥为±1.5%，砂为±2%，碎石为±3%，水为±1%。每一班应检查材料量配的精确度至少 2 次，每半天检查混合料的坍落度 2 次。混凝土的搅拌时间应按配合比要求与施工时的工作性要求经试拌确定最佳搅拌时间。每盘混凝土最长总搅拌时间宜为 80～120 s。

（2）混凝土混合料的运输。

①一般要求。混合料用手推车、翻斗车或自卸汽车运输，运输车辆应洁净，运输中应防止污染并注意防止产生离析现象。合适的运距视车辆种类和混合料容许的运输时间而定。运输的最长时间，以初凝之前并留有足够的摊铺操作时间为限。当不能满足要求时，应使用缓凝剂。通常，夏季不宜超过 30～40 min，冬季不宜超过 60～90 min。

混凝土运至浇筑地点时，如发生离析、严重泌水或坍落度不符合要求，应进行二次搅拌，并不得任意加水。确有必要时,可同时加水和水泥,以保证水胶比不发生改变。如二次搅拌仍不符合要求,严禁使用。高温天气运送混合料时应采取覆盖措施,以防混合料中水分蒸发。运输用的车厢必须在每天工作结束后,用水冲洗干净。

②运输设备的选择。运输设备可参考表6-15选择。

表6-15 混凝土运输设备

类型	容许范围/m³	运输距离/m	通道宽度/m
单、双轮手推车	0.10～0.16	30～50	1.6～1.8
机动翻斗车	0.40～1.20	100～500	2.0～3.0
自卸汽车	2.4	500～2 000	3.5～4.0
混凝土搅拌运输车	8.9～11.8	500～2 000	2.5～3.5

③运输时间的具体规定。若采用搅拌站拌制水泥混凝土,从搅拌站至浇筑地点的运输时间不宜超过表6-16的规定。

表6-16 水泥混凝土搅拌料运输时间

气温/℃	无搅拌设施运输/min	有搅拌设施运输/min
30～35	15	45
20～30	30	60
10～20	45	75
5～10	60	90

不同摊铺工艺的混凝土拌合物从搅拌机出料到运输、铺筑完毕的允许最长时间应符合表6-17的规定。

表6-17 混凝土拌合物出料到运输、铺筑完毕允许最长时间

施工气温/℃	到运输完毕允许最长时间/h		到摊铺完毕允许最长时间/h	
	滑模、轨道	三轴、小机具	滑模、轨道	三轴、小机具
5～9	2.0	1.5	2.5	2.0
10～19	1.5	1.0	2.0	1.5
20～29	1.0	0.75	1.5	1.25
30～35	0.75	0.50	1.25	1.0

(3)泵送混凝土的要求。

①混凝土的供应必须保证输送泵能连续工作。

②输送泵的输送管线尽量采用直管,弯管转弯要平缓,接头应严密。

③泵送前应先用适量的、与混凝土内成分相同的水泥浆润滑输送管内壁。泵送时间间隔不宜超过15 min。

④在泵送过程中,受料斗内应具有足够的混凝土,以防吸入空气产生阻塞。

5. 摊铺、振捣与整修

(1)摊铺。

①防止混凝土发生离析现象。当运送混合料的车辆到达摊铺地点后,一般直接倒向安装好侧模的路槽内,并用人工找补均匀。自高处向模板内倾泻混凝土时,应注意以下要求:

a. 直接倾泻时,其自由倾落高度不宜超过 2 m,以不发生离析现象为度。

b. 高度超过 2 m 时,应通过串筒、溜管或振动管等辅助设施;高度超过 10 m 时,应设置减速装置。

c. 在串筒等出料口下端,混凝土堆积高度不宜超过 1 m。

②有序浇筑。混凝土摊铺应与钢筋网、传力杆及边隅角隅钢筋的安放相配合,并按照一定厚度、顺序和方向浇筑。当分层浇筑时,应在下层混凝土初凝或能够重塑前完成上一层混凝土浇筑。在倾斜面上浇筑时,应从底处开始逐层扩展升高,保持水平分层。

③摊铺厚度。混凝土摊铺时应考虑混凝土振捣后的沉降量,松铺系数宜控制在 1.10～1.25,使振实后的面层标高同设计要求相符。摊铺厚度达到混凝土板厚的 2/3 时,应拔出模内钢钎,并填实钎洞。若分两次摊铺时,上层混凝土的摊铺应在下层混凝土初凝前完成,且下层厚度宜为总厚度的 3/5。

(2)振捣。浇筑混凝土时,除少量塑性混凝土可用人工捣实外,宜采用振捣器振实。混凝土混合料的振捣机具,应由平板振捣器(2.2～2.8 kW)、插入式振捣器和振动梁(各 1 kW)配套作业。混凝土路面板厚在 0.22 m 以内时,一般可一次摊铺,用平板振捣器振实。凡振捣不到之处,如面板的边角部、窨井、进水口附近,以及设置钢筋的部位,可用插入式振捣器进行振实,不得过振,且振动时间不宜少于 30 s,移动间距不宜大于 50 cm;当混凝土板厚较大时,可先用插入式振捣器,然后再用平板振捣器,以免出现蜂窝现象。

平板振捣器在同一位置停留的时间一般为 10～15 s,应重叠 10～20 cm,以达到表面振出浆水,混合料不再沉落为宜。振捣器行进速度应均匀一致。平板振捣器振捣后,用带有振捣器的底面符合路拱横坡的振捣梁,两端搁在侧模上,沿摊铺方向振捣拖平。拖振过程中,多余的混合料将随着振捣梁的拖移而刮去,低陷处则应随时补足。随后,再用直径为 75～100 mm 的无缝钢管,两端放在侧模上,沿纵向滚压一遍。

必须注意,当摊铺或振捣混合料时,不要碰撞模板和传力杆,以避免其移动变位。对每一振捣部位,必须振到该部位混凝土密实,但又不过振。密实的标志是:混凝土停止下沉,不再冒出气泡,表面呈现平坦、泛浆。一块混凝土板应一次连续浇筑完毕。

(3)接缝设置。

①胀缝。先浇筑胀缝一侧混凝土,取去胀缝模板后,再浇筑另一侧混凝土,钢筋支架浇在混凝土内。压缝板条使用前应涂废机油或其他润滑油,在混凝土振捣后,先抽动一下,随后最迟在终凝前,将压缝板条抽出。抽出时为确保两侧混凝土不被扰动,可用木板条压住两侧混凝土,然后轻轻抽出压缝板条,再用铁抹板将两侧混凝土抹平整。缝隙上部需浇灌填缝料。留在缝隙下部的嵌缝板采用沥青浸制的软木板或油毡等材料制成。

②横向缩缝即假缝,可用下列两种方法制作:

a. 切缝法。在混凝土捣实整平后,利用振捣梁将 T 形震动刀准确地按缩缝位置震出一条槽,随后将铁制压缝板放入,并用原浆修平槽边。当混凝土收浆抹面后,再轻轻取出压缝板,并立即用专用抹子修整缝缘。这种做法要求谨慎操作,以免混凝土结构受到扰动或接缝边缘出现不平整(错台)。

b. 锯缝法。在结硬的混凝土中用锯缝机(带有金刚石或金刚砂轮锯片)锯割出要求深度的槽口。这种方法可保证缝槽质量,并且不会扰动混凝土结构,但要掌握好锯割时间。过迟因混凝土过硬而使锯片磨损过大且费工,而且更主要的可能在锯割前混凝土已出现收缩裂缝;过早混凝土因还未结硬,锯割时槽口边缘易产生剥落。目前施工中常采用"温度-小时"法来控制锯缝时间,即混凝土浇筑到锯缝开始的间隔小时与气温的乘积一般控制在 250～300"温度-小时"左右。当然,这是一种粗略的估算方法。最佳锯缝时间除与施工温度有关外,还与混凝土质量,特别是集料的质量、水泥类型及水胶比等因素有关，施工时应通过试切后确定。

锯缝可采用一次锯缝成型或两次锯缝成型的方法，如图6-17所示。一次锯缝成型的槽口窄而深，进行嵌缝料施工时不易填实，且当缝隙因板的伸缩稍有变化时，嵌缝料便会在深度上出现较大起落，引起嵌缝料被挤出槽口外或槽口内嵌缝料不足。两次锯缝成型即先用薄锯片进行深锯切再用厚锯片作浅锯切以加宽上部槽口，两次锯缝成型的槽口工作性能较一次锯缝成型的好。

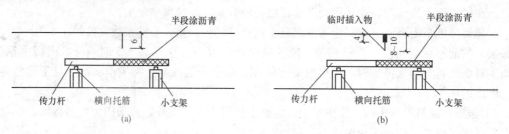

图6-17 锯缝构造(加传力杆)
(a)一次锯缝成型；(b)两次锯缝成型

合适的时间视气候条件而定，而多风的天气，或者早晚气温有突变时，混凝土板会产生较大的湿度或温度差，使内应力过大而出现裂缝。锯缝在表面整修后4 h即可开始。如天气较冷，一天内气温变化不大时，锯割时间可晚至12 h以上。

③纵缝。纵缝设置企口式纵缝，模板内壁做成凸榫状。拆模后，混凝土板侧面即形成凹槽。需设置拉杆时，模板在相应位置处要钻成圆孔，以便拉杆穿入。浇筑另一侧混凝土前，应先在凹槽壁上涂抹沥青。

6. 表面整修与防滑措施

混凝土终凝前必须用人工或机械抹平其表面，如图6-18和图6-19所示。人工抹面拉毛等应在跳板上进行，抹面时严禁在板面上洒水、撒水泥粉。真空吸水完成后即可进行机械抹平，先用带有浮动圆盘的重型抹面机粗抹，再用带有振动圆盘的轻型抹面机或人工细抹一遍。混凝土抹面不宜少于4次，先找平抹平，待混凝土表面无泌水时再抹面，并依据水泥品种与气温控制抹面间隔时间。为了满足机械抹平的要求，目前国产的小型电动抹面机有两种装置，即装上圆盘即可进行粗光和装上细抹叶片即可进行精光。

图6-18 人工抹平修整图

图6-19 机械抹平修整图

为保证行车安全，混凝土表面应具有粗糙抗滑的表面。最普通的做法是用棕刷沿道路横向在抹平后的表面上轻轻刷毛(图 6-20);也可用金属丝梳子梳成深 1~2 mm 的横槽(图 6-21)。近年来,国外已采用一种更有效的方法,即在已硬结的路面上,用锯槽机将路面锯割成深为 5~6 mm、宽为 2~3 mm、间距为 20 mm 的小横槽。也可在未结硬的混凝土表面塑压成槽,或压入坚硬的石屑来防滑。

图 6-20 刷毛

图 6-21 刻槽

7. 养护与填缝

水泥混凝土面层成活后,为防止混凝土中水分蒸发过速而产生缩裂,并保证水泥水化过程顺利进行,应及时养护。气温较高时,养护不宜少于 14 d;低温时,养护期不宜少于 21 d。一般可采用下列两种养护方法:

(1)湿法养护(图 6-22)。混凝土抹面 2 h 后,当表面已有相当硬度,用手指轻压不现痕迹时即可开始养护。养护一般采用湿麻袋或草垫,或者 20~30 mm 厚的湿砂覆盖于混凝土表面。每天均匀洒水数次,使其保持潮湿状态,此过程至少延续 14 d。

(2)塑料薄膜覆盖养护(图 6-23)。当混凝土表面不见浮水,用手指按压无痕迹时,即均匀喷洒塑料溶液,形成不透水的薄膜黏附于表面,从而阻止混凝土中水分的蒸发,保证混凝土的水化作用。

填缝工作宜在混凝土初步结硬后及时进行。填缝前,首先将缝隙内泥沙杂物清除干净,然后浇灌填缝料。

实践表明,填料不宜填满缝隙全深,最好在浇灌填料前先用多孔柔性材料填塞缝底,然后再加填料,这样夏天胀缝变窄时填料不致受挤而溢至路面。

板在达到设计强度的 40% 以后,方可允许行人通行。面层混凝土弯拉强度达到设计强度,且填缝完成后,方能开放交通。

图 6-22 湿法养护

图 6-23 塑料薄膜养护

能力训练

分小组交叉进行水泥混凝土小型机具施工技术交底,并填写技术交底记录。

习 题

一、选择题

1. 检验水泥混凝土路面的强度标准是( )。
   A. 抗压强度　　　B. 弯拉强度　　　C. 抗剪强度　　　D. 以上都是
2. 平板振捣器振实混凝土时,同一位置停留时间一般为( )s。
   A. 10~15　　　B. 6~9　　　C. 4~7　　　D. 15~20
3. 水泥混凝土路面施工中,水泥混凝土面板达到设计强度的( )以上,方能开放交通。
   A. 50%　　　B. 80%　　　C. 90%　　　D. 100%
4. 水泥混凝土面板现场养护的方法有( )。
   A. 湿治养护　　　B. 塑料薄膜　　　C. 恒温养护　　　D. 真空养护
   E. 干法养护
5. 水泥混凝土路面施工时,在同一位置振动的时间,以达到拌合物( )等状况时为准,防止过振。
   A. 停止下沉　　　B. 与模板齐平　　　C. 不离析　　　D. 不再冒气泡
   E. 泛出水泥浆
6. 水泥混凝土混合料设计时应满足( )技术要求。
   A. 弯拉强度　　　B. 抗冻性　　　C. 耐久性　　　D. 工作性
   E. 耐疲劳性

二、判断题

1. 水泥混凝土路面施工采用振动器振捣混凝土时,时间越短越好。　　　( )
2. 水泥混凝土搅拌机装料顺序宜为:水泥—碎石—砂。　　　　　　　　( )
3. 胀缝应与路面中心线垂直,缝壁必须垂直,缝隙宽度必须一致。　　　( )
4. 水泥混凝土路面基层板体性好,透水性大,才不易发生基层软化和唧泥等病害。( )
5. 切缝施工气温高时,切割时间要滞后,温差大,切缝时间也要滞后。　( )

任务四　水泥混凝土路面滑模摊铺机施工

本任务通过水泥混凝土路面滑模摊铺机施工相关知识的学习,掌握水泥混凝土路面滑模摊铺机施工的工艺流程和关键技术措施。

一、滑模摊铺机施工基本概念

滑模摊铺机施工是采用基线导向装置的摊铺机,沿混凝土的整个断面进行摊铺,通过挤压或找平完成振捣成型的施工方式。滑模摊铺机上的短模板随摊铺机连续移动,因而不必安装模板。滑模摊铺要求混凝土具有稳定的、垂直的边缘。滑模摊铺是大规模生产的施工工艺，对生产和供料的要求都很高。为达到最佳效果，必须尽可能地保持摊铺机匀速前进，避免走走停停。

滑模摊铺机施工混凝土路面不需要轨模，摊铺机支承在四个液压缸上，两侧设置有随机移动的固定滑模，摊铺厚度通过摊铺机上下移动来调整。滑模摊铺机一次通过即可完成摊铺、振捣、整平等多道工序。

滑模摊铺施工是一套复杂完整的大型机械化施工系统。由于其技术标准高，难度大，做好施工前的各项准备工作就显得尤为重要。其包括技术交底和施工组织设计，配备好各种滑模摊铺的施工机械，组织检测、施工人员队伍、模板和接缝施工机具，准备好各种施工原材料，建好搅拌站，有足够的水电供应、良好和充足的运输车辆、基层滑模摊铺场地、运输道路等。充分做好滑模摊铺施工准备工作能达到事半功倍的效果。

二、滑模摊铺机施工流程

1. 施工前的准备工作

滑模摊铺机施工水泥混凝土路面的准备工作包括以下内容：

(1)基层质量检查与验收。对基层的检验项目及质量验收标准与轨道摊铺机施工相同。一般情况下滑模摊铺机施工的长度不少于4 km。基层应留有供摊铺机施工行走的位置，因此，基层应比混凝土面层宽出50~80 cm。

(2)测量放样，悬挂基准绳。滑模摊铺机的摊铺高度和厚度可实现自动控制。摊铺机一侧有导向传感器，另一侧有高程传感器。导向传感器接触导向绳，导向绳的位置沿路面的前进方向安装。高程传感器接触高程导向绳，导向绳的空间位置根据路线高程的相对位置来安装。摊铺机摊铺的方向和高程准确与否取决于导向绳的准确程度，因此，导向绳经准确定位后固定在打入基层的钢钎上。

(3)混凝土配合比与外加剂。滑模摊铺机对混凝土拌合物的品质要求十分严格，集料最大粒径应小于30~40 mm，拌合物摊铺时的坍落度应控制在4~6 cm。为了增加混凝土拌合物的施工和易性，以达到所需要的坍落度，常需要使用外加剂。所掺外加剂品种、数量应先通过试验确定。

(4)选择摊铺机类型。快速路、主干路等高级路面宜选配一次能摊铺2~3个车道宽度(7.5~12.5 m)的滑模摊铺机；低等级路面最小摊铺宽度不得小于单车道设计宽度。硬路肩的摊铺宜选配中、小型多功能滑模摊铺机，并宜连体一次摊铺路缘石。

(5)初设滑模摊铺机工作参数。摊铺开始前，应对摊铺机进行全面性能检查和正确的施工位置参数设定，常用滑模摊铺机的基本技术参数见表6-18。这是滑模摊铺机操作技术中最关键的技术环节之一，也是摊铺机试调当中最重要的内容。实践已证明，工作参数设置不正确，无论如何也不可能摊铺出高质量的路面。

表6-18 滑模摊铺机的基本技术参数表

项目	发动机功率/kW	摊铺宽度/m	摊铺厚度/mm	摊铺速度/(m·min^{-1})	空驶速度/(m·min^{-1})	行走速度/(m·min^{-1})	履带数/个	整机自重/t
三车道滑模摊铺机	200~300	12.5~16.0	0~500	0~3	0~5	0~15	4	57~135
双车道滑模摊铺机	150~200	3.6~9.7	0~500	0~3	0~5	0~18	2~4	22~50

续表

项目	发动机功率/kW	摊铺宽度/m	摊铺厚度/mm	摊铺速度/(m·min⁻¹)	空驶速度/(m·min⁻¹)	行走速度/(m·min⁻¹)	履带数/个	整机自重/t
多功能单车道滑模摊铺机	70~150	2.5~6.0	0~400	0~3	0~9	0~15	2,3,4	12~27
路缘石滑模摊铺机	≤80	<2.5	<450	0~5	0~9	0~10	2,3	≤10

（6）滑模机首次摊铺位置校准。首次摊铺前，应按照路面设计高程、横坡度或路拱测量设定2~3根基准线或4~6个桩，将6个传感器全部挂到两侧基准线上，并检查传感器的灵敏度和反应方向，开动滑模机进入设好的桩位或线位，调整水平传感器立柱高度，使滑模摊铺机挤压底板恰好落在经精确测量设置好的木桩或基准线上，同时，调整好滑模摊铺机机架前后左右的水平度，令滑模摊铺机挂线自动行走，再校核1~2遍，正确无误后方可开始摊铺。

2. 施工过程

（1）摊铺过程。滑模摊铺机的摊铺工艺过程如图 6-24 所示。首先，由螺旋桨摊铺器 1 把堆积在基层上的水泥混凝土拌合物横向铺开，刮平器 2 进行初步刮平；然后，振捣器 3 进行振捣密实，刮平板 4 进行振捣后整平，以形成密实、平整的表面，搓动式振捣板 5 对混凝土层进行振实和整平；最后用光面带 6 对面层进行光面。图 6-25 所示为滑模机摊铺施工实例图。

滑模摊铺水泥混凝土施工工艺

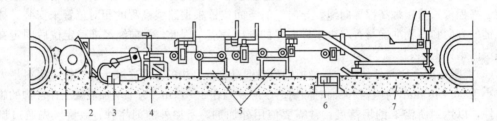

图 6-24 滑模式摊铺机摊铺工艺过程图
1—螺旋桨摊铺器；2—刮平器；3—振捣器；4—刮平板；
5—搓动式振动板；6—光面带；7—混凝土面层

图 6-25 滑模机摊铺施工实例图

(2)摊铺操作要点。

①摊铺应缓慢、匀速、连续不间断地进行。摊铺速度应根据拌合物稠度和设备性能,控制在 0.5~2.0 m/min,一般宜为 1 m/min 左右。当拌合物的稠度发生变化时,先调整振捣频率,后改变摊铺速度。不得料多时追赶,然后随意停机等待、间歇摊铺。

②保证进料要求。

a. 在摊铺中,机手应随时调整松方高度控制板进料位置,开始应略设高些,以保证进料。正常状态下应保持振捣仓内料位高于振捣棒 10 cm 左右,料位高低上下波动宜控制在±4 cm 之内。

b. 滑模机摊铺时,机前的最高料位不得高于摊铺机前松方控制板顶面,其正常高度应在螺旋浆摊铺器叶片最高点以下,也不得缺料。

c. 机前缺料或料位过高时,宜采用装载机或挖掘机适当布料和送料,布料应与摊铺速度相协调。

d. 用布料机施工,松铺系数应视坍落度大小由试铺确定。

当坍落度为 1~5 cm 时,松铺系数宜为 1.08~1.15,当坍落度为 3 cm 时,松铺系数宜控制在 1.1 左右。晴天日照强、风大,取小值;阴天湿度大、无风,可取大值。

采用布料机以外的布料方式摊铺钢筋混凝土路面、桥面或搭板时,禁止任何机械直接开上钢筋网。宜在钢筋网外侧使用挖掘机或吊斗均衡卸料布料,也可使用便桥板凳加吊车汽车直接卸料,挖掘机布料,但均不得缺料。

③控制振捣频率。摊铺机以正常速度施工时,振捣频率可在 6 000~11 000 r/min 范围内调整,宜采用 9 000 r/min 左右。应注意防止混凝土过振、漏振、欠振。操作机手应根据混凝土稠度的大小,随时调整摊铺速度和振捣频率。当混凝土显得偏稀时,应适当降低振捣频率,加快摊铺速度,但最快不得超过 3 m/min,最小振捣频率不得小于 6 000 r/min;当偏干时,应提高振捣频率,但最大不得大于 11 000 r/min,并减慢摊铺速度,最小速度宜控制在 0.5~1.0 m/min;摊铺机起步时,应先开启振捣棒振捣 2~3 min,再行推进。摊铺机脱离混凝土后,应立即关闭振捣棒。

操作机手应随时密切观察所摊铺的路面情况,注意调整和控制摊铺速度、振捣频率、夯实杆、振动搓梁和抹平板位置、速度和频率。软拉抗滑构造表面砂浆层厚度宜控制在 4 mm 左右,硬刻槽路面的砂浆表层厚度宜控制在 2 mm 左右。

④拉毛及养护。使用纹理养护机对新铺水泥混凝土路面拉毛,并随后进行养护薄膜液体的洒布。纹理养护要在 30 min 之内摊铺完成。刷子应调整到低于水泥混凝土路面表 8~10 mm。趁新铺水泥混凝土路面表面还发亮时,就应进行薄膜液体的喷洒。喷嘴应调整到距路面表 40~50 cm 高度。

用洒布机在新铺路面喷洒薄膜材料应分两层进行。第一层是在混凝土路面精整并除去水泥浆后,当湿润的路面表面逐渐变得无光泽时进行;第二层是在第一次喷洒之后,过 30~60 min 后进行。养护膜的总厚度应为 0.4~0.7 mm。

为了避免热天阳光直接照射,在第二层养护膜喷洒之后,应给路面铺上一层厚度 2~4 cm 的砂子,或洒布一层石灰浆。石灰浆装在洒布机的料罐里,由洒布机进行喷洒。

⑤施工质量问题及防治措施。滑模摊铺机摊铺混凝土路面板时,可能会出现板边塌陷、麻面、气泡等问题,应及时采取措施进行处理。塌陷的主要形式为边缘坍落、松散无边或倒边。造成塌边的主要原因是模板边缘调整角度不正确,摊铺速度过慢。边缘坍落会影响路面的平整度,横坡达不到设计要求;双幅施工时,会造成路面排水不畅。因此,应根据混凝土拌合物的坍落度调整出一定的预抛高,使混凝土坍落变形后恰好符合设计要求。造成倒边和松散无边的

主要原因是集料针片状或圆状颗粒含量较多而造成拌合物成型性差、离析严重。另外，混凝土配合比不当、摊铺机的布料器将混凝土稀浆分到两侧也会导致倒边。为防止各种原因造成的倒边，应采用拌和质量好的搅拌机；施工过程中出现集料集中时，应将集料分散、除去或进行二次布料。麻面主要是由于混凝土拌合物坍落度过低造成的，混合料拌和不均匀也是原因之一。因此，应严格控制混凝土拌合物的坍落度，使用计量准确且拌和效果好的搅拌机，同时，对混凝土的配合比做适当调整。

3. 特殊部位的摊铺施工

（1）钢筋混凝土路面施工要点。在大规模滑模摊铺施工时，分层布设钢筋网是不可能的，因为钢筋网的布设时间较长，特别是布设双层钢筋网会影响施工的正常进行。采用侧边布料可解决这一问题。

施工前一天在所需之处布设钢筋网，钢筋网要托在支架上，要保证支架在摊铺过程中保持一定的水平度。在摊铺前，安装好传力杆及其支座，紧接着铺设好横向的钢筋骨架，然后在现场捆扎纵向钢筋。采用机械布设钢筋网一般使用标准化网格。在布料机后，迅速把钢筋网压放在预定位置。钢筋网是从布料机牵引的一台小车上放下，铰接在摊铺机前面的压板将钢筋网压入混凝土混合料中，再由摊铺机上的螺旋分料器和计量闸门进行二次分料和刮平。

施工时，卸料汽车从摊铺带外侧车道倒车、卸料。布料机传送带架推动卸料汽车前进，实现边卸料边摊铺的施工。

受外侧送料皮带高度的影响，施工样线应设置在合理的高度。在实际施工时为便于卸料，有时要将样线放开。这时，让摊铺机停止摊铺，布料机传送带一侧的找平系统置于"手动"位置，人工控制布料厚度，在钢筋网上布料。布料过后收回传送带，架起样线再进行摊铺机摊铺。摊铺机在接近钢筋网时，适当将计量闸门和振捣棒提升到高于钢筋网 3~5 cm 的位置，而不致在刮平、振捣时碰到钢筋网。

（2）坡面上摊铺的控制。摊铺纵坡较大的路面，上坡时，应将挤压底板前仰角适当调小，同时适当调小抹平板内外侧压力；下坡时，前仰角宜适当调大，抹平板压力也宜适当调大。抹平板合适的压力是当板底 3/4 的长度接触路面时的压力。

（3）弯道与路拱摊铺时的控制。摊铺弯道和渐变路段路面时，单向横坡可使摊铺机跟线摊铺，但应随时观察并调整抹平板内、外侧的抹面距离，防止压垮边缘。摊铺中央路拱时，计算机控制条件下，输入弯道和渐变段边缘及拱中几何参数，计算机自动控制生成路拱；手控条件下，操作机手应根据路拱消失和生成时的几何位置，在给定路段范围内分级逐渐消除或调成设计路拱。

（4）连接摊铺的要点。连接摊铺时，摊铺机一侧履带驶上前次路面的时间应控制在路面养护 7 d 以后，最短不得少于 5 d。同时，钢履带底部应铺橡胶垫或使用有挂胶履带的滑模摊铺机。纵向连接摊铺路面时，连接纵缝部位应人工进行整修，连接纵缝的横向平整度应符合相应的规定要求。用钢丝刷刷干净黏附在前幅路面上的砂浆，并刷出粗细抗滑构造，高速公路、一级公路抗滑沟深平均值不应大于 3 mm，极值不应大于 5 mm；二、三级公路路面抗滑沟深平均值不应大于 5 mm，极值不应大于 7 mm。

（5）平面交叉口变宽段和匝道路面的施工要点。对平面交叉口、收费站广场或匝道变宽路面，只要摊铺宽度小于滑模摊铺机固定宽度，可采用滑模摊铺机跨一侧或两侧模板施工方式，模板顶面应粘贴橡胶垫，模板顶高程应低于路面高程 3 mm。滑模机的振捣仓在模板上部应加隔板，施工时应关闭隔板外侧的振捣棒。

能力训练

分小组交叉进行水泥混凝土路面滑模摊铺机施工技术交底,并填写技术交底记录。

习 题

一、选择题

1. 使用纹理养生机对新铺水泥混凝土路面拉毛,纹理养生要在(　　)之内完成。
   A. 20 min　　　　B. 30 min　　　　C. 40 min　　　　D. 无要求
2. 硬刻槽路面的砂浆表层厚度宜控制在(　　)左右。
   A. 2 mm　　　　B. 4 mm　　　　C. 6 mm　　　　D. 10 mm
3. 滑模摊铺机对混凝土拌合物的品质要求十分严格,集料最大粒径应小于(　　)。
   A. 30~40 mm　　B. 40~50 mm　　C. 50~60 mm　　D. 60~70 mm
4. 喷洒薄膜液体进行养生时,喷嘴应调整到距路面表面高度为(　　)。
   A. 20~30 cm　　B. 40~50 cm　　C. 50~60 cm　　D. 70~80 cm

二、判断题

1. 造成塌边的主要原因是模板边缘调整角度不正确,摊铺速度过快。(　　)
2. 造成倒边和松散无边的主要原因是集料针片状或圆状颗粒含量较多而造成拌合物成型性差、离析严重。(　　)
3. 为了增加混凝土拌合物的施工和易性,以达到所需要的坍落度,常需要使用外加剂。(　　)
4. 麻面主要是由于混凝土拌合物坍落值过高造成的,混合料拌和不均匀也是原因之一。(　　)

任务五　其他水泥混凝土面层施工

本任务是了解其他类型的水泥混凝土路面的材料组成、配合比设计、施工方法及程序。

一、钢纤维混凝土路面施工

目前,在世界各国都广泛使用的混凝土材料已经有100多年的应用和发展历史,混凝土是一种抗压强度很高的建筑材料,但是这种建筑材料的主要缺点是其具有脆性,其抗拉、抗弯强度低,抗冲击性能差,混凝土一旦出现裂纹,整个结构就会遭到破坏。钢纤维混凝土的出现改善了混凝土的这个缺陷,提高了混凝土的抗折强度和抗压强度。钢纤维混凝土面层是指在混凝土面层中掺入钢纤维的水泥混凝土面层。

1. 材料要求

(1)钢纤维的要求。掺入混凝土中的钢纤维,按其制造方法可分为切断纤维、切削纤维、剪断纤维、熔抽纤维四种。按钢纤维的材质可分为低碳钢纤维和不锈钢纤维两种。用于城市道路混凝土路面和桥面的钢纤维,除应满足《混凝土用钢纤维》(YB/T 151—2017)的规定外,还应符合下列要求：

①单丝钢纤维抗拉强度不宜小于 600 MPa。

②钢纤维长度应与混凝土粗集料最大公称粒径相匹配，最短长度宜大于粗集料最大公称粒径的 1/3；最大长度不宜大于粗集料最大公称粒径的 2 倍，钢纤维长度与标称值的偏差不得超过 ±10%。

③宜使用经防蚀腐处理的钢纤维，严禁使用带尖刺的钢纤维，不得使用表面磨损、前后裸露尖端导致行车不安全的钢纤维；不应使用搅拌易成团的钢纤维。

(2) 水泥的要求。应采用水泥强度等级在 42.5 级以上的道路硅酸盐水泥或普通硅酸盐水泥。其他同普通水泥混凝土路面的要求相同。

(3) 其他材料的要求。钢纤维混凝土粗集料最大公称粒径不应大于 19 mm。细集料不得使用淡化海砂。处在海水、海风、氯离子、硫酸根离子环境的或冬季洒除冰盐的路面中应掺阻锈剂，不得掺入氯盐类外加剂，其他粗集料、细集料、水和粉煤灰及外加剂的要求同普通水泥混凝土路面的要求。

2. 配合比设计

钢纤维混凝土的配合比要求与普通混凝土基本一致。钢纤维的体积率为 1.0%～1.2%，拌合物的稠度为 6～12 s，水胶比为 0.5 左右，单位用水量为 185～195 kg/m³，砂率采用 45%～48%。

3. 施工方法

钢纤维混凝土路面的施工方法与普通混凝土路面基本相同，但钢纤维混凝土应采用强制式拌合机械拌和。钢纤维混凝土路面的厚度、平面尺寸和钢纤维掺量等应符合设计规范及设计图纸的规定。钢纤维混凝土路面的布料与摊铺除应满足滑模、轨道和三辊轴机组摊铺普通混凝土路面的规定外，还应符合下列规定：

(1) 无论采用何种机械布料与摊铺方式，应保证面板内钢纤维分布的均匀性及结构连续性，在一块面板内的浇筑和摊铺不得中断。

(2) 布料松铺高度应通过试铺确定。拌合物坍落度相同时，应比相同机械施工方式的普通混凝土路面松铺高度高 10 mm 左右。

(3) 当采用滑模、轨道、三辊轴机组摊铺钢纤维混凝土时，搅拌场配制的混凝土总拌和生产能力可按下式计算，并按总拌和能力确定所要求的搅拌楼数量和型号。

$$M = 60\mu bh v_t$$

式中　M——搅拌楼总拌和能力，m³/min；

　　　b——摊铺宽度，m；

　　　v_t——摊铺速度，m/min；

　　　h——面板厚度，m；

　　　μ——搅拌楼可靠性系数为 1.2～1.5，根据下述具体情况确定：搅拌楼可靠性高，μ 可取较小值，反之，可取较大值；坍落度要求较低者，应取较大值。

搅拌楼应优先选配间歇式搅拌楼，也可选用连续式搅拌楼。

(4) 钢纤维混凝土的拌和。

①应根据拌合物的黏聚性、均质性及强度稳定性试拌，确定最佳拌和时间。

一般情况下，单立轴式搅拌机总拌和时间应为 80～120 s，行星立轴和双卧轴式搅拌机总拌和时间为 60～90 s，连续双卧轴搅拌楼的最短拌和时间不应短于 40 s。最长总拌和时间不应超过高限值的两倍。

②混凝土拌和过程中不得使用沥水、夹冰雪、表面沾染尘土和局部暴晒过热的砂石料。

③外加剂应以稀释溶液加入，其稀释用水和原液中的水量要从拌和加水量中扣除。使用间

歇搅拌楼时，外加剂溶液浓度应根据外加剂掺量、每盘外加剂溶液筒的容量和水泥用量计算得出。连续式搅拌楼应按流量比例控制加入外加剂。加入搅拌锅的外加剂溶液应充分溶解，并搅拌均匀。有沉淀的外加剂溶液，应每天清除一次稀释池中的沉淀物。

④拌和引气混凝土时，搅拌楼一次拌和量不应大于其额定搅拌量的90%。拌和时间应控制在含气量最大或较大时。

⑤粉煤灰或其他掺合料应采用与水泥相同的输送、计量方式加入。

粉煤灰混凝土的纯拌和时间应比不掺掺合料的延长10~15 s。当同时掺用引气剂时，应通过试验适当增大引气剂掺量，以达到规定含气量。

(5)拌合物的质量检验与控制。在搅拌过程中，拌合物质量检验与控制应符合规范的规定。低温或高温天气施工时，拌合物出料温度应控制在10 ℃~35 ℃，并应测定原材料温度、拌合物的温度、坍落度损失率和凝结时间等指标。

拌合物应均匀一致，有生料、干料、离析或外加剂、粉煤灰成团现象的非均质拌合物严禁用于路面摊铺。一台搅拌楼的每盘之间、各搅拌楼之间，拌合物的坍落度最大允许偏差为±10 mm。拌合物坍落度应为最适应摊铺的坍落度值与当时气温下运输坍落度损失值两者之和。

(6)钢纤维混凝土的拌和，除应满足上述规定外，尚应符合下列规定。

①当钢纤维体积率较高，拌合物较干时，搅拌楼一次拌和量不应大于其额定搅拌量的80%。

②钢纤维混凝土搅拌的投料顺序和方法应以搅拌过程中钢纤维不产生结团和保证一定的生产率为原则，并通过试拌或根据经验确定。也采用将钢纤维水泥、粗细集料先干拌后加水湿拌的方法；也可采用钢纤维分散机在拌和过程中分散加入钢纤维。

③钢纤维混凝土的拌和时间应通过现场搅拌试验确定，并应比普通混凝土规定纯拌和时间延长20~30 s，采用先干拌后加水的搅拌方式时，干拌时间不应少于1 min。

④钢纤维混凝土严禁用人工拌和。零星工程使用少量的钢纤维混凝土时，可采用容量较小的搅拌机拌和，每种原材料应准确称量后加入，不得使用体积计量。采用小容量搅拌机拌和时，钢纤维混凝土总拌和时间应比搅拌楼拌和时间延长12 min，采用先干拌后加水的搅拌方式时，干拌时间不应少于1.5 min。

⑤应保证钢纤维在混凝土中的分散性和均匀性，水洗法检测的钢纤维含量偏差不应大于设计掺量的±15%，检验方法见《公路水泥混凝土路面施工技术细则》(JTG/T F30-2014)。

(7)钢纤维混凝土拌合物的工作性要求。

①钢纤维混凝土的坍落度经验上可比普通混凝土的坍落度小20 mm。

②钢纤维混凝土掺高效减水剂时的单位用水量可按规范用表初选，再由拌合物实测坍落度确定。

(8)钢纤维混凝土路面的振捣与整平。

①所采用的振捣机械和振捣方式除应保证钢纤维混凝土密实性外，还应保证钢纤维在混凝土中分布的均匀性。

②除应满足各交通等级路面平整度要求外，整平后的面板表面不得有裸露上翘的钢纤维，表面下10~30 mm深度内的钢纤维应基本处于平面分布状态。

③采用滑模摊铺机、轨道摊铺机铺筑钢纤维混凝土路面时，振捣棒组的振捣频率不应低于1 000 r/min，振捣棒组底缘要严格控制在面板表面位置，不得将振捣棒组插入路面钢纤维混凝土内部振捣。

④采用三辊轴机组摊铺钢纤维混凝土路面时，不得将振捣棒组插入路面钢纤维混凝土内部振捣，也不得使用人工插捣，可采用大功率平板式振捣器振捣密实，再采用振动梁压实整平，振动梁底面应设凸棱，以利于表层钢纤维和粗集料压入。然后，用三辊轴整平机将表面滚压平

整,再用3 m以上刮尺、刮板或抹刀纵横向精平表面。

(9)钢纤维混凝土路面施工的特殊工艺要求。

①钢纤维混凝土拌合物从出料到运输、铺筑完毕的允许最长时间不应超过表6-17的规定。在浇筑和摊铺过程中严禁因拌合物干涸而加水,但可喷雾,以防止表面水分蒸发。

②必须使用硬刻槽方式制作抗滑沟槽,不得使用粗麻袋、刷子和扫帚制作抗滑构造。

③钢纤维混凝土路面的板长应为6~10 m,钢纤维掺量较大可取大值;掺量小取小值。面板长宽比应符合设计要求。

(10)钢纤维混凝土路面的养护应符合《公路水泥混凝土路面施工技术细则》(JTG/T F30—2014)的规定。

二、碾压混凝土路面施工

1. 适用条件

(1)城市次干路和支路及有条件的街坊路,应使用碾压混凝土施工机械进行施工。

(2)不得使用体积计量、小型自落滚筒式搅拌机,严禁使用人工控制加水量。

(3)碾压混凝土也可用于城市快速路、主干路复合式路面的下卧层和贫混凝土基层。

2. 施工机具的选择

(1)应选用预压密实度高的沥青摊铺机,根据路面摊铺宽度可选用1~2台。

(2)自重10~12 t振动压路机1~2台,15~25 t轮胎压路机1台,12 t小型振动压路机1台。

(3)双轴卧式混凝土搅拌机或强制式混凝土搅拌机、大吨位自卸汽车、铲车、洒水车、推土机等。

3. 施工组织

(1)开工前,建设单位应组织设计、施工、监理单位进行技术交底。

(2)施工单位应根据设计图纸、合同文件、摊铺方式、机械设备、施工条件等,确定混凝土路面施工工艺流程、施工方案,进行详细的施工组织设计。

(3)开工前,施工单位应对施工、试验、机械、管理等岗位的技术人员和各工种技术工人进行培训。未经培训的人员不得单独上岗操作。

(4)施工单位应根据设计文件,测量校核平面和高程控制桩,复测和恢复路面中心、边缘全部基本标桩,测量精度应满足相应规范的规定。

(5)施工工地应建立具备相应资质的现场试验室,能够对原材料、配合比和路面质量进行检测和控制,提供符合交工检验、竣工验收和计量支付要求的自检结果。

(6)各种桥涵、通道等构造物应提前建成,确有困难不能通行时,应有施工便道。施工时应确保运送混凝土的道路基本平整、畅通,不得延误运输时间或碾坏基层、桥面。施工中的交通运输应配备专人进行管制,保证施工有序、安全进行。

(7)摊铺现场和搅拌场之间应建立快速、有效的通信联络,及时进行生产调度和指挥。

4. 搅拌场设置

(1)搅拌场应设置在摊铺路段的中间位置。搅拌场内部布置应满足原材料储运、混凝土运输、供水、供电等使用要求,并尽量紧凑,减少占地。

(2)搅拌场应保障搅拌、清洗、养生用水的供应,并保证水质。供水量不足时,搅拌场应配置与日搅拌量相适应的蓄水池。

(3)搅拌场应保证充足的电力供应。电力总容量应满足全部施工用电设备、夜间施工照明及生活用电的需要。

(4)应确保摊铺机械、运输车辆及发动机等动力设备的燃料供应。离加油站较远的工地应设置油料储备库。

(5)水泥、粉煤灰储存和供应要求。

①每台搅拌楼应至少配备2个水泥罐仓,如掺粉煤灰,应至少配备1个粉煤灰罐仓。当水泥的日用量很大,需要两家以上的水泥厂供应水泥时,不同厂家的水泥应清仓再灌,并分罐存放。严禁粉煤灰与水泥混罐。

②应确保施工期间的水泥和粉煤灰供应。供应不足或运距较远时,应储备和使用袋装水泥或袋装粉煤灰,并准备水泥仓库、拆包及输送入灌设备。水泥仓库应覆盖或设置顶篷防雨,并应设置在地势较高处,严禁水泥、粉煤灰受潮或浸水。

(6)砂石料储备。

①施工前,应储备正常施工10~15 d的砂石料。

②砂石料场应建在排水通畅的位置,其底部应做硬化处理。不同规格的砂石料之间应有隔离设施并设标识牌,严禁混杂。

③在低温、雨天、大风天及日照强烈的条件下,应在砂石料堆上部架设顶篷或覆盖,数量不应少于正常施工一周的用量。

④原材料与混凝土运输车辆不应相互干扰。搅拌楼下应采用厚度不小于20 mm的混凝土铺装层,并应设置污水排放管沟、积水坑或清洗搅拌楼的废水处理回收设备。

5. 摊铺前材料与设备检查

(1)在施工准备阶段,应依据混凝土路面设计要求、工程规模,对当地及周边的水泥、钢材、粉煤灰、外加剂、砂石料、水资源、电力、运输等状况进行实地调研,确认符合铺筑混凝土路面的原材料质量、品种、规格,原材料的供应量、供给方式、运距等。通过调研优选,初步选择原材料供应商。

(2)开工前,工地试验室应对计划使用的原材料进行质量检验和混凝土配合比优选,监理应对原材料抽检和配合比试验验证,报请业主正式审批。

(3)要按照路面施工进度安排,及时供给原材料技术指标规定的各种原材料,不合格原材料不得进场。所有原材料进出场应进行称量、登记、保管或签发。

(4)要将相同料源、规格、品种的原材料作为一批,分批量检验和储存。

(5)施工前必须对机械设备、测量仪器、基准线或模板、机具工具及各种试验仪器等进行全面的检查、调试、校核、标定、维修和保养。主要施工机械的易损零部件应有适量储备。

6. 路基、基层和封层的检测与修整

(1)路基应稳定、密实、均质,对路面结构提供均匀的支撑。对软基、高填方、填挖方交界等处的路基段,应进行连续沉降观测,并采取切实有效的措施,保证路基的稳定性。

(2)垫层、基层除应符合《城镇道路工程施工与质量验收规范》(CJJ 1—2008)的规定外,还应符合下列技术要求:

①基层纵坡、横坡一般可与面层一致,但横坡可略大0.15%~0.20%,不得小于路面横坡。

②基层应具有足够的强度和稳定性,并且断面应正确,表面应平整。应根据不同的道路等级,当地的材料资源和经济情况等选择不同的基层材料。

③面层铺筑前,应至少提供足够机械连续施工10 d以上的合格基层。

(3)面板铺筑前,应对基层进行全面的破损检查,当基层产生纵向、横向断裂、隆起或碾坏时,应采取下列有效措施进行彻底修复:

①所有挤碎、隆起、空鼓的基层应清除,并使用相同的基层料重铺,同时设胀缝板横向隔

开，胀缝板应与路面胀缝或缩缝上下对齐。

②当基层产生非扩展性温缩、干缩裂缝时，应灌沥青密封防水，还应在裂缝上粘贴油毡、土工布或土工织物，其覆盖宽度不应小于 1 000 mm；距裂缝最窄处不得小于 300 mm。

③当基层产生纵向扩展裂缝时，应分析原因，采取有效的路基稳固措施根治裂缝，且应在纵向裂缝所在的整个面板内，距板底 1/3 高度增设补强钢筋网，补强钢筋网到裂缝端部不应短于 5 m。

④基层被碾坏成坑或破损面积较小的部位，要挖除并采用贫混凝土局部修复。对表面严重磨损裸露粗集料的部位，应采用沥青封层处理。

(4)在城市快速路和主干路的半刚性土基层表面，应喷洒热沥青和石屑做滑动封层，或做乳化沥青稀浆封层。沥青封层或乳化沥青稀浆封层的厚度不应小于 5 mm。

(5)在各等级道路有可能被水淹没浸泡路面的路段，可采用较厚的坚韧塑料薄膜或密闭土工膜覆盖基层防水。

(6)当封层出现局部损坏时，摊铺前应采用相同的封层材料进行修补，经质量检验合格并由监理人员签认后，方可铺筑水泥混凝土面层。

7. 施工工艺流程

碾压混凝土路面的施工工艺流程为：混凝土拌合物的拌和与运输→摊铺机摊铺→碾压→养护→接缝施工。

由于混凝土拌合物是单位用水量较少的干硬性混合料，为提高拌合质量和施工效率，应采用强制式拌合机拌合。拌合物运到摊铺现场应立即摊铺整形，由于摊铺作业对碾压混凝土路面质量影响很大，所以摊铺应均匀、连续地进行，并在拌合物初凝前完成。摊铺完毕即开始碾压，碾压分初压、复压和终压三个阶段。初压用 7~10 t 振动压路机不开振碾压 2 遍左右，使混凝土表面稳定。随后振动压路机开振充分碾压，直至达到规定的密实度要求，此阶段为复压。用 8~20 t 的轮胎压路机或振动压路机不开振进行修整碾压，称为终压，目的是除去碾压轮迹和表面出现的拉裂，使表面密实。

能力训练

分小组讨论并回答以下问题。
(1)对掺入混凝土中的钢纤维长度是如何规定的？
(2)碾压式混凝土路面设置搅拌站时应考虑哪些方面？
(3)碾压混凝土路面的施工工艺流程是怎样的？

习 题

一、选择题

1. 钢纤维混凝土用钢纤维单丝钢纤维抗拉强度不宜小于(　　)MPa。
   A. 500　　　　　B. 550　　　　　C. 600　　　　　D. 650
2. 钢纤维混凝土粗集料最大公称粒径不应大于(　　)mm。
   A. 15　　　　　B. 19　　　　　C. 25　　　　　D. 31.5
3. 钢纤维混凝土路面必须使用(　　)制作抗滑沟槽。

    A. 粗麻袋   B. 刷子   C. 扫帚   D. 硬刻槽方式
4. 钢纤维混凝土拌合物与普通混凝土拌合物坍落度相同时，应比相同机械施工方式的普通混凝土路面松铺高度高（ ）mm左右。
    A. 10   B. 15   C. 20   D. 25
5. 碾压混凝土路面开始碾压即摊铺完毕，碾压分为（ ）三个阶段。
    A. 先压、复压和后压   B. 初压、复压和终压
    C. 轻压、中压和重压   D. 初压、中压和终压
6. 碾压混凝土拌合物是（ ）混合料。
    A. 单位用水量较少的塑性   B. 单位用水量较多的塑性
    C. 单位用水量较少的干硬性   D. 单位用水量较多的流动性

二、简答题

1. 掺入混凝土中的钢纤维有哪几种？
2. 碾压混凝土路面的适用条件有哪些？

任务六 水泥混凝土面层施工质量控制与验收

    路面工程进行施工质量的控制与检查是建成高质量路面的有效保证，除控制原材料质量外，铺筑现场质量控制也很重要；在遇到不利季节的施工时，应采取保证施工质量的措施；面层完工后，由施工单位会同监理单位按设计文件和施工规范要求对水泥混凝土面层进行质量检验。

一、水泥混凝土路面季节性施工

    水泥混凝土路面的施工质量受环境因素的影响较大，对高温、低温季节以及雨期施工应考虑其特殊性，确保工程的质量。

1. 夏季施工

    当混凝土拌合物的温度在30 ℃～35 ℃时，混凝土板的施工应按夏季施工的规定进行。混凝土板的夏季施工，应符合下列规定：

（1）混凝土拌合物浇筑中应尽量缩短运输、摊铺、振捣、做面等工序时间，浇筑完毕应及时覆盖、洒水养护。

（2）混凝土拌合物在运输过程中要加以覆盖，以免水分蒸发。

（3）搭建临时性遮光挡风设施，搅拌站应有遮阴棚，以避免浇筑的混凝土受到暴晒，同时降低风速，以减少混凝土表面的水分蒸发，防止混凝土干缩而出现裂缝。

（4）在浇筑混凝土前，模板和基层表面应洒水湿润。

（5）当气温过高时，应避开中午施工，可在夜间进行施工。

（6）应注意天气预报，如果遇到阵雨，要暂时停止施工。

2. 冬期施工

    混凝土强度的增长主要靠水泥的水化作用。当水结冰时，水泥的水化作用便会停止，而混凝土的强度也就不再增长，而且当水结冰时体积会膨胀，促使混凝土结构松散破坏。所以，施工现场连续5昼夜平均气温小于5 ℃，或最低气温低于−3 ℃时需要停止施工。由于特殊情况必须在低温(昼夜平均气温高于5 ℃，最低气温在−3 ℃以上时)施工时，要采取以下措施：

（1）提高拌合物温度，采用高强度等级(32.5级以上)快凝水泥，或掺入早强剂或促凝剂，或

增加水泥用量，通常情况下不允许对水泥加热，砂石料采用间接加热法，加热温度不能超过40 ℃。

(2)混凝土配合时，水胶比≤0.45，坍落度≤1 cm，用水量每立方米≤140 kg，并应扣除氯盐溶液中砂石料中的含水量。

(3)路面保温措施。混凝土整修完毕后，表面采用覆盖蓄热保温材料，必要时还应加盖养护暖棚。在满足保温要求的同时，还要注意经济性。常用谷草、油毡、锯末覆盖混凝土。具体做法是在混凝土路面成活后，立即铺 3 mm 以下细锯末，厚 23 cm，上面加较粗锯末或过筛的细土，厚 5 cm，再加盖草帘，4 d 后撤出草帘，换盖厚 30 cm 以上的松干土。需要特别注意混凝土板边角的覆盖养护，并要在模板外培土厚 30 cm 左右。冬期养护时间要在 28 d 以上，开放交通强度按照试件决定。

(4)通常可在路面成活 3 d 后拆除模板，外界气温骤降或有大风时要再延长拆模时间；拆模后边角要继续培土，注意恢复覆盖养护。

(5)测定水泥、砂、石、水搅拌前的温度，以及混凝土的温度，每台班≥3 次；测定混凝土养护过程中的温度，浇筑最初 2 d 内，每隔 6 h 测一次，其余每日夜≥2 次；测温孔位置应设在路面边缘，深度大于 10 cm，温度计插入孔内 3 min 以后读数；要将全部测孔编号并做好测温记录，以便估算混凝土强度。

(6)冬季水泥混凝土路面施工氯盐参量。

冬季水泥混凝土路面施工氯盐参量见表 6-19。

表 6-19 冬季水泥混凝土路面施工氯盐参量

预估 10 d 内室外大气平均温度	白天正温度，夜间−5 ℃以上	−5 ℃	−10 ℃～−5 ℃
氯盐掺量占水重/%	3	6	10
混凝土硬化最低温度	−2 ℃	−4 ℃	10 ℃
说明	低温时期	初冬及冬末时期	严冬时期

3. 雨期施工

(1)经常与气象部门联系，在雨季来临之前，要掌握降雨趋势的中期预报，特别是近期预报的降雨时间和雨量，充分利用不下雨的时间安排施工。

(2)做好防雨准备，在搅拌场及砂石料堆场要设置排水设施，搅拌楼的水泥和粉煤灰罐仓顶部通气口、料斗等应有覆盖措施；雨天施工时，应备足防雨篷、帆布、塑料布或薄膜。

(3)在铺设现场，禁止下雨施工。倘若铺筑现场有水，要及时排除基层积水。

(4)摊铺中遭遇阵雨时，要立即停止铺筑混凝土路面，并紧急使用防雨篷、帆布或塑料布覆盖尚未硬化的路面；被阵雨轻微冲刷过的路面，可采取硬刻槽或先磨平再刻槽的方式处理；被暴雨冲刷后的路面，平整度严重劣化或损坏的部位，要尽早铲除重铺。

二、水泥混凝土路面施工质量控制与检查

对路面工程进行施工质量的控制与检查是建成高质量路面的有效保证，应贯穿整个施工过程，对每个施工环节严格控制把关，并对出现的问题立即进行纠正，直至停工整顿。

1. 施工过程中的质量管理要求

(1)水泥混凝土路面无论采用何种铺筑方式，首先都要建立健全质量检测、管理和质量保证体系，应按照铺筑进度做出质检仪器和人员数量动态计划。施工中应按计划落实质检仪器和试

验人员,对施工各阶段的各项质量指标做到及时检查、控制和评定,以达到所规定的质量标准,确保施工质量及其稳定性。

(2)施工全过程的质量动态检测、控制和管理内容应包括施工准备、施工过程中的各项技术指标的检验,出现施工技术问题的报告、论证和解决方法等。

2. 施工过程中的质量控制

施工过程中除原材料质量外,铺筑现场主要做好以下几项:

(1)混凝土拌合物的和易性、匀质性和各质量参数的稳定性。

(2)现场铺筑的关键设备,如摊铺机、压路机、布料机、三辊轴整平机、刻槽机、切缝机操作应规范、稳定。

(3)严格控制模板顶面标高,保证水泥混凝土面板的厚度,注意模板底面与基层间的填塞,以防漏浆,造成混凝土板侧面的蜂窝、麻面。

(4)按规范要求的数量制作抗压和抗弯拉强度试块,以保证混凝土面板的强度。

(5)严格控制传力杆和拉杆的位置,尤其是传力杆的位置以发挥接缝的作用。

确保水泥混凝土路面施工的各道工序在严格的控制和管理下进行,保证水泥混凝土路面的施工质量。

3. 施工质量检验评定标准

《城镇道路工程施工与质量验收规范》(CJJ 1—2008)对水泥混凝土(包括预制混凝土)面层的质量检验应符合下列规定:

(1)主控项目。

①原材料质量符合规范规定。

②混凝土面层质量应符合设计要求,见表6-20。

表 6-20 混凝土面层质量要求

内容	要求	方法	数量
弯拉强度	符合设计规定	检查试件强度试验报告	每 100 m^3 的同配合比的混凝土,取样 1 次;不足 100 m^3 时按 1 次计。每次取样应至少留置 1 组标准养护试件。同条件养护试件的留置组数应根据实际需要确定
面层厚度	符合设计规定,允许误差±5 mm	检查试验报告、复测	每 1 000 m^2 1组(1点)
抗滑构造深度	符合设计要求	铺砂法	每 1 000 m^2 1组(1点)

(2)一般项目。

①水泥混凝土面层应板面平整、密实,边角应整齐、无裂缝,并不得有石子外露和浮浆、脱皮、踏痕、积水等现象,蜂窝、麻面面积不得大于总面积的0.5%。

检查数量:全数检查。

检验方法:观察、检查技术处理方案。

②伸缩缝应垂直、直顺,缝内不得有杂物。伸缩缝在规定的深度和宽度范围内应全部贯通,传力杆应与缝面垂直。填缝料与接缝板的质量应符合表6-21及表6-22的要求。

检查数量:全数检查。

检验方法:观察。

表 6-21　填缝料施工质量与验收标准

检查项目	质量及允许偏差	检查方法
高度	±1 mm	用钢尺量
平整度	30 cm±1 mm	用钢尺量
黏结度	与混凝土黏结良好,没完全黏结部分≤1%	用眼睛观察、手剥离和尺子丈量
外观	不起泡,不析油,手感软硬均匀一致,用手剥离与混凝土黏结良好	

表 6-22　接缝板施工质量与验收标准

检查项目	允许偏差	检查方法
厚度	±5%	用钢尺量
平面尺寸	±2 mm	用钢尺量
平整度	不大于1 mm	用1 m直尺和钢尺量
垂直度	90°±0.5°	用框架水平尺量
外观检查	无裂纹,无硬边缺角,无麻面	

③混凝土路面允许偏差应符合表 6-23 的规定。

表 6-23　混凝土路面允许偏差

项目		允许偏差与规定值		检验频率		检验方法
		城市快速路、主干路	次干路、支路	范围	点数	
纵断高程/mm		±15		20	1	用水准仪测量
中线偏位/mm		≤20		100	1	用经纬仪测量
平整度	标准差 σ/mm	1.2	1	100	1	用测平仪测量
	最大间隙/mm	3	1	20	1	用3 m直尺、塞尺连续量两尺,取较大值
宽度/mm		0~20		40	1	用钢尺量
横坡/%		±0.3且不反坡		20	1	用水准仪测量
井框与路面高差/mm		≤3		每座	1	用钢板尺和塞尺量
相邻板高差/mm		≤3		20	1	用钢尺和塞尺量
纵缝直顺度/mm		≤10		100	1	
横缝直顺度		≤10		40	1	用20 m线和钢尺量
蜂窝麻面面积/%		≤2		20	1	观察和用钢板尺量,每20 m查1块板的侧面

能力训练

分小组讨论并回答以下问题。
(1)水泥混凝土路面夏季施工的措施有哪些?
(2)水泥混凝土面层质量检验的一般项目有哪些?简述检查的方法和频率。
(3)水泥混凝土面层质量检验的主控项目有哪些?简述检查的方法和频率。

习 题

1. （　　）是水泥混凝土面层的主要检验项目。
   A. 强度与厚度　　　　　　　　　　B. 平整度与弯沉
   C. 厚度与横坡　　　　　　　　　　D. 平整度与厚度
2. 水泥混凝土面层冬期养护时间要在（　　）d 以上。
   A. 7　　　　　B. 14　　　　　C. 41　　　　　D. 28
3. 水泥混凝土面层抗滑构造深度用（　　）方法检验。
   A. 摆式仪　　　B. 铺砂法　　　C. 3 m 直尺　　　D. 钢尺
4. 水泥混凝土面层平整度用（　　）方法检验。
   A. 摆式仪　　　B. 铺砂法　　　C. 3 m 直尺　　　D. 钢尺
5. 水泥混凝土面层纵断高程用（　　）方法检验。
   A. 经纬仪　　　B. 投线仪　　　C. 水准仪　　　D. 钢尺
6. 水泥混凝土面层中线偏位用（　　）方法检验。
   A. 经纬仪　　　B. 投线仪　　　C. 水准仪　　　D. 钢尺
7. 冬期施工时，水泥混凝土拌合物的加热温度不应超过（　　）℃。
   A. 20　　　　　B. 35　　　　　C. 40　　　　　D. 60
8. 水泥混凝土路面的主要检查项目有抗压强度、抗折强度和（　　）。
   A. 平整度　　　B. 厚度　　　C. 宽度　　　D. 中线高程

项目七 路面附属工程施工

能力目标

(1)能够进行路缘石安装、人行道的铺装施工。
(2)能够进行路缘石、人行道铺装的质量检控。

项目导读

本项目主要介绍了城市道路侧缘石的种类及规格、路缘石的施工方法及步骤、人行道材料种类及规格、人行道施工方法及步骤,以及附属工程质量控制与检查验收。

项目任务

(1)根据理论知识的学习,对平侧石、铺砌式人行道施工工艺流程、保证施工质量和安全的施工技术措施和施工注意事项、施工质量控制和检查验收项目进行技术交底。
(2)根据规范要求提出该工程路缘石和人行道铺装施工的质量控制及检查验收项目与实施。
(3)项目成果为路缘石和人行道铺装施工技术交底记录一份。

任务一 路缘石和人行道铺装施工

本任务主要介绍路缘石和人行道铺装的施工方法,施工前应了解路缘石、人行道板的种类及规格,路缘石安装、人行道面层的施工工序。掌握路缘石和人行道铺装的施工工艺。

一、路缘石施工

路缘石是指铺设在路面边缘或标定路面界限的界石,也称道牙或缘石。路缘石主要有立缘石、平缘石和专用路缘石等。也可将立缘石和平缘石制作在一起,制成 L 形路缘石。

立缘石又称侧石,是指顶面高出路面的路缘石。在城市道路中,侧石通常设置在沥青类路面的边缘,水泥混凝土路面边缘通常仅设置侧石,同样可起到街沟作用。反光路缘石(贴反光材料)能提高道路夜间能见度,有助于行车安全。

平缘石又称平石,是指顶面与路面平齐的路缘石。侧石和平石是设置在道路路面边缘的界石,可以起到分隔车行道、人行道、隔离带和道路其他部分的作用,还可以起到排除路面水的作用。

专用路缘石主要包括弯道路缘石、隔离带路缘石、反光路缘石和减速路缘石等。

1. 侧石的种类及规格

(1)侧石的种类。侧石可分为直线形和弧形两种。直线形用于直线及大半径曲线上;弧形用于小半径曲线上,如路口、分隔带端及小半径圆岛等。

侧石一般均由工厂生产，侧石混凝土强度主要考虑冻融损坏，其抗压强度不得低于C30级。

(2)侧石的规格。

①直线形侧石。

高阶侧石A型：11/13 cm×35 cm×80 cm。
高阶侧石B型：11/13 cm×35 cm×40 cm。
普通侧石C型：8/10 cm×35 cm×80 cm。
普通侧石D型：8/10 cm×35 cm×50 cm。

②弧形侧石(图7-1)。

弧形侧石的规格见表7-1。

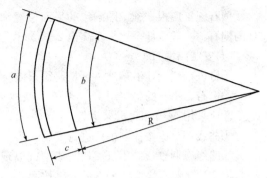

图7-1 弧形侧石

表7-1 弧形侧石的规格

类别	半径 R/cm	断面尺寸/cm	平面尺寸			90°弧用量/块
			a	b	c	
高阶弧形侧石	500	11/13×35	51.4	50.0	13	15
	300	11/13×35	51.4	49.1	13	9
	100	11/13×35	38.3	33.2	13	4
	75	11/13×35	38.3	31.5	13	3
普通弧形侧石	500	8/10×30	51.4	50.3	10	15
	300	8/10×30	51.4	49.6	10	9
	75	8/10×30	38.3	33.0	10	3

2. 路缘石的施工方法及步骤

(1)路缘石的施工工艺流程图如图7-2所示。

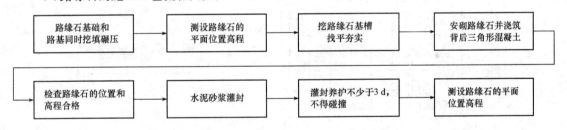

图7-2 路缘石的施工工艺流程图

(2)路缘石的基础施工要求和测量放线。

①路缘石基础应与路基同时填挖和碾压。

②应按测量设定的平面与高程位置刨槽、找平、夯实后，安装路缘石。

③核对道路中心线无误后，进行路面边界的放样，确定侧石顶面标高；路缘石安装控制测设，直线段桩距为10～15 m；曲线段为5～10 m；路口为1～5 m；应用经纬仪、水准仪测设。

④当道路进行改建时，道路改建翻排侧石、平石，应做好原有雨水口标高调整，并与原有侧石、平石衔接平顺。

(3)侧石的选用和施工。侧石长度在直线段采用80～100 cm；曲线半径大于15 m时，采用长度为100 cm或60 cm的侧石；曲线半径小于15 m或圆角部分，可视半径大小采用长度为60 cm或30 cm的侧石。

侧石施工应根据施工图确定的平面位置和顶面标高所放出的样线执行,但对于人行道斜坡处的侧石,一般放低至比平石高出2~3 cm,两端接头(与正常侧石衔接处)则应做成斜坡连接。

(4)安装路缘石。

①钉桩挂线后,沿基础一侧把路缘石依次排好。

②侧石、平石的垫层用1:3石灰砂浆找平,虚厚约为2 cm,按照放线位置安砌路缘石。

③应采用M10水泥砂浆灌缝。

④曲线部分应按控制桩位进行安砌。

⑤路缘石调整块应用机械切割成型或以现浇同级别混凝土制作,不得用砖砌抹面方式作路缘石调整块。侧石缘头与平石的安砌按图7-3所示执行。

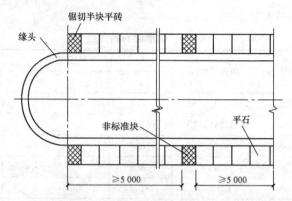

图7-3 侧石缘头与平石安砌示意图(尺寸单位:mm)

⑥无障碍路缘石、盲道口路缘石应按设计要求安装。若盲道口路缘石设计无要求时,应按图7-4所示安砌。

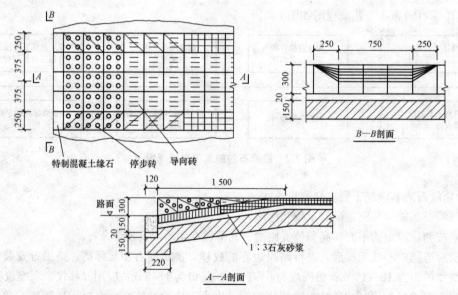

图7-4 盲道口路缘石安砌示意图(尺寸单位:mm)

⑦雨水口处的路缘石应与雨水口配合施工。

(5)回填石灰土。

①侧石。在侧石安装前要按照侧石宽度误差的分类分段砌筑,使顶面宽度统一、美观。安

装后，按线调整顺直、圆滑，侧石里侧用长木板大铁橛背紧，外侧后背用体积比为2∶8的石灰土，也可以利用修建路面基层时剩余石灰土，回填夯实里侧缝，用体积比为2∶8的石灰土夯填。侧、平石两侧同时分层回填，在回填夯实过程中，要不断调整侧石、平石线，使之最后达到顺直、圆滑和平整的要求，夯实后拆除两面铁橛及木板。夯实灰土，外侧宽度不小于30 cm，里侧与路面基层接上。

使用的夯实工具，可以用小型夯实机具夯实，每层厚度不大于15 cm。若侧石里侧缝隙太小，可用铺底砂浆填实；若侧石埋入路面基层太浅，夯填后背时易使侧石倾斜，此时靠路一侧可用体积比为1∶3的石灰炉渣，加水拌和夯实成三角形，使侧石临时稳固。

设计采用混凝土后，要按照设计要求的强度等级，现场浇筑捣实，要求表面平整。

②平石。在平石安装后，人工刨槽的槽外一侧沟槽用体积比为2∶8的石灰土分层填实，宽度≥30 cm，层厚不高于15 cm，也可利用路面基层剩余的路拌石灰土填实。外侧经夯实后与路缘石顶面齐平，内侧用上述同样材料分层夯实，夯实后要比缘石顶面低一个路面层厚度，待沥青路面铺筑后与缘石顶面齐平。

使用的夯实工具，可以是洋镐头、铁扁等。灰土含水量不足时，要加水夯实。在夯实两侧石灰土过程中，要不断调整缘石线形，保证顺直、圆滑。

机械刨槽时，两侧用过筛体积比为2∶8的石灰土夯实或石灰土浆灌填密实。

(6)勾缝。路面完工后安排侧石勾缝，勾缝前要先修整路缘石，调整至顺滑、平整，其位置及高程符合设计要求方可勾缝。可用M10水泥砂浆勾缝，勾缝要饱满、密实，可为平缝或凹缝，平石不得阻水。路缘石勾缝养护期要在3 d以上，养护期间不得碰撞。

(7)刨槽与处理。

①人工刨槽：按照桩的位置拉小线或打白灰线，以线为准，按要求宽度向外刨槽，通常为一平铣宽。靠近路面一侧，比线位宽出少许，通常≤5 cm，不要太宽以避免回填夯实不好，造成路边塌陷。刨槽深度可以比设计加深1~2 cm，以确保基础厚度，槽底要修理平整。

②机械刨槽：按照使用侧、缘石刨槽机，刀具宽度应较侧、缘石宽出1~2 cm，按照线准确开槽，深度可以比设计加深1~2 cm，以确保基础厚度，槽底要修理平整。

③如果在路面基层加宽部分安装侧、缘石，则将基层平接即可，可免去刨槽工序。

④铺筑石灰土基层侧、缘石下石灰土基础通常在修建路面基层时加宽基层，一起完成。若不能一起完成而需另外刨槽修筑石灰土基础时，则必须用体积比为3∶7的石灰土铺筑夯实，厚度至少为15 cm，压实度要求≥95%。

二、人行道铺装施工

人行道为道路两侧、公园、里弄中供行人走的设施。道路两侧的人行道为道路的组成部分，人行道与绿化带或土路肩相邻时，应按设计要求埋设路缘石、水泥砖或红砖。人行道按照材料可分为沥青混凝土和水泥混凝土两大类。其中，水泥混凝土人行道又可分为预制块、连锁砌块和现场浇筑三种。预制板可分为普通板、彩色板和导盲的触感板三种。

1. 人行道材料种类及规格

(1)预制人行道板(砖)的规格。

①普通混凝土预制板，尺寸为490 mm×490 mm×65 mm及490 mm×245 mm×65 mm的表面滚花道板。

②250 mm×250 mm×60 mm的混凝土压纹道板。

③250 mm×250 mm×60(50)mm的混凝土彩色压纹道板。

④不同形状与尺寸的彩色联锁型人行道板等。

(2)预制混凝土(大方砖)的规格和适用范围见表 7-2。

表 7-2 预制混凝土(大方砖)的规格和适用范围

品种	长×宽×厚/mm	混凝土强度/MPa	用途
9 格小方块	250×250×50	25	人行道(步道)
16 格小方块	250×250×50	25	人行道(步道)
格方砖	200×200×50	20~25	人行步道、庭院步道
格方砖	230×230×40	20~25	人行步道、庭院步道
水泥花砖	200×200×18 单色、多色图案	20~25	人行步道、人行通道

(3)无障碍人行道板的种类和规格。无障碍人行道(盲道)板有导向块材和停步块材两种。两种块材的规格尺寸如图 7-5 和图 7-6 所示。

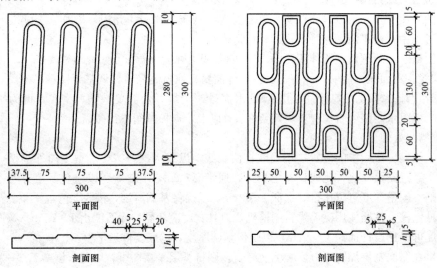

图 7-5 导向块材剖面图(单位尺寸：mm)

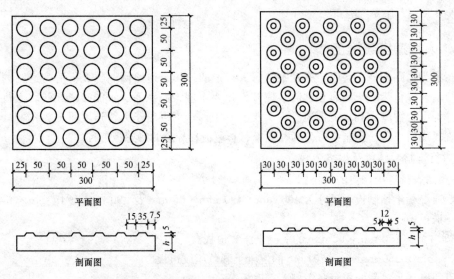

图 7-6 停步块材剖面图(单位尺寸：mm)

(4)料石石材的物理力学性能。料石石材的物理力学性能应符合设计规定。设计未规定时,可参用下列主要指标。

①饱和抗折强度≥9 MPa。
②饱和抗压强度≥120 MPa。
③抗冻性:冻融循环次数为50次,无明显损伤,系数 K≤75%。
④磨耗率:洛杉矶法<25%或狄法尔法<4%。
⑤坚固性:(硫酸钠侵蚀)质量损失 Q≤15%。
⑥吸水率≤1%。
⑦硬度≥7.0 莫氏。
⑧密度≥2 500 kg/m³。
⑨孔隙率≤3%。

2. 人行道施工方法及步骤

(1)人行道施工的一般规定。人行道施工时,一般应遵守下列规定:
①对各类市政公用事业管线、地面设施,如消火栓、盖框等,应按照人行道标高、横坡予以调整,并要固定好位置,保护好测量标志。
②对沿街房屋有落水管或屋檐滴水路段,要采取防冲刷道面措施,按照设计要求设置落水管接地设施。
③结合布置绿化建筑地段,要先将花坛墙体砌好,再进行人行道施工。
④要与斜坡、踏步、挡土墙等施工结合进行。
⑤人行道面层的施工,要以侧石顶面为基准,根据设计横坡和宽度放样定线,靠近侧石处的人行道面应高出侧石顶面 5 mm。

(2)沥青混凝土面层施工。
①一般规定。
a. 人行道、自行车道、非机动车道、公园道路、不通行重型车辆的行人广场、运动场地等的沥青面层要平顺、舒适,具有良好的排水性能。
b. 人行道、自行车道、公园道路可以铺筑单层细粒式或砂粒式沥青混凝土混合料面层、沥青表面处治面层或空隙率大的沥青碎石混合料透水性面层。
c. 人行道沥青面层的材料要求应与车行道沥青面层相同,并要选择针入度较高的石油沥青或乳化沥青。人行道路面沥青用量应比车行道用量增加0.3%左右。
d. 三幅路以上道路的非机动车道、行人广场,当采用拌和沥青混合料时,应分双层铺筑,上面层要使用细粒式或砂粒式沥青混凝土混合料。铺筑贯入式路面时,应加铺拌和层。
e. 沥青混合料的技术指标应符合人行道设计的规定。
f. 浇洒沥青或铺筑混合料时,应采用防止污染道路附属设施及其他构造物的措施,路缘石、阀门盖座、消火栓、电杆等道路附属设施按照设计要求预先安装,压路机碾压时不得损坏道路附属设施及其他构造物。使用大型压路机有困难的部位,采用小型振动压路机或振动夯板压实。在不能采用压实机具的地方,使用人工夯实。

②施工步骤。
a. 准备工作。清除表面松散颗粒及杂物,覆盖侧石及建筑物防止污染,喷洒乳化沥青或煤沥青透层油。次要道路人行道也可以不用透层油。不用透层时,要清除浮土杂物,喷水湿润,用平碾压一遍。与面层接触的侧石、井壁、墙边等部位应涂刷粘层油,以利于接合。
b. 铺筑面层。检查到达工地的沥青混凝土种类、温度及拌和质量等,冬季运输沥青混凝土必须注意保温。人工摊铺时要计算用量,分段卸料,卸料要卸在钢板上,虚铺系数为1.2~1.3。

上料时要注意扣铣操作,摊铺时不要踩在新铺混合料上,注意轻拉慢推,搂平时注意粗细均匀,不使大料集中。

c. 碾压。用平碾纵向错半轴碾压,随时用3 m直尺检查平整度,不平处及粗麻处要及时修整或筛补,趁热压实。碾压不到处要用热夯或热烙铁拍平,或用振动夯板夯实。

d. 接槎。油面接槎应采用立槎涂油热料温边的方法。

e. 低温施工。适当采取喷油皮铺热砂措施,以确保人行道面越冬,防止掉渣。

(3)预制水泥砖的铺装。

①复测标高。按照设计图纸复核放线,用测量仪器打方格,并以对角线检验方正,然后在桩橛上标注该点面层设计标高。

②水泥砖装卸。预制块方砖的规格为5 cm×24.8 cm×24.8 cm及7 cm×24.8 cm×24.8 cm,装运花砖时要注意强度和外观质量,要求颜色一致、无裂缝、不缺楞掉角。要轻装、轻卸,以免损坏。卸车前应先确定卸车地点和数量,尽量减少小搬运。砖间缝隙为2 mm,用经纬仪钢尺测量放线,打方格时要把缝宽计算在内。

③拌制砂浆。采用1:3石灰砂浆或1:3水泥砂浆,石灰粗砂要过筛,配合比要准确,砂浆的和易性要好。

④修整基层。挂线或用测量仪器检查基层竣工高程,对≤2 m²的凹凸不平处,当低处≤1 cm且可填时,可填1:3石灰砂浆或1:3水泥砂浆;当低处>1 cm时,将基层刨去5 cm,用基层的同样混合料填平拍实,填补前应把坑槽修理平整、干净,表面适当湿润,高处应铲平,但如铲后厚度低于设计厚度的90%时,应进行反修。

⑤铺筑砂浆。在清理干净的基层上洒水一遍,使之湿润,然后铺筑砂浆,厚度为2 cm,用刮板找半。铺砂浆应随砌砖同时进行。

⑥铺砌水泥砖。

a. 按照桩橛高程,在方格内自第一行砖位纵、横挂线绷紧,依线依标准缝宽砌第一行样板砖,然后纵线不动,横线平移,依次照样板砖砌筑。

b. 直线段纵线应向远处延伸,以保持纵缝直顺。曲线段砖间可以夹水泥砂浆楔形缝成扇形,也可按照直线段顺延铺筑,然后在边缘处用1:3水泥砂浆补齐并刻缝。

c. 砌筑时,砖要轻放,用皮锤(橡胶锤)轻击砖的中心。砖若不平,要拿起砖平垫砂浆重新铺筑,不得向砖底塞灰或支垫硬料,必须使砖平铺在满实的砂浆上稳定、无动摇、无任何空隙。

d. 砌筑时砖与侧石应衔接紧密,若有空隙,要甩在临近建筑一边,在侧石边缘与井边有空隙处可用水泥砂浆填满镶边,并刻缝与花砖相仿,以保证美观。

⑦灌缝扫墁。用1:3(体积比)水泥细砂干浆灌缝,可以分多次灌入。第一次灌满后浇水沉实,再进行第二次灌满、墁平并适当加水,直至缝隙饱满。

⑧养护。水泥砖灌缝后洒水养护。

⑨跟班检查。在铺筑整个过程中,班组应设专人不断地检查缝距、缝的顺直度、宽窄均匀度以及花砖平整度,发现有不平整的预制块,应及时更换。

⑩清理。每班后,应将分散各处的物料堆放在一起,以保持工地整洁。

(4)普通人行道板的精装。普通人行道板(砖)的铺砌方法和要求一般采用放线定位法顺序铺砌,板底紧贴垫层,不得有翘动、虚空现象。

①下承层准备摊铺垫层前应先将土基整平。人行道路基经检查合格后,方可测量放线,应用经纬仪测设纵、横方格网,用钢尺丈量直线。人行道中线或边线,每隔5~10 m安设一块方砖作为方向、高程控制点。

②铺筑砂浆垫层采用水泥砂浆或石灰砂浆，摊铺宽度要大于铺装面5~10 cm。砂浆随拌随用，水泥砂浆应在初凝前用完。

③铺筑预制板(砖)时，将其沿定位挂线顺序平放，用橡胶锤敲打稳定，不得损伤边角。经常用3 m直尺沿纵、横方向和对角线方向检查安装是否平整和牢固，并及时修整，不得采用向砖底部填塞砂浆或支垫等方法找平砖面。采用490 mm×490 mm方砖铺砌时，与侧石垂直的拼缝称为通缝(横缝)，与侧石平行的称为错缝(纵缝)。缝宽≤1 cm，侧石接边线缝宽1 cm，并做到缝隙均匀、灌浆饱满。采用橡胶带做方砖伸缩缝时，应将橡胶带放置平正、顺平、紧靠方砖，不得有弯曲或不平现象，缝宽应符合设计要求。铺盲道砖时，将导向行走砖与止步砖严格区分，不得混用。

④灌缝方砖铺砌完成，须经检查合格后，方可进行灌缝。灌缝应用干砂或水泥砂(水泥与砂的比例为1∶10)干拌混合料，砖缝灌注后应在砖面上泼水，使灌缝料下沉，再灌料补足，直至缝内饱满为止。

⑤养护人行道砖铺装后的养护期不得低于3 d，养护期内要禁止通行。

(5)彩色板(砖)和触感板(砖)人行道的施工。

①彩色人行道方砖要采用刚性或半刚性基层及干拌水泥砂浆黏结层。基层和黏结层的材料、厚度、强度应符合设计要求。基层的施工可按照规程的有关规定执行。

②彩色道板(砖)在铺砌之前要浇水湿润。将彩色道板(砖)按照定位线逐块坐实于黏结层上，使其结成整体。相邻板块贴紧，表面平整，线形顺直，铺砌后应浇水湿润养生。艺术花样和触感板的导向、停步块材铺砌时，要按照设计图形进行施工。

(6)水泥混凝土连锁砌块铺装。

①由于连锁砌块条块狭小，所以，平整度的要求更高，块与块的连接必须连锁紧密、齐平，不得有错落现象。

②铺砌不留缝，垫层用粗砂，使用专用的振平板振实，灌缝用细砂，其余操作均同一般水泥砖。

③完工后需要表面平整光洁、图案排列整齐、颜色一致，无麻面或掉面、缺边等现象，纵、横坡度要符合设计要求。

(7)现场浇筑混凝土施工。现场浇筑水泥混凝土人行道施工中，要依照以下规定：

①在水泥混凝土人行道基层和面层施工中，可参考水泥混凝土基层和面层的要求。

②当水泥混凝土面层收水抹面后，应及时分块、滚花压线，花眼边缘与压线平行。通常间距为5 cm，滚花要清晰，花眼深度一致(为2~3 mm)，滚花时防止将砂浆带起。

③铺筑、振实、收水抹面、分块压线、滚花等工序，连续施工，工序间隔时间不宜过长，不得中断施工超过0.5 h以上。

④面层成型后要覆盖洒水养护，当混凝土达到设计强度80%以上时可停止养护，养护期间应封闭交通。

(8)料石人行道铺装。按设计要求选择石料(应选用花岗岩)；基层与路基施工应符合以下规定：

①在检验合格的基层上测量放线：用经纬仪测设纵、横方格网，应用钢尺丈量直线；人行道中线或边线上，要每隔5~10 m安设一块方砖作为方向、高程控制点。

②铺砌时需平放，用橡胶锤敲打稳定，不得损伤石料的边角。

③铺砌中随时检查料石是否安装牢固、平整，及时修整，修整要重新铺砌，不得采用在料石下部填塞砂浆或支垫方法找平上表面。

④灌缝：料石铺砌完成后，需检查其稳固和平整度，全部合格后即可进行灌缝。应采用

砂或水泥：砂(1∶10)干拌混合料，缝灌砂后应在料石面上泼水，使灌缝料下沉，再灌料补足。

(9)曲线段人行道板(砖)的施工。曲线段人行道的道面铺砌，可采用直铺法或扇形铺法进行铺砌。其中，彩色人行道板(砖)应采用直铺法进行施工。铺板(砖)后所形成的楔形空缺和边、角空缺可采用同强度等级水泥混合料就地浇筑，彩色人行道板(砖)应按所需形状切割后拼砌，与预制道板(砖)面平，并进行养护。

能力训练

分小组讨论并回答以下问题。
(1)路缘石的分类及规格有哪些？
(2)人行道材料的种类及规格有哪些？

习题

1. 路缘石勾缝养护期要在(　　)d以上，养护期间不得碰撞。
   A. 1　　　　　B. 2　　　　　C. 3　　　　　D. 4
2. 人行道面层的施工，要以侧石顶面为基准，根据设计横坡和宽度放样定线，靠近侧石处的人行道面应高出侧石顶面(　　)mm。
   A. 2　　　　　B. 3　　　　　C. 4　　　　　D. 5
3. 面层成型后要覆盖洒水养护，当混凝土达到设计强度的(　　)以上时可停止养护，养护期间应封闭交通。
   A. 70%　　　　B. 80%　　　　C. 90%　　　　D. 95%
4. (　　)是指铺设在路面边缘或标定路面界限的界石。
   A. 花岗石　　　B. 大理石　　　C. 人工石　　　D. 路缘石
5. 侧石混凝土强度主要考虑(　　)损坏，其抗压强度不得低于C30级。
   A. 冻融　　　　B. 汽车荷载　　C. 撞击　　　　D. 弯折
6. 人行道面层的施工，要以(　　)为基准，根据设计横坡和宽度放样定线。
   A. 侧石顶面　　B. 侧石底面　　C. 侧石中间　　D. 平石顶面
7. 普通人行道板(砖)的铺砌方法和要求一般采用(　　)。
   A. 放线定位法顺序铺砌　　　　　B. 经验法铺砌
   C. 等高线法铺砌　　　　　　　　D. 坡度线法铺砌
8. 排好侧石后，应先在侧石内侧(靠近人行道一边)(　　)。
   A. 用土方坞膀　　　　　　　　　B. 用石屑坞膀
   C. 用水泥混凝土坞膀　　　　　　D. 不用坞膀
9. 街坊里弄出入口处的侧石应降低，且(　　)。
   A. 与平石接平　　　　　　　　　B. 高出平石2 cm左右
   C. 高出平石5 cm左右　　　　　　D. 低于平石

任务二　路面附属工程质量控制与验收

本任务主要介绍了路缘石安砌和人行道铺装的质量控制与检验标准。

一、路缘石安砌质量控制与检验

1. 路缘石安砌质量控制

(1) 路缘石宜由加工厂生产，并应提供产品强度、规格尺寸等技术资料和产品合格证。

(2) 路缘石宜采用石材或预制混凝土标准块。路口、隔离带端部等曲线段路缘石，宜按设计弧形加工预制，也可采用小标准块。

(3) 石质路缘石应采用质地坚硬的石料加工，强度应符合设计要求，宜选用花岗石。

剁斧加工石质路缘石允许偏差应符合表 7-3 的规定。

表 7-3　剁斧加工石质路缘石允许偏差

项目		允许偏差
外形尺寸/mm	长	±5
	宽	±2
	厚(高)	±2
外露面细面平整度/mm		3
对角线长度差/mm		±5
剁斧纹路		应直顺、无死坑

机具加工石质路缘石允许偏差应符合表 7-4 的规定。

表 7-4　机具加工石质路缘石允许偏差

项目		允许偏差/mm
外形尺寸/mm	长	±4
	宽	±1
	厚(高)	±2
对角线长度		±4
外露面平整度		±2

(4) 预制混凝土路缘石应符合下列规定：

① 混凝土强度等级应符合设计要求。设计未规定时，不应小于 C30。路缘石弯拉与抗压强度应符合表 7-5 的规定。

表 7-5　路缘石弯拉与抗压强度

直线路缘石			直线路缘石(含弧形、L形)		
弯拉强度/MPa			抗压强度/MPa		
强度等级 C_f	平均值	单块最小值	强度等级 C_c	平均值	单块最小值
$C_f3.0$	≥3.0	2.4	C_c30	≥30.0	24.0

续表

直线路缘石			直线路缘石(含弧形、L形)		
$C_f4.0$	≥4.0	3.2	C_c35	≥35.0	28.0
$C_f5.0$	≥5.0	4.0	C_c40	≥40.0	32.0

②路缘石吸水率不得大于8%。有抗冻要求的路缘石经50次冻融试验(D50)后，质量损失不应小于3%，抗盐冻性路缘石经ND25次试验后，质量损失应小于0.5 kg/m²。

③预制混凝土路缘石加工尺寸允许偏差应符合表7-6的规定。

表7-6 预制混凝土路缘石加工尺寸允许偏差

项目	允许偏差/mm	项目	允许偏差/mm
长度	+5 / −3	高度	+5 / −3
宽度	+5 / −3	平整度	≤3
		垂直度	≤3

④预制混凝土路缘石外观质量允许偏差应符合表7-7的规定。

表7-7 预制混凝土路缘石外观质量允许偏差

项目	允许偏差	项目	允许偏差
缺棱、掉角影响顶面或正侧面的破坏最大投影尺寸/mm	≤15	贯穿裂纹	不允许
面层非贯穿裂纹最大投影尺寸/mm	≤10	分层	不允许
可视面粘皮(脱皮)及表面缺损最大面积/mm	≤30	色差、杂色	不明显

⑤路缘石基础宜与相应的基层同步施工。

⑥安装路缘石的控制桩，直线段桩距宜为10~15 m；曲线段桩距宜为5~10 m；路口处桩距宜为1~5 m。

⑦路缘石应以干硬性砂浆铺砌，砂浆应饱满、厚度均匀。路缘石砌筑应稳固、直线段顺直、曲线段圆顺、缝隙均匀；路缘石灌缝应密实，平缘石表面应平顺、不阻水。

⑧路缘石背后宜浇筑水泥混凝土支撑，并还土夯实。还土夯实宽度不宜小于50 cm，高度不宜小于15 cm，压实度不得小于90%。

⑨路缘石宜采用M10水泥砂浆灌缝。灌缝后，常温期养护不应少于3 d。

2. 路缘石安砌质量检验

(1)主控项目。

混凝土路缘石强度应符合设计要求。

①检查数量：每种、每检验批1组(3块)。

②检验方法：查出厂检验报告并复验。

(2)一般项目。

①路缘石应砌筑稳固、砂浆饱满、勾缝密实，外露面清洁、线条顺畅，平缘石不阻水。

检查数量：全数检查。

检验方法：观察。

②立缘石、平缘石安砌允许偏差应符合表7-8的规定。

表 7-8　立缘石、平缘石安砌允许偏差

项目	允许偏差/mm	检查频率		检验方法
		范围/mm	点数	
直顺度	≤10	100	1	用 20 m 线和钢尺量①
相邻块高度	≤3	20	1	用钢尺和塞尺量①
缝宽	±3	20	1	用钢尺量①
顶面高程	±10	20	1	用水准仪测量

①表示随机抽样，量 3 点取最大值。
注：曲线段缘石安装的圆顺度允许偏差结合工程具体制定。

二、人行道铺筑质量控制与检验

1. 人行道铺筑质量控制

(1)一般规定。
①人行道应与相邻构筑物接顺，不得反坡。
②人行道的路基施工应符合规范有关规定。
③人行道的基层施工及检验标准应符合规范的有关规定。
④有特殊要求的人行道，应按设计要求及现场条件制订铺装方案及验收标准。
(2)料石与预制砌块铺砌人行道面层。
①料石表面应平整、粗糙，其色泽、规格、尺寸均应符合设计要求，抗压强度不宜小于 80 MPa，且应符合表 7-9 的要求。

表 7-9　料石物理性能和外观质量

	项目	允许值	备注
物理性能	饱和抗压强度/MPa	≥80	
	饱和抗折强度/MPa	≥9	
	体积密度/(g·cm^{-3})	≥2.5	
	磨耗率(狄法尔法)/%	<4	
	吸水率/%	<1	
	孔隙率/%	<3	
外观质量	缺棱/个	1	面积不超过 5 mm×10 mm，每块板材
	缺角/个	1	面积不超过 2 mm×2 mm，每块板材
	色斑/个	1	面积不超过 15 mm×15 mm，每块板材
	裂纹/条	1	长度不超过两端顺延至板边总长度的 1/10(长度小于 20 mm 小计)，每块板材
	坑窝	不明显	粗面板材的正面出现坑窝

②水泥混凝土预制人行道砌块的抗压强度应符合设计规定，设计未规定时，不宜低于 30 MPa。砌块表面应平整、粗糙、纹路清晰、棱角整齐，不得有蜂窝、露石、脱皮等现象；彩色道砖应色彩均匀。
③料石与预制砌块宜由预制厂生产，并应提供强度、耐磨性能试验报告及产品合格证。

④预制人行道料石、砌块进场后,应经检验合格后方可使用。
⑤预制人行道料石、砌块铺装应符合有关规范的规定。
⑥盲道铺砌除应符合规范的有关规定外,还应遵守下列规定:
a. 行进盲道砌块与提示盲道砌块不得混用。
b. 盲道必须避开树池、检查井、杆线等障碍物。
⑦路口处盲道应铺设为无障碍形式。

(3)沥青混合料铺筑人行道面层。
①施工中应根据场地环境条件选择适宜的沥青混合料摊铺方式与压实机具。
②沥青混凝土铺装层厚不应小于3 cm,沥青石屑、沥青砂铺装层厚不应小于2 cm。
③压实度不应小于95%。表面应平整,无明显轮迹。

2. 人行道铺筑检验标准

(1)料石铺砌人行道面层质量检验。
①主控项目。
路床与基层压实度应大于或等于90%。
a. 检查数量:每100 m查2点。
b. 检验方法:环刀法、灌砂法和灌水法。
砂浆强度应符合设计要求。
a. 检查数量:同一配合比,每1 000 m² 取1组(6块),不足1 000 m² 的取1组。
b. 检验方法:查试验报告。
石材强度、外观尺寸应符合设计及规范要求。
a. 检验数量:每检验批抽样检验。
b. 检验方法:查出厂检验报告及复检报告。
盲道铺砌应正确。
a. 检查数量:全数检查。
b. 检验方法:观察。
②一般项目。
铺砌应稳固、无翘动,表面平整、缝线直顺、缝宽均匀、灌缝饱满,无翘边、翘角、反坡、积水等现象。
料石铺砌允许偏差应符合表7-10 的规定。

表 7-10　料石铺砌允许偏差

项目	允许偏差	检查频率		检查方法
		范围	点数	
平整度/mm	≤3	20 m	1	用3 m 直尺和塞尺连续量取两尺,取最大值
横坡	±0.3%且不反坡	20 m	1	用水准仪测量
井框与路面高差/mm	≤3	每座	1	十字法,用直尺和塞尺量,取最大值
相邻块高差/mm	≤2	20 m	1	用钢板量3点
纵缝直顺/mm	≤10	40 m	1	用20 m 线和钢尺量
横缝直顺/mm	≤10	20 m	1	沿路宽用线和钢尺量
缝宽/mm	+3 −2	20 m	1	用钢尺量3点

(2)混凝土预制砌块铺砌人行道(含盲道)质量检验。

①主控项目。路床与基层压实度应符合规范的规定。

混凝土预制砌块(含盲道砌块)强度应符合设计规定。

a. 检查数量：同一品种、规格、每检验批 1 组。

b. 检验方法：查抗压强度试验报告。

砂浆平均抗压强度等级应符合设计规定，任一组试件抗压强度最低值不应低于设计强度的 85%。

a. 检查数量：同一配合比，每 1 000 m^2 取 1 组(6 块)，不足 1 000 m^2 取 1 组。

b. 检验方法：查试验报告。

盲道铺砌应正确。

a. 检查数量：全数检查。

b. 检验方法：观察。

②一般项目。铺砌应稳固、无翘动，表面平整、缝线直顺、缝宽均匀、灌缝饱满，无翘边、翘角、反坡、积水等现象。

预制砌块铺砌允许偏差应符合表 7-11 的规定。

表 7-11 预制砌块铺砌允许偏差

项目	允许偏差	检查频率		检查方法
		范围	点数	
平整度/mm	≤5	20 m	1	用 3 m 直尺和塞尺连续量取两尺，取最大值
横坡	±0.3%且不反坡	20 m	1	用水准仪测量
井框与路面高差/mm	≤4	每座	1	十字法，用直尺和塞尺量，取最大值
相邻块高差/mm	≤3	20 m	1	用钢板量
纵缝直顺差/mm	≤10	40 m	1	用 20 m 线和钢尺量
横缝直顺差/mm	≤10	20 m	1	沿路宽用线和钢尺量
缝宽/mm	+3，-2	20 m	1	用钢尺量

(3)沥青混合料铺筑人行道面层的质量检验。

①主控项目。路床与基层压实度应符合规范规定。

沥青混合料品质应符合马歇尔试验配合比技术要求。

a. 检查数量：每日、每品种检查 1 次。

b. 检验方法：现场取样试验。

②一般项目。

沥青混合料压实度不应小于 95%。

a. 检查数量：每 100 m 查 2 点。

b. 检验方法：查试验记录(马歇尔击实试件密度，试验室标准密度)。

表面应平整、密实，无裂缝、烂边、掉渣、推挤现象，接槎应平顺、烫边无枯焦现象，与构筑物衔接平顺、无反坡积水。

a. 检查数量：全数检查。

b. 检验方法：观察。

沥青混合料铺筑人行道面层允许偏差应符合表 7-12 的规定。

表 7-12　沥青混合料铺筑人行道面层允许偏差

项目	允许偏差		检查频率		检查方法
			范围	点数	
平整度/mm	沥青混凝土	≤5	20 m	1	用 3 m 直尺和塞尺连续量取两尺，取最大值
	其他	≤7			
横坡	±0.3%且不反坡		20 m	1	用水准仪测量
井框与路面高差/mm	≤5		每座	1	十字法，用直尺和塞尺量，取最大值
厚度/mm	+5		20 m	1	用钢尺量

 能力训练

分小组讨论并回答以下问题。
(1) 路缘石的质量标准有哪些？
(2) 人行道的质量标准有哪些？

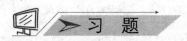 习　题

一、选择题

1. 立缘石、平缘石安砌的允许偏差，缝宽不得大于(　　)mm。
   A. ±1　　　　　B. ±2　　　　　C. ±3　　　　　D. ±4
2. 立缘石、平缘石安砌的顶面高程允许偏差为(　　)mm。
   A. ±10　　　　B. ±20　　　　C. ±30　　　　D. ±40
3. 路缘石、平石安砌的直顺度要求为(　　)mm。
   A. ±5　　　　　B. ±3　　　　　C. ±10　　　　D. -5～20
4. 立缘石、平缘石安砌允许偏差项目包括(　　)。
   A. 缝宽　　　　B. 顶面高程　　　C. 路缘石强度　　D. 相邻块高度
   E. 直顺度
5. 侧石、缘石相邻高差的检验，每(　　)m 量测一点，取最大偏差值。
   A. 15　　　　　B. 20　　　　　C. 25　　　　　D. 30
6. 路缘石宜采用(　　)水泥砂浆灌缝。
   A. M5　　　　　B. M10　　　　C. M15　　　　D. M20
7. 铺砌人行道的砂浆平均抗压强度等级应符合设计规定，任一组试件抗压强度最低不应低于设计强度的(　　)。
   A. 75%　　　　B. 85%　　　　C. 90%　　　　D. 95%

二、简答题

1. 料石铺砌人行道的外观要求有哪些？
2. 立缘石、平缘石安砌的外观要求有哪些？

附录 施工案例

案例一：土方路基填方施工技术方案

一、工程概况

某项目改、扩建工程 TJ-20 标段，路线全长为 3.52 km。其中路基全长为 3.02 km，K150+750—K150+800 为填方路段，填方量为 5.3 万立方米。

工程地质主要为湿陷性黄土，工程范围内未见地下水。

二、应用的规范、标准

(1) 中华人民共和国行业标准《公路路基施工技术规范》(JTG F10—2006)。
(2) 中华人民共和国行业标准《公路工程质量检验评定标准 第一册 土建工程》(JTG F80/1—2017)。
(3) 中华人民共和国行业标准《公路土工试验规程》(JTG E40—2007)。
(4) 中华人民共和国行业标准《公路工程施工安全技术规范》(JTG F90—2015)。
(5) 某项目改扩建工程施工设计图纸。
(6) 通过踏勘现场，从现场调查、采集、咨询所获取的有关资料。

三、施工准备

1. 技术准备

(1) 熟悉和掌握施工图设计文件及施工现场的地质、水文资料。
(2) 对于路基范围内的黄土陷穴及地表裂缝，逐一进行详细的调查，查看其大小、深度、范围、类型、发育形态等，分析其形成的原因及其对路基的危害程度，选择合适的工程处理措施。
(3) 本地区干旱少雨，路基施工的主要困难是水源缺乏，需选择综合成本低的水源。
(4) 搜集资料，预测高路堤工后沉降、预留宽度。
(5) 掌握地表水(自然汇水)的情况，合理设计临时排水系统，并与自然排水系统协调，切断流向施工作业面的水流。
(6) 防止集中暴雨径流给路基带来强烈的侵蚀作用。
(7) 填方路基施工前应详细检查，核对纵、横断面图，发现问题必须进行复测。若设计单位提供的断面图不完善，应全部补测。

根据恢复的路线中桩、路基设计表和有关规定测设并固定路基用地界桩。桩上标出桩号及路中心填高，并适当增设临时水准点。

截水沟、排水沟放样时，可每隔 20 m 左右在沟内外缘钉木桩，标明里程及挖深。

(8) 施工前应对所有施工人员进行培训，现场技术施工人员对作业层队伍进行全面的技术、安全、质量、环保内容的交底。

2. 作业条件

(1)对路基范围内的黄土陷穴宜进行处理。挖方边坡顶以外的陷穴,若倾向路基,应作适当处理。对串珠状陷穴应彻底进行处治。应在其发源地点对陷穴进口进行封填,并截排周围地表水。现有的陷穴、暗穴,可采用灌砂、灌浆、开挖回填、导洞和竖井等措施进行填充。陷穴表面的防渗处理层厚度不宜小于 300 mm,并将流向陷穴的附近地面水引离。

(2)对路基范围内的地表裂缝,积水洼地,分别整平夯实,同时做好排水,以避免黄土陷穴继续发育。

(3)因本标段大部分为挖方,填方原料充足,填方所需土方量由挖方段运入。

(4)施工前整体对临时性排水系统进行规划,与永久性排水系统相协调。及时完成临时性排水系统和永久性排水系统。对地表水采取拦截、分散、防冲、防渗、远接远送的原则,将各种危及路基稳定性的水源迅速引离路基。

四、填方施工

(一)路堤工艺流程图

路堤工艺流程图如附图 1 所示。

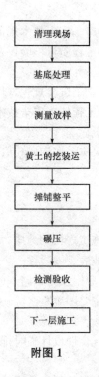

附图 1

(二)施工方法

(1)清理现场。

(2)基底处理。一般地段原地面清除表土 20~30 cm,老路刷坡 50 cm。填方路段清表后地面压实度应不小于 90%。为保证路基边缘部分的压实度,在路堤右侧填筑宽度增加 50 cm,碾压完毕后进行削坡处理。为提高表层土体的压实度和承载能力,对填前压实后的地表采用三边形 25 kJ 冲击压路机进行冲击压实,为提高路堤填土压实的均匀性,对上、下路堤填土分层压实后，由下至上每填 2.0 m 高，再利用 25 kJ 冲击压路机进行冲击压实，路堤最后一层冲击压实厚度控制在 1.0~2.0 m。

(3)标高控制。由于路基填筑材料为湿陷性黄土，路基压实较难，所以控制每层的填筑质量对保证整个路基工程具有重要影响，有必要在施工中加强层厚的控制。我标段决定在一定施工段落内设置路基边缘的标高控制杆的检查控制填筑层数和施工标高，这是一种很好的质量控制方法。

(4)摊铺整平。摊铺时先用推土机或装载机粗平，再用平地机精平，粗平与精平要同时穿插进行，以节约时间，减少水分损失。在精平后检测其松铺厚度是否与试验段确定的松铺厚度吻合，在确认一致后准备开始碾压作业。

(5)碾压。

①黄土含水量过小，一般宜在土场进行处理。也可在现场均匀洒水加湿，土体吸收水分后，采用人工或双轮双锋犁反复拌和，及时整平、碾压。洒水量应根据现场抽检天然含水量与最佳含水量之差，并考虑蒸发量。最好在傍晚洒水，第二天再补压。这样，只有洒在土层表面的水经长时间渗透，使土体各部分含水量很均匀，才能达到补水的目的；否则，表层含水量过大，碾压后出现薄层"弹簧"，压实度仍然不能达标。

②大于 10 cm 的块料必须打碎。摊铺厚度应控制在 25~30 cm，上路的土要及时碾压，洒水后的土达到最佳含水量时，也要及时碾压。

③参考压实方案：先用 CA25 自行式钢轮压路机静压一遍，再由 YZT16 K 拖式凸轮振动压路机振动碾压 5~6 遍，由洒水车洒水一遍，平地机再次整平，再由 CA25 光轮振动碾压 2 遍，路肩处多碾压一遍，最后静压一遍。

④在每层施工前，需要注意的是，上土前在压实的原地面或填筑层上洒水湿润，这样做可防止上层接触填筑土的水分损失，也防止施工车辆对填筑层的破坏，减少粉尘污染环境。

(6)注意事项。

①新、老路搭接：新、老路搭接主要采取开挖台阶的方式，第一层台阶高度为 1.2 m，其他各层台阶高度为 0.8 m，开挖破率与原老路基保持一致，台阶宽度依据破率确定。

②路基回填时，应分层进行摊铺。保证每层满足压实度及平纵坡要求，不得出现积水，确保质量要求。

③填、挖交界处为一般土时，应对挖方区 0.8 m 深度、10 m 长度范围内土体进行超挖回填碾压，并在填、挖交界处路床顶、底各设置一层双向塑料土工格栅，格栅锚固在挖方区的长度纵向不小于 5 m，锚固采用 φ8 钢筋钉。填、挖交界处的衔接通过开挖锯齿形台阶实现，台阶宽度不小于 2 m。

④对于桥头路堤的处理，采用 5% 石灰土填筑，通过重型压路机达到的压实度不得小于 96%，重型压路机压不到的地方要求用小型机具薄层夯实。台背路基填筑与一般路基采用台阶搭接，搭接台阶宽度为 1.5 m，高为 1.0 m，自基底沿 1∶1.5 的坡率向上搭接至路床顶面。

桥涵及其他构造物处的填土，应适时分层回填压实。回填土时对桥涵圬工的强度等要求应按照《公路桥涵施工技术规范》(JTG/T F50—2011)有关规定办理。

桥台背后填土宜与锥坡填土同时进行。

(7)路基填料强度、压实度应满足附表 1 的要求。

附表 1 路基的填料强度、压实度要求

项目分类	填料最小强度 CBR 值/%	压实度/%	填料最大粒径/cm
上路床(0~30 cm)	8.0	≥96	10
下路床(30~80 cm)	5.0	≥96	10

续表

项目分类	填料最小强度 CBR 值/%	压实度/%	填料最大粒径/cm
上路堤(80~150 cm)	4.0	≥94	15
下路堤(150 cm 以下)	3.0	≥93	15
零填及挖方路床(0~30 cm)	8.0	≥96	10
零填及挖方路床(30~80 cm)	5.0	≥96	10

注 1. 压实度采用《公路土工试验规程》(JTG E40—2007)规定的最大干密度的压实度。
　　2. 为保证路肩的稳定，对于土路肩培土的压实度要求≥93%。

五、质量标准与控制

（1）必须根据天气情况合理安排施工，根据当地天气自然情况制订旱、雨期施工计划，每层施工完成后应完善地表水处置方案，把其对路基的破坏降到最低点。

（2）路基必须分层填筑压实，表面平整坚实，无软弹和翻浆现象，横坡合适，排水良好，压实度土壤强度和路床的整体强度符合设计要求。

（3）填方地段应在填土前排除地面积水和其他杂物、草皮、淤泥、腐殖土和冰块并平整压实。路堤边坡应修整密实、直顺、平整稳定、曲线圆滑，填料及路堤的整体强度必须符合设计要求。

（4）土方路基施工质量标准必须符合附表2的要求。

附表 2　土方路基实测项目

项次	检查项目		规定值或允许偏差	检查方法和频率
			高速公路	
1	压实度/%	零填及挖方/m 0~0.30	—	密度法：每 200 m 每压实层测 4 处
		0~0.80	≥96	
		填方/m 0~0.80	≥96	
		0.80~1.50	≥94	
		>1.50	≥93	
2	弯沉(0.01 mm)		不大于设计值	
3	纵断高程/mm		+10，-15	水准仪：每 200 m 测 4 断面
4	中线偏位/mm		50	经纬仪：每 200 m 测 4 点，弯道加 HY、YH 两点
5	宽度/mm		不小于设计值	米尺：每 200 m 测 4 处
6	平整度/mm		15	3 m 直尺：每 200 m 测 2 处×10 尺
7	横坡/%		±0.3	水准仪：每 200 m 测 4 个断面
8	边坡		不陡于设计坡度	尺量：每 200 m 测 4 处

六、成品保护

（1）为防止路基被雨水浸泡和边坡被雨水冲刷，应在路基面做成2%~4%的排水横坡，边沟必须及时开挖，确保排水畅通。

(2)已经成型的路基不应做施工道路,施工中的重型车辆应尽量通过施工便道,防止路床碾压后不平整或坑槽。

(3)边坡桩应很好保护。水准基点妥善保护,供路面施工使用,测设高程。

七、技术、质量保证措施

(一)保证机构

具体保证机构如附图2所示。

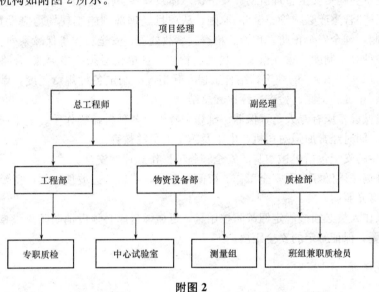

附图2

(二)保证措施

(1)建立健全质量管理体系,加强全员质量意识,树立"百年大计,质量第一,创优质工程光荣,出劣质工程可耻"的思想和"一切为用户服务""质量是企业的生命"的思想。

(2)建立经理部经理负责制,总工程师直接分管的质量管理和保证体系,贯彻"谁负责施工,谁负责质量;谁负责操作,谁负责质量"的原则对施工过程中出现的质量问题,严格按"三不放过"的原则处理。

(3)建立健全各项施工管理、技术管理和质量管理制度。成立专门的质量检验和监督机构,设置专职质检工程师和质量管理人员,支持其开展工作,创造条件,使其坚持原则,充分发挥其监督职能。对施工中的各个环节、各个部位实行全面的质量管理和监督,保证本工程质量达到优良标准。

(4)加强施工图纸、技术规范、质量检验评定标准以及监理大纲等规定的学习,认真按规范施工,对每项工程质量进行监督、检查、评定,并严格处理质量事故。

(5)系统积累有关质量方面的各种原始记录资料,并及时研究、分析、处理施工过程中所产生的质量不利因素。

(6)实施部门质量责任制,并对其负责的工程的质量情况给予考核。落实专人分段负责施工质量,其质量监控效果直接与经济效益挂钩,以经济杠杆督促质量管理。

(7)加强质量预控,对重要分部分项工程和关键工序进行重点管理和监控。

(8)在施工过程,坚持质量检查制度,发现问题,并及时整改。已完工序须经监理工程师检查批准后才能进入下一步工序施工。

八、安全、环保措施

(一)安全措施

路堑挖土方作业主要是机械化施工,确保机械、人员安全至关重要。必须采取以下措施:

(1)建立健全的施工安全管理机构和安全保障体系。各协作施工作业队必须贯彻"安全第一、预防为主"、坚持"管生产必须管安全"的原则,从项目经理部到施工现场均应设置专职安全员,落实安全责任制,健全安全预防、预警、检查、事故处理、安全报告等保障系列。

(2)制定各种规章制度,重在落实、贯彻、检查。各单位必须严格遵照《公路工程施工安全技术规范》(JTG F90—2015)的规定,结合工程实际情况,制定各种规章制度,做到生产与安全工作同步计划、布置、交底、检查、评比和总结。

(3)施工机械设备应有专人负责保养、维修和看管。各种机械操作手、电工必须经培训、考核持有上岗证,同时经常加强对司机、电工及施工人员的教育。

机械施工中的安全包括机械本身的安全和施工操作规程的安全。

(4)施工现场必须做好交通安全工作。夜间施工时,路口、边坡顶必须设置警示灯或反光标志,专人管理灯光照明。

(5)现场操作人员必须按规定佩戴防护用具,机械燃料库必须设消防防火设备。对现场易燃品必须分开放置,保证一定的安全距离。

(二)环境保护

(1)各种临时设施和场地,一般宜远离居民区,而且应设于居民区主导风向的下方处。当无法避免时,应采取适当的防尘及消声等措施。

(2)在施工中,对路基边坡可采取分段施工,清除的种植土及时异地堆放。工程弃土完成后应及时进行防护,保证环境的美观、整齐。

(3)开挖中发现文物、古化石时,应暂停施工,保护好现场,并立即报告建设单位和当地文物管理部门研究处理,不准瞒报和私自处置。

(4)路基开挖中应加强对野生动物生存环境的保护,不准在野生动物栖息地及通道附近设置弃土场。

九、雨期施工的预防措施

(1)加强与气象部门的沟通,提前掌握长期天气变化的趋势,根据雨期天气情况,结合工程不同特点,统筹安排,均衡考虑,科学制订并随时调整相应的施工计划。

(2)完善排水防护设施。因路基施工时排水防护工程尚未真正展开,要设立临时排水设施,如挖筑临时急流槽、排水沟、挡水碾等。

(3)完善防雨覆盖措施。对于路基土方,要采取防雨材料对路基进行覆盖,保证雨后可以迅速开展施工,保证施工的连续性。

(4)加快水毁处理速度。雨季发生水毁后,反应要迅速,处理要及时,修复要到位。对水毁路段要制订科学、完善的处理方案,以最快的速度恢复工程原貌,修复质量要完全满足设计标准和规范要求,不留任何质量隐患。

(5)边坡特别是填方段及湿陷性黄土等土质较差的路段的边坡,往往受雨水冲刷后易形成较大冲沟或发生坍塌缺口。整修时应自下而上分层挖台阶，每层的高度不宜超过 15 cm，应用与原路面相同的填筑材料，宽度应为原宽度增加 30~50 cm，以保证边坡的压实度和稳定性。

(6)雨期施工中，除施工车辆外，应严格控制其他车辆在施工现场通行，做好施工便道、便桥的维护。暴雨前后要检查现场临时设施是否安全、可靠，有不安全因素时要及时修理、加固或立即排除，并提前做好施工人员安全撤离的准备工作，保证人员安全，便道通畅。

十、文明施工

(一)文明施工方案

为加强施工现场管理，提高文明施工水平，创建文明工地，结合实际情况成立文明施工领导小组，加强对施工现场、机械管理、现场安全、保卫、卫生等方面的管理。

(二)文明施工技术组织措施

1. 组织领导

成立以项目副经理为组长的文明施工领导小组。对施工现场的文明施工进行监督、指导、检查，对违反文明施工的行为，有权责令限期整顿或停工整顿，甚至处罚。各施工队成立以施工队长为组长的施工现场文明施工小组，负责各施工区域内施工现场的文明施工管理工作，并结合实际情况制定文明施工管理细则。

2. 施工现场管理

施工现场管理是施工生产的核心，文明施工将直接影响企业的形象。从工程开工开始，就把文明施工当作一件大事来抓，强化施工现场管理。施工场内的物品严格按施工现场平面布置图定位放置，做到图物吻合。同时，根据工程进展适时地对施工现场进行整理、整顿，或进行必要的调整。

(1)施工现场场地平整，道路坚实、畅通，设置相应的安全防护设施和安全标志，周边设置排水设施。

(2)施工段落要树立宣传标语，作业面和机械设备上要插彩旗。严格控制施工质量和外观质量。

(3)施工操作地点和周围清洁、整齐，做到活儿完脚下清，工完场地清。

(4)施工现场严禁乱堆垃圾及余物。在适当的地点设置临时堆放点并定期外运。采取遮盖防漏措施，运送途中不得撒漏。

(5)施工期间服从交警、路政和项目部保通人员指挥，不野蛮作业。

(6)根据施工进度情况，进行旬、月、季和年度检查，文明施工作为单项检查指标，并制定出相应的奖罚措施。

(7)针对施工现场情况设置宣传标语和黑板报，并适时更换。内容切实起到表扬先进、促进后进的作用。

3. 施工现场机械及人员的管理

(1)施工现场使用的机械设备，按平面布置规划固定点存放，遵守机械安全规程，经常保持机身及周围环境的清洁。机械的标志、编号明显，安全装置可靠。

(2)清洁机械排出的污水设有排放措施，不得随地流淌。

(3)施工人员统一佩戴工作卡，做到持证上岗。

(4)进入施工现场的人员一律佩戴安全帽,遵守现场的各项规章制度。

(5)经常对工人进行法纪和文明教育,严禁在施工现场打架斗殴及进行黄、赌、毒等非法活动。

案例二:四川某快速路水泥稳定碎石底基层施工方案

一、工程概述

1. 本合同段路面垫层、底基层、下基层结构形式

(1)主线:32 cm 水泥稳定碎石下基层+20 cm 低剂量水泥稳定碎石底基层+15 cm 级配碎石垫层(潮湿路段)。

(2)×××互通立交匝道工程:A、B 匝道与主线相同,C~J 匝道为 20 cm 水泥稳定碎石基层+30 cm 级配碎石底基层。

2. 试验路段施工位置及日期

按规范要求,试验路段设置在 K198+400~K198+700 右幅,长 300 m,对工程中厚 20 cm 低剂量水泥稳定碎石底基层进行试验。

计划于 2006 年 12 月 5 日进行厚 20 cm 低剂量水泥稳定碎石底基层试验路段施工,按规范要求对试验路段养护 7 天后进行全面检测,于 2006 年 12 月 15 日进行全面检测、小结,将结果报监理工程师审批。

3. 试验路段的工程数量

试验路段的工程数量见附表 3。

附表 3 试验路段的工程数量

结构名称	压实厚度/cm	顶面面积/m²	压实方数量/m³	混合料重量/t
底基层	20	3 714	742.8	1 760.4

二、试验路段的目的及试验内容

通过试验路段的铺筑,进一步优化拌和、运输、摊铺、碾压等施工机械设备组合和工序衔接,并修正施工方案,完善施工组织。确定并优化以下主要项目。

(1)验证施工的集料配合比:

1)调试配合比,验证拌合机称量的准确性;

2)调整拌和时间,保证混合料的均匀性;

3)检查混合料的含水量、集料级配、水泥含量及强度。

(2)确定材料的松铺系数及一次铺筑的厚度。

(3)确定标准施工方法。

1)混合料配合比的控制方法;

2)拌和、运输、摊铺、碾压机械的协调与配合;

3)拌合楼的适宜性、摊铺机械的摊铺速度,梯队作业时的间隔时间;

4)运输设备的组合及数量;

5)压实设备的组合、压实顺序、速度及压实遍数;

6)密实度的检验方法，检查频率等；
7)含水量的控制方法及保证压实时达到最佳含水量的措施。
(4)确定每一次作业段的适宜长度。
(5)确定控制结合料数量及拌和均匀性的方法。
(6)确定底基层的养护方法。

三、材料及配合比

(1)集料：采用×××采石场开采的自行加工的集料，分4档料进行配料：0～4.75 mm石屑，4.75～9.5 mm碎石，9.5～19.5 mm碎石，19.5～37.5 mm碎石。集料经过自检、监理工程师抽检，并委托××省交通工程质量监督站进行检验，各项指标满足规范要求（详见集料检测报告）。

(2)水泥：用××水泥有限公司分宜水泥厂××牌P.O32.5级水泥，水泥检验符合规范要求（详见水泥试验报告）。

(3)配合比设计：在监理工程师的指导下进行低剂量水泥稳定碎石底基层、下基层理论配合比试验。经驻地办平行试验并批准的配合比为（详见基层配合比组成设计报告）：水泥用量3.5%，19.0～37.5 mm碎石28%，9.5～19.0 mm碎石26%，4.75～9.5 mm碎石24%，0～4.75粗砂22%，最大干密度2.38 g/cm^3，最佳含水量5.3%；混合料的延迟时间不超过3小时。

四、投入的主要施工机械设备

1. 投入的主要施工设备

试验路段拟投入的主要设备有：RP751型摊铺机2台、XSM220振动压路机2台、XP261胶轮压路机1台、15 t以上自卸车8台、全电脑控制WCD600型拌合楼1台套，ZL50装载机4台，200 kV·A变压器1台。

2. 施工设备验算

(1)摊铺机的行走速度控制在1.5 m/min，包括运输车辆的倒车及必须要的间断时间等的效率系数为75%：

摊铺工作量＝1.5×60×(12.38＋12.68)÷2×0.2×2.38×75%＝402.6(t/h)

(2)拌合机的生产能力：效率系数为80%：

600×0.80＝480(t/h)，满足施工要求。

(3)运输车辆计算：车辆的载重能力15 t/辆，拌合楼至上路处K199＋400的距离为100 m，运至最远点K198＋400处距离为100 m，合计1 100 m，载重车运行速度为10 km/h，空载运行速度为15 km/h，为保证足够的运输车辆的储备系数为1.1。

重载运行时间＝1 100÷10 000×60＝6.6(min)；
空载运行时间＝1 100÷15 000×60＝4.4(min)；
卸料和等待时间为4 min；
运行次数＝60÷(6.6＋4.4＋4)＝4(次/h)；
需要车辆数＝400.9÷(4×15)×1.1＝7.34(辆)(按8辆计算)。

五、施工组织机构及人员安排

本试验路段施工设置以项目总工×××为组长的领导小组，成员共52人，主要成员如下：

组长：胡×× 副组长：卢××
现场施工负责人：徐×× 施工员：陈× 黄××

试验负责人：×××　　　　　　试验员：×××　×××
测量负责人：××　　　　　　　测量员：×××　×××
机械管理：×××
安全人员：×××　×××
资料整理：××
机械操作等辅助人员：35人

六、质量控制

(一)施工前的准备

1. 准备下承层(路床)

(1)对土路基进行检验，包括路基的压实度、弯沉、宽度、高程、横坡度、平整度、中线偏位等；

(2)清扫路床面上的杂物，确保摊铺工作面清洁；

(3)用XSM220压路机对路床强振碾压2遍，如发现土过干、表层松散，适当洒水碾压；如土过湿，发生"弹簧"现象，采取挖开换填砂砾进行处理。

2. 测量放样

(1)于施工的前一天对拟铺筑路段按10 m一个断面进行标高与中边桩测量，放样分三段进行，每段100 m，第一段的高程按松铺系数为1.15，其他两段根据前一段施工后检测的松铺系数及其他指标进行调整。

(2)用石灰放出施工边线，严格控制施工宽度超过设计宽度2 cm×5 cm，并控制施工位置符合规范要求。

(3)在摊铺机左侧设置指示桩，打好导向控制线支架，间距为10 m，挂好导向控制线，控制线钢丝拉力保证800 N以上。

3. 施工机械的清理、检验和标定

(1)清理拌合楼和车辆中的各种杂质及污物；

(2)运输车辆、装载机、压路机、摊铺机进行全面检修及维护，确保最佳状况；

(3)拌合机经检验、计量标定后，进行试运转；

(4)上述各项完成后，报监理工程师进行现场检验。

4. 试验仪器的自校和标定

(1)项目部工地试验室的试验检测设备均经过计量部门计量标定，并向××省交通工程质量监督站申报了工地试验室的临时资质；

(2)对部分不需进行标定的试验仪器设备进行自校，保证良好的使用状况和精度。

5. 进行技术交底及安全施工交底

召开交底会议，按照规范要求和安全生产要求向参加施工的技术人员、管理人员、机械操作人员、辅助施工人员、安全管理人员进行施工和安全技术交底，并以书面形式发到各部门、施工班组和施工操作人员。

(二)施工控制

1. 开工前的检查

(1)检查用于工程的材料数量是否满足施工要求；

(2)密切关注天气情况，选择晴好天气施工，并检测当时的施工温度是否符合规范要求；

(3)检查施工设备是否良好,数量是否满足施工要求,运输车辆是否清洁、无污物;

(4)检查路床是否符合规范要求,测量放样的精度是否符合规范要求;

(5)检查施工人员、安全管理人员是否符合施工要求,安全设施是否齐全,施工人员的安全防护是否符合有关要求。

2. 混合料的拌和

(1)混合料含水量:根据混合料配合比的组成设计,本项目混合料的最佳含水量为5.3%,本试验路段离拌合站的距离较近(1.1 km),目前温度相对不高,水分损失较小,试验路段的含水量拟控制在6%。

(2)调整配合比:在正式拌和混合料之前,测定集料的含水量,根据集料的含水量进行调整,确定配制混合材料的施工配合比,在施工中根据现场摊铺的混合料的含水量情况进行调整,保证混合料的含水量在最佳含水量的±1%范围内。

(3)混合料级配检测:由试验室现场取样,进行筛分试验,测定其级配是否符合规范和设计要求。

(4)水泥用量:混合料组成设计的水泥用量为3.5%,实际施工增加0.5%,按4.0%的水泥用量。

(5)混合料的试拌:用装载机分4档将集料装入配料斗,启动拌合机后按事先设定的投料顺序投料,所有过程由电脑控制,在拌合楼的控制室由一名控制员对整个拌合场的上料、拌和、卸料进行控制操作,在拌合楼开盘后的第一斗料装车时,对其外观质量进行检查,若发现水量过大或过小,拌和不均匀,对第一车料予以废弃,再检查第二车,直到拌和均匀、质量稳定可靠为止。

(6)拌合机出料:采用拌合机向自卸汽车直接装料,装车时车辆前后移动,分三次装料,避免混合料的离析。

(7)记录:记录好每日的开盘时间、终盘时间,以及中途出现的停机时间及原因,便于查询有关资料。

3. 运输与卸料

考虑到运距较短,运到施工现场6~7分钟,包括卸料10~15分钟可往、返一趟,采用重型自卸车8辆进行运输,自卸至摊铺机料斗中,在卸料过程中有专人指挥卸料。

4. 摊铺混合料

(1)拟采用2台RP751型摊铺机进行摊铺。摊铺机装有自动调平装置和预压实装置,路幅两侧导向控制线控制高程,摊铺机的找平仪沿钢丝前进,达到控制高程和横坡度的目的,两台摊铺机保持速度一致,各种技术控制指标一致,相隔5~10 m梯队作业。

(2)摊铺中严格控制摊铺速度在1.5~1.6 m/min,使摊铺能连续、匀速前进。

(3)摊铺机前保证有3~4辆运料车在等候,第一辆车在摊铺机前20~30 cm停住挂空挡,由摊铺机接住,推动前进。

(4)在摊铺机后设专人消除粗、细集料离析现象,铲除局部粗集料"窝",并用新拌混合料填补。

4. 碾压

(1)摊铺50 m即进行碾压,做到摊铺一段,碾压一段,并注意摊铺延滞时间(即从开始拌和到压实成型,一般控制在2 h以内),争取在1 h以内完成碾压。

(2)碾压时,先用压路机由低侧向高侧往、返静压2遍,时速为1.5 km/h;然后,用振动压路机轻振碾压2遍,时速为2.0 km/h;再用振动压路机重振碾压,时速为2.0 km/h,每压实一遍检测压实度,如不符合要求,增加压实遍数,直至压实度检测符合要求;最后,用胶轮压路机收光2遍,时速为1.6 km/h,使底基层表面平整定型。

(3)碾压时,两相邻碾压道重叠1/2轮宽左右。碾压接头处为阶梯形,每次碾压接头错开0.5~1 m。

(4)压路机倒车换挡平顺进行,不得在已完成的或正在碾压的路段上掉头或急刹车,并保证在水泥终凝之前及试验确定的延迟时间(3 h)之前完成,达到规定的压实度,无明显的碾压轮迹。

(5)为保证结构层边缘强度,边缘每边各超宽 5 cm,并用压路机碾压。

5. 接缝处理

接缝处理是基层施工中的重要环节。本项目底基层采用 2 台 RP751 型摊铺机梯队摊铺,试验路段的摊铺约需 4 h 左右,正常施工不存在纵向接缝的问题,由于中间吃饭可能短时间中断施工,控制时间为 30~40 min,一般不设置横向接缝。但在实际施工中,由于特殊原因超过 2 h 或每天收工之后,需要设置横缝时,应按下列方法处理:

(1)横缝应与路面车道中心线垂直设置,接缝断面呈竖向平面方向位置。

(2)用 3 m 的直尺纵向放在接缝处,定出底基层离开 3 m 直尺的点作为接缝处理位置,沿横向断面挖出坡下部分混合料,清理干净后,摊铺机从接缝处起步摊铺。

(3)压路机沿接缝横向碾压,由前面压实层向新铺层压实,碾压完毕后再纵向正常碾压。检查接缝的有关指标是否符合要求。

6. 养护及交通管制

(1)碾压完成检测合格后采用透水土工布覆盖进行保湿养护。

(2)覆盖 2 h 后,用洒水车洒水养护,使底基层处于潮湿状态,养护时间不少于 7 d,养护结束后,清除表面的覆盖物及其他杂物。

(3)采用符合规定要求的喷雾式洒水车,每天洒水的次数以保持底基层表面处于湿润状态。封闭交通,除洒水车外不得通车。

(4)养护期间,封闭交通,养护期满验收合格后尽快进行下基层结构层施工。

(三)质量检验

1. 施工中的质量检验

(1)集料级配:按 2 000 m² 一次,试验路段 2 次并随时观察,发现有异常时增加检验次数。

(2)集料含水量:开拌前检测并调整配合比,施工过程中随时观察,发现有异常时增加检验次数。

(3)压碎值:随时观察,发现有异常时增加检验次数。

(4)水泥剂量:开拌后 10 min 取样检验,按 2 000 m² 一次至少 6 个样品,试验路段 2 次至少 12 个样品。

(5)拌和均匀性:随时观察,混合料应无灰团、灰条,色泽均匀,无离析现象。

(6)松铺厚度、压实厚度、高程检测:每施工约 100 m 检测一次,检测后的数据用于调整后面施工的松铺厚度等控制指标。

2. 技术质量标准

(1)主要实测项目(本试验路段检测频率按附表 4 的 2 倍检测)。

附表 4 试验验路段检测频率

项次	检查项目		规定值或允许偏差	检查方法和频率
1	压实度 /%	代表值	97	按《公路工程质量检验评定标准 第一册 土建工程》(JTG F80/1—2017)附录 B 检查,每 200 m 每车道 2 处
		极值	92	
2	平整度/mm		12	3 m 直尺:每 200 m 测 2 处×10 尺
3	纵断高程/mm		+5,−15	水准仪:每 200 m 测 4 个断面

续表

项次	检查项目		规定值或允许偏差	检查方法和频率
4	宽度/mm		不小于设计	尺量：每 200 m 测 4 个断面
5	厚度/mm	代表值	−10	按《公路工程质量检验评定标准 第一册 土建工程》(JTG F80/1−2017)附录 H 检查，每 200 m 每车道 1 点
		合格值	−25	
6	横坡/%		±0.3	水准仪：每 200 m 测 4 个断面
7	强度/MPa		符合设计要求	按《公路工程质量检验评定标准 第一册 土建工程》(JTG F80/1−2017)附录 G 检查(每 2 000 m² 或每工作班制备 1 组试件；当多次偏差系数 C_v≤10%时，可为 6 个试件；C_v=10%～15%时，可为 9 个试件；C_v>15%时，则需 13 个试件)

(2)外观检测。

①表面平整密实、无坑洼、无明显离析。

②施工接搓平整、稳定。

(四)施工工艺流程图

施工工艺流程图如附图 3 所示。

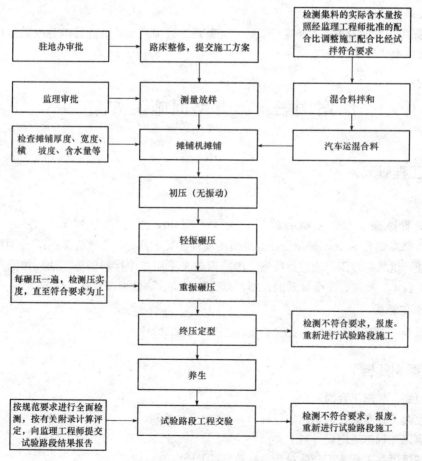

附图 3

七、安全生产及文明施工

(1)由安全小组负责安全日常工作,检查施工中的安全设施配备情况,督促施工人员按安全操作规程施工。

(2)进行岗前"三级"安全教育培训,经考核符合要求者才能上岗。

(3)机械操作人员持证上岗。

(4)为解决施工与地方道路的干扰,从拌合站到施工现场新建了施工便道,与当地交通不产生交叉干扰。

(5)为保证施工安全,在村庄附近、施工现场设置醒目的施工指示牌、警示牌,配有专职的安全管理人员3人。

(6)所有参加施工的人员统一着装,戴安全帽,挂牌上岗。

(7)运输车辆限速行驶,车速不超过15 km/h。

(8)为减少施工扬尘,沿线道路洒水。

八、结语

(1)项目部将按照合同文件及施工规范的要求,按照监理工程师的知识,配备足够的资源进行工程施工,在施工过程中认真、及时地做好质量检测和试验工作,及时向监理工程师及其他有关部门反馈各项信息。

(2)加强施工后的养护,养护期结束后,与监理工程师一起及时进行试验成果整理,并上报监理工程师审批。

案例三:沥青路面施工方案

一、工程概况

1. 概况

道路沥青路面工程,支路一路面长为491.97 m,路幅宽为16 m;支路二路面长为308.22 m,路幅宽为16 m。道路设计面层采用沥青混凝土路面,厚度为7 cm,分两层施工,用摊铺机摊铺,压路机碾压、成型。我施工段路面施工采用集中拌料的施工法,加强对施工中的材料、施工技术、质量、安全要素的控制,以达到优质、高效地完成施工任务。

2. 主要工程量

工程量为:支路一为4 919.7 m^2;支路二为3 082.2 m^2。

二、编制依据

(1)《道路工程施工合同》;

(2)《道路工程实施性施工组织设计》;

(3)《道路工程施工图设计》;

(4)《城镇道路工程施工与质量验收规范》(CJJ 1—2008);

(5)《沥青路面施工及验收规范》(GB 50092—1996)。

三、施工准备

(1)根据施工场地,做好总平面布置,施工用水、临时排水、用电要接到位。
(2)根据监理单位和业主批准的施工组织设计和施工方案,组织施工机械、人员进场。
(3)根据基层总进度计划,编制月、周计划,明确分工责任到人。

四、主要机械

(1)压路机 2 台;　　　　　(2)自卸车 4 辆;
(3)经纬仪 1 台;　　　　　(4)水准仪 1 台;
(5)洒水车 1 辆;　　　　　(6)摊铺机 1 台;
(7)切割机 1 台;　　　　　(8)小型夯机 1 台。

五、施工组织机构及劳动力组织

1. 施工组织领导小组

组长:×××。
成员:×××、×××、×××。

2. 劳动力组织

土建技术员 1 名、施工员 1 名、质检员 1 名、安全员 1 名、压路机操作工 2 名、摊铺机操作工 2 名、切割机操作手 1 名、司机 4 名、后台配合及壮工 20 名、技工 15 名、电工 1 名。

六、施工方法

1. 混合料的拌和

(1)粗、细集料应分类堆放及供料,取自不同料源的集料应分开堆放,应对每个料源的材料进行抽样试验,并应经工程师批准。
(2)按目标配合比设计、生产配合比设计和生产配合验证三个阶段进行试拌、试铺后,进行大批量生产。
(3)每种规格的集料、矿料和沥青都必须分别按要求的比例进行配料。
(4)沥青材料采用导热油加热,加热温度在 160 ℃~170 ℃ 范围内,矿料加热温度为 170 ℃~180 ℃,沥青与矿料的加热温度应调节到能使拌和的沥青混凝土出厂温度在 150 ℃~160 ℃,不准有花白料、超温料,混合料超过 200 ℃ 者应废弃,并应保证运到施工现场的温度不低于 140 ℃~150 ℃。沥青混合料的施工温度如下:

沥青加热温度:160 ℃~170 ℃;
矿料温度:170 ℃~180 ℃;
混合料出厂温度:正常范围 150 ℃~165 ℃,超过 200 ℃ 废弃;
混合料运输到现场:温度不低于 140 ℃~150 ℃;
摊铺温度正常施工:低于 130 ℃~140 ℃,不超过 165 ℃ 低温施工不低于 140 ℃~150 ℃,不超过 175 ℃;
碾压温度正常施工:130 ℃~140 ℃ 不低于 120 ℃,低温施工 140 ℃~150 ℃ 不低于 130 ℃;
碾压终了温度:不低于 70 ℃。

(5)热料筛分用最大筛孔应合适选定,避免产生超尺寸颗粒。
(6)沥青混合料的拌和时间应以混合料拌和均匀、所有矿料颗粒全部裹覆沥青结合料为度,并经试拌确定，间歇式拌合机每锅拌和时间宜为30～50 s(其中，干拌时间不得小于5 s)。

(7)拌好的沥青混合料应均匀一致，无花白料，无结团成块或严重的粗料分离现象，不符合要求时不得使用，并应及时调整。

(8)出厂沥青混合料应按现行试验方法测量运料车中混合料的温度。

(9)拌和沥青混合料不立即铺筑时，可放成品贮料仓贮存，贮料仓无保温设备时，允许的贮存时间应符合摊铺温度要求为准，有保温设备的贮料仓贮料时间不宜超过6小时。

2. 混合料的运输

(1)从拌合机向运料车上放料时，应每卸一斗混合料挪动一下汽车位置，以减少粗、细集料的离析现象。尽量缩小贮料仓下落的落距。

(2)当运输时间在半小时以上或气温低于10 ℃时，运料车用篷布覆盖。

(3)连续摊铺过程中，运料车在摊铺机前10～30 cm处停住，不得撞击摊铺机。卸料过程中运料车应挂空挡，靠摊铺推动前进。

(4)已经离析或结成不能压碎的硬壳、团块或运料车辆卸料时留于车上的混合料，以及低于规定铺筑温度或被雨淋湿的混合料都应废弃，不得用于本工程。

(5)除非运来的材料可以在白天铺完并能压实，或者在铺筑现场备有足够的、可靠的照明设施，白天或当班不能完成压实的混合料不得运往现场，否则，多余的混合料不得用于本工程。

3. 混合料的摊铺

(1)在铺筑混合料之前，必须对下层进行检查，特别应注意下层的污染情况，不符合要求的要进行处理，否则，不准铺筑沥青混凝土。

(2)本道路路面宽为10 m，分二幅进行摊铺，每幅5 m分两层，第一层铺40 mm AC-20 Ⅰ型中粒式沥青混凝土下面层，第二层铺30 mm AC-20 Ⅰ型细粒式沥青混凝土上面层，摊铺机两侧配置自动找平平衡梁。

(3)正常施工，摊铺温度不低于130 ℃～140 ℃不超过165 ℃；在10 ℃气温时施工不低于140 ℃，且不得超过175 ℃。摊铺前要对每车的沥青混合料进行检验，发现超温料、花白料、不合格材料要拒绝摊铺，退回废弃。

(4)摊铺机一定要保持摊铺的连续性，有专人指挥，一车卸完下一车要立即跟上，应以均匀的速度行驶，以保证混合料均匀、不间断地摊铺，摊铺机前要经常保持3辆车以上，摊铺过程中不得随意变换速度，避免中途停顿，影响施工质量。摊铺室内料要饱料，送料应均匀。

(5)摊铺机的操作应不使混合料沿着受料斗的两侧堆积，任何原因使冷却到规定温度以下的混合料应予除去。

(6)对外形不规则路面、厚度不同、空间受限制等摊铺机无法工作的地方，经工程师批准可以采用人工铺筑混合料。

(7)在雨天或表面存有积水、施工气温低于10 ℃时，都不得摊铺混合料。

(8)混合料遇到水一定不能使用，必须报废，雨期施工时千万注意，中面层、表面层采用浮动基准梁摊铺。

4. 混合料的压实

(1)在混合料完成摊铺和刮平后立即对路面进行检查，对不规则之处应及时用人工进行调整，随后进行充分均匀压实。

(2)压实工作应按试验路段确定的压实设备的组合及程序进行。

(3)压实分初压、复压和终压三个阶段。

①初压：摊铺之后立即进行(高温碾压)，用静态两轮压路机完成(2遍)，初压温度控制在

130 ℃～140 ℃。初压应采用轻型钢筒式压路机或关闭振动的振动压路机碾压，碾压时应将驱动轮面向摊铺机，碾压路线及碾压方向不突然改变而导致混合料产生推移，初压后检查平整度和路拱，必要时予以修整。

②复压：复压紧接在初压后进行，复压用振动压路机和轮胎压路机完成，一般是先用振动压路机碾压3～4遍，再用轮胎压路机碾压4～6遍，使其达到压实度。

③终压：终压紧接在复压后进行，终压采用双轮钢筒式压路机或关闭振动的振动压路机碾压，消除轮迹(终了温度大于80 ℃)。

初压和振动碾压要低速进行，以免对热料产生推移、发裂。碾压应尽量在摊铺后较高温度下先进，一般初压不得低于130 ℃，温度越高越容易提高路面平整度和压实度。要改变以前等到混合料温度降低到110 ℃才开始碾压的习惯。

(4)碾压工作应按试验路段确定的试验结果进行。

(5)在碾压期间，压路机不得中途停留、转向或制动。

(6)压路机不得停留在温度高于70 ℃的已经压过的混合料上，同时，应采取有效措施，防止油料、润滑脂、汽车或其他有机杂质在压路机操作或停放期间洒落在路面上。

(7)在压实时，如接缝处(包括纵缝、横缝或因其他原因而形成的施工缝)的混合料温度已不能满足压实温度要求，应采用加热器提高混合料的温度达到要求的压实温度，再压实到无缝迹为止。

(8)摊铺和碾压过程中，组织专人进行质量检测控制和缺陷修复。压实度检查要及时进行，发现不够时在规定的温度内及时补压。已经完成碾压的路面，不得修补表皮。

5. 接缝的处理

(1)纵、横向两种接缝边应垂直拼缝。

(2)在纵缝上的混合料，应在摊铺机的后面立即有一台静力钢轮压路机以静力进行碾压。碾压工作应连续进行，直至接缝平顺而密实。

(3)纵向接缝上、下层间的错位至少应为15 cm。

(4)由于工作台中断，摊铺材料的末端已经冷却，或者在第二天恢复工作时，就应做成一道横缝。横缝应与铺筑方面大致成直角，严禁使用斜接缝。横缝在相邻的层次和相邻的行程间均应至少错开1 m。横缝应有一条垂直经碾压成良好的边缘。

6. 施工质量控制

(1)建立健全质量保证体系，设立专职质检员，确保沥青混凝土路面的质量。

(2)认真执行每道工序的验收签证程序。坚持分部分项工程检查，做好隐蔽工程验收，工程质量评定，做好材料实验、构件技术检验等工作，从各环节严把质量关。

(3)铺筑试验路段：在沥青混凝土路面开工前，根据试验路段的各项指标，确定以下主要项目：

①用于施工的集料配合比例是否达到施工要求；

②材料的松铺系数；

③确定每一作业段的合适长度；

④确定每一次铺筑的合适厚度为4～5 cm。

(4)沥青路面层的各项指标：

中线高程误差：±20 mm；

宽度误差：−20 mm；

坡度误差：±0.3%；

平整度误差：≤2.6 mm；

厚度：+20，-5 mm；
压实度：≥95。

7. 施工安全措施及文明施工措施

(1)管理措施。

①建立安全生产检查制度。项目部每周进行一次安全大检查，对每个施工项目进行危险点预测，及时发现事故隐患，堵塞事故漏洞，树立预防为主的意识，从技术措施上加以控制。

②按照施工组织程序对全体施工人员进行安全技术交底，并要求一对一签字，没有安全措施或未进行安全技术交底不准施工，连续施工必须进行跨月度交底。

(2)施工安全措施。

①对施工人员技术和体质要求。

②所有施工人员年龄必须在18～50周岁，经体检合格后并经安监部培训后持证上岗。

③从事特殊作业的人员必须具有特殊工种作业证。

④机械操作注意事项。

⑤操作人员在工作中不得擅离岗位，不得操作与操作证不相符的机械，不得将机械设备交给无本机种操作证的人员操作。

⑥机械设备在施工现场停放时，应选择安全的停放地点，关闭好驾驶室，要拉上制动闸。

⑦操作人员严禁酒后上班。

⑧机械在危险地段作业时，必须设置明显的安全警告标志，并设专人站在操作人员能看清的地方指挥。

⑨施工人员进入现场要正确佩戴安全帽，不得穿拖鞋、凉鞋、裙子、背心等不符合要求的服装。

(3)文明施工及安全保护措施。

①文明施工严格按安全文明施工第十二条认真执行。

②严禁毁坏、践踏施工线外的花草树木，严禁猎杀山林中的小动物及鸟类，严禁对山泉及水源进行破坏和污染。

③保护山林，严禁烟火。

案例四：××市×××工业园区水泥混凝土路面施工方案

一、编制依据

本施工方案是根据××市×××工业园道路排水工程设计图纸、现场勘察等施工验收规范及规程，有关部门的规定等进行编制。

执行标准及规范总汇：

(1)《公路路面基层施工技术细则》(JTG/T F20—2015)。

(2)《公路水泥混凝土路面施工技术细则》(JTG/T F30—2014)。

二、主要技术指标

(1)道路等级：城市支路。

(2)设计车速：30 km/h。

(3)车道数：双向 2 车道。
(4)路面结构设计荷载：BZZ—100。
(5)道路交通量达到饱和状态设计年限：15 年。
(6)水泥混凝土路面结构达到临界状态设计年限为：20 年。
(7)视距：停车视距 20 m；会车视距 40 m。
(8)路面抗滑要求：表面构造深度一般路段不小于 0.6 mm，特殊路段不小于 0.7 mm。

三、工程概况

该工程位于×××工业园区，共有第二大道延长线、第五大道、第六大道以及军需支路四条大道，为四条城市支路。设计道路红线范围内多为荒地、鱼塘和少量 1～3 层民用建筑及牲口棚。

军需支路位于×××工业园区。

第二大道延长线位于×××工业园区东南部，为一条城市次干道。道路施工起点与第三大道顺接，止点于第五大道。设计道路沿线再无现状道路及市政管网设施。

第六大道位于×××工业园区北部，为一条城市支路。道路起点于××高速辅道，止点于第五大道。设计道路沿线再无现状道路及市政管网设施。

第五大道位于×××工业园东南部，为一条城市支路。道路施工起点于园区东南部，止点于××大道。设计道路沿线再无现状道路及市政管网设施。

四、技术人员及准备

总工程师组织技术人员会审图纸，熟悉相关技术规范及施工工艺，然后分别对各部门技术人员进行技术交底。现安装混凝土搅拌机一台，并已调试，性能良好。测量工程师做好施工放样工作。试验室做好原材料试验、检测工作，材料部门已准备好砂、碎石及水泥，技术人员做好施工前各项准备工作以确保水泥混凝土面层施工及时进行。

五、材料供用

路面层使用 C30 混凝土，经试验及检测，该混凝土满足路面施工各项技术指标，所用混凝土由材料科统一供应，按工程实际进度向材料科报材料计划。电采用工业用电，停电时，电由自己发电，配备一台发电机。水采用经检测合格的水源，用水泵或水车及时输送到现场蓄水池。

六、施工部署

(1)工期计划：按照业主提出的工期计划，并考虑基层、底基层施工及验收的进度及现场施工季节的天气情况，结合我司的施工技术力量、施工队伍及机械设备配置，计划工期为 150 天。现在编制的施工进度计划未考虑其他意外因素，我标力争按进度完成路面工程施工任务。

(2)劳力计划：由于工程内道路分段施工，现路面施工计划投入劳力 120 人，其中，机械工 15 人，主要负责机械操纵、维修；搬运工 30 人，主要负责水泥的搬运；其他工人 75 人，主要负责路面混凝土运输、振捣、路面修整、锯缝及其他相关工作。整个施工过程中，保证有足够的劳动力，使施工能持续正常进行。

(3)设备计划：搅拌机 2 台(配备其他附属设备)；3.0 m³ 装载机 1 台，1.5 m³ 转载机 1 台；7.5 kW 发电机组 1 台，120 kW 发现机组 1 台，切缝机 2 台，压槽机 2 台。其他施工设备详见施工设备表。

(4) 材料计划：水泥根据混凝土路面层进度及时报材料部统一调运，砂、碎石随时备料，根据工程进度，由我项目经理部的材料科运进，以保证工程进度。施工中及时按施工及规范要求，做好原材料的各项试验及检测工作，不合格材料坚决不使用，使材料的质量满足施工规范要求，并使材料能及时运进，保证混凝土路面层质量及施工的正常进行。

七、施工技术方案及施工工艺

(1) 基层的准备及放样：将基层上的杂物及浮土清除干净，并复核基层标高、坡度及平整度，达到施工规范标准。然后恢复中线，每 10 m 一桩，放出边桩，再拉出混凝土路面边桩，测量标高，在桩上标出路面设计标线位置。

(2) 模板安装：根据路面标高线安装混凝土路面边模，模板安装好，再测量模板顶面标高，根据测量标高再调整模板。调整后，再测量模板顶标高，如不符合要求，再调整，直至满足施工规范要求。

(3) 检查并调试拌合机及其他机械设备性能，做好施工前的准备工作。

(4) 确定混凝土施工配合比测定现场集料的含水量，根据集料含水量调整混凝土设计配合比，确定施工配合比，根据配合比调整拌合机的设定参数，使之符合混凝土施工规范要求。因混凝土路面的质量很大重度上取决于混凝土的质量，所以，混凝土配合比一定按规范要求严格控制，使新拌混凝土符合设计及规范要求。

(5) 拌合料的运输：因运输距离很近，拌合料运输采用 5 m^3 翻斗车运输，考虑到施工季节气温的关系，拌合料在保湿上应注意。

(6) 混凝土摊铺：摊铺时，用人工配合挖掘机摊铺混凝土拌合料。每次摊铺一个车道宽，在摊铺前，检查模板标高，并使基层顶面保持湿润、清洁，保证混凝土面层与基层的良好结合。粗平后，用振动梁振捣，然后人工拉毛、压缝。根据砂浆厚度、气温情况、初凝时间，掌握好拉毛、压缝时间。拉毛要求整齐，不起毛为度，压缝要求整齐，且满足构造缝深度的要求。

(7) 养护：采用湿润法养护，养护时间不少于 14 天。养护在压缝后紧接着进行，用湿草帘或麻袋等覆盖在混凝土板表面，每天洒水喷湿 3～5 次，保持湿润。

(8) 切缝：在养护期间，混凝土振捣 8 小时左右进行切缝。切缝的原则为：先横缝、后纵缝；先大块、再小块。切缝后，立即把湿草帘或麻袋还原，继续进行养护。

(9) 模板拆除：模板在浇筑混凝土 20 h 内拆除。拆模时，不应损坏混凝土板和模板。

八、接缝施工

(1) 纵缝。纵缝为纵向施工缝，其构造形式采用平缝加拉杆型。平缝施工时根据设计要求的间距，预先在模板上制作拉杆置放孔，并在缝壁一侧涂刷隔离剂，拉杆采用 HRB335 级直径为 14 的螺纹钢筋，长为 70 cm，间距为 80 cm。顶面的缝槽用切缝机切成深度为 3～4 cm 的缝槽，并用填料填满。顶面不切缝时，施工时应及时清除已打好面板上的粘浆或用塑料纸遮盖，保持纵缝的顺直和美观。

(2) 横向缩缝。横向缩缝采用假缝形式，间距一般为 5 cm。在临近路面自由端的三条缩缝均应在板的内部加设传力杆。传力杆采用 HPB300 级钢筋，直径为 28 mm，长为 40 cm，间距为 30 cm。切得过早，因混凝土的强度不够，会引起集料从砂浆中脱落，而不能切出整齐的缝。切得过迟，混凝土板会在非预定位置出现早期裂缝。为减少早期裂缝，切缝可采用跳仓法，即每隔几块板切一缝，然后再逐块切缝。切缝深度为板厚的 1/3～1/4，切缝太浅会引起不规则断板。

(3) 胀缝。在交叉口弯道起终点断面处以及新建道路与现状道路接顺处设置胀缝。胀缝一般宽为 2 cm，缝内设填缝板和聚氯乙烯胶泥填封料。胀缝施工时，先预先设置好胀缝板和传力杆支架,并预留好滑动空间。混凝土浇筑前应先检查传立杆位置,浇筑混凝土时,应先摊铺下层混凝土,用插入振捣器振实,并校正传立杆位置,然后再浇筑上层混凝土。浇筑邻板时,设置下部胀缝板、木制嵌条和传立杆套管。

(4)施工缝。施工缝为施工间断时设置的横缝,常设于胀缝或缩缝处,多车道施工缝应避免设在同一横断面上。施工缝如设于缩缝处,板中应增设传立杆,其一半锚固于混凝土中,另一半应先涂沥青,允许滑动。传力杆采用 HPB300 级钢筋,直径为 28 mm,长为 40 cm,间距为 30 cm,与缝壁垂直。

(5)接缝填封。填封料应与混凝土缝壁黏结紧密,不渗水,其灌注深度以 3~4 cm 为宜,下部可填入多孔柔性材料。填封料的灌注高度应与板面平齐。

九、工程质量保证措施

(1)建立工程质量保证体系。试验室完善健全检测质量保证体系,以试验数据指导施工,控制混凝土面层的质量。设置专职质量负责人负责面层的全面质量管理、检验,严格控制基层、混凝土面层的质量。

(2)严格把好各道施工工艺,全面控制每一施工工序。施工中做好各施工工序交接的质量检测,层层控制工程质量;凡不符合工程质量要求的混合料,必须坚决返工或处理,直到符合质量要求。

(3)始终把质量放在第一位,以质量第一指导施工,做到质量和进度有机结合,保证质量按时完成工程。对于工程中出现的质量、技术问题,现场施工人员及技术人员应听取监理工程师的意见。如现场监理工程师不能确定的,及时与监理处、业主联系,诚恳地接受指导、检查、监督,及时解决问题,保证工程质量及进度。

参考文献

[1] 叶超，赵东．路基路面施工[M]．北京：人民交通出版社，2014．
[2] 姚昱晨．市政道路工程[M]．北京：中国建筑工业出版社，2007．
[3] 邓学钧．路基路面工程[M]．2版．北京：人民交通出版社，2010．
[4] 张雪丽．市政道路工程施工[M]．北京：北京大学出版社，2016．
[5] 中华人民共和国住房和城乡建设部．CJJ 193－2012 城市道路工程设计规范[S]．北京：中国建筑工业出版社，2012．
[6] 中华人民共和国住房和城乡建设部．CJJ 1－2008 城镇道路工程施工与质量验收规范[S]．北京：中国建筑工业出版社，2008．
[7] 中华人民共和国交通部．JTG F40－2004 公路沥青路面施工技术规范[S]．北京：人民交通出版社，2004．
[8] 交通运输部．JTG/T F30－2014 公路水泥混凝土路面施工技术细则[S]．北京：人民交通出版社，2014．
[9] 中华人民共和国交通运输部．JTG F80/1－2004 公路工程质量检验评定标准 第一册 土建工程[S]．北京：人民交通出版社，2004．
[10] 中华人民共和国交通运输部．JTG E60－2008 公路路基路面现场测试规程[S]．北京：人民交通出版社，2008．
[11] 国家技术监督局，中华人民共和国建设部．GB 50092－1996 沥青路面施工及验收规范[S]．北京：中国标准出版社，1996．
[12] 中华人民共和国交通运输部．JTG/T F20－2015 公路路面基层施工技术细则[S]．北京：人民交通出版社，2015．